增訂八版

中國現代史

薛化元　編著

三民書局

國家圖書館出版品預行編目資料

中國現代史／薛化元編著．－－增訂八版三刷．－－臺
北市: 三民, 2019
　　面；　公分
　　參考書目：面
　　ISBN 978-957-14-6072-7　（平裝）
　　1. 現代史 2. 清史 3. 中華民國史

628　　　　　　　　　　　　　　　　104017802

©　中國現代史

編 著 者	薛化元
發 行 人	劉振強
著作財產權人	三民書局股份有限公司
發 行 所	三民書局股份有限公司
	地址　臺北市復興北路386號
	電話　(02)25006600
	郵撥帳號　0009998-5
門 市 部	(復北店) 臺北市復興北路386號
	(重南店) 臺北市重慶南路一段61號
出版日期	初版一刷　1995年8月
	增訂八版一刷　2015年9月
	增訂八版三刷　2019年2月
編 號	S 620380

行政院新聞局登記證局版臺業字第○二○○號

有著作權‧不准侵害

ISBN　978-957-14-6072-7　（平裝）

編寫要旨

一、 本書係參考中國現代史領域諸多前輩的研究，編纂而成的教科書。
 因囿於篇幅且非學術性著作，故在正文中不一一註明出處，而於參
 考書目中列明所參考的著作，以示不敢掠美之處。其中參考郭廷以
 的《近代中國史綱》、張玉法的《中國現代史》、國立編譯館的《中
 國近代現代史》、李守孔師的《中國近代史》諸書尤多。而立憲派及
 辛亥革命部分則張朋園的著作，臺灣的部分則以吳密察、隅谷三喜
 男等，黃昭堂、若林正丈、楊碧川等人的著作，是主要的參考書籍。
 特此說明，並誌謝忱。

二、 有關中國現代史的史料及史實部分，則多得自李守孔師的課上；至
 於有關思想及論證部分，則多得自李永熾師的課堂。其中諸多觀點，
 迄今仍未正式出版。在此特別感謝老師們過去的教導。

三、 至於本書第一、二、四、五、六章的部分初稿，出自潘光哲兄之手；
 而有關中國共產黨及中共政權部分的初稿，亦得力於專攻中共史的
 李福鐘兄之大力鼎助，才得以完稿。在此，特誌謝忱。

四、 有關本書的體例部分，原則上採中國紀元，附上西元紀元。唯為尊
 重史實起見，凡外國史事則原則上採西元紀元，而日本領臺期間亦
 採西元紀元，至於中共政權統治下的中國大陸，則採西元紀元。

五、 中國成為正式通用的國號是十九世紀末葉以後的事，但為了便利，
 本書行文仍採「中國」一詞。

六、 條約生效，一般而言必須經過簽約、批准、換文等程序，所以從簽
 訂至生效有時間的落差，然為避免過於繁瑣，除必要者外，省略其
 過程的記述。

編寫要旨

第一章　清末政局

第一節　外患頻仍

　　自鴉片戰爭以降的中國史開展了一個新的序幕。而推動此一歷史變化的重要力量之一，則在於西力的入侵與西潮的席捲。在此之前的中國本部，文化上自成體系，政治、經濟、社會組織與運作自成格局❶。即使曾受過來自外在的挑戰與衝擊，但並未承受如近現代以來這種文化價值體系幾近崩解，政治、經濟、社會組織運作重新調整的局面。

　　在這一段歷史進程中，首先引致中國有識之士觸目驚心的場景是，西方列強挾其船堅砲利，步步進逼，強迫清帝國開放門戶，並在不平等的條約體制下，取得政治、經濟利益。特別是 1895 年（光緒二十一年）甲午戰爭清帝國被新興的日本帝國擊敗，國際地位嚴重下滑以後，中國亡國滅種的威脅，迫在眉睫。

　　遭承此一世變，中國內部歷經種種調整，在軍事、政治、經濟領域，皆有革新，亦且並及於思想、文化領域的變革，一時之間，眾相紛呈，景狀萬千。各家人物，各種思潮，或引導時勢的變移，或回應世局的遷易，衝擊互動，波濤壯闊。

　　雖然，這一段歷史，錯綜複雜，難能遍書，但大致仍有主脈可尋，而西力入侵則是重要不容忽視的因素。

---

❶　以清帝國為例，蒙古、新疆、西藏乃至西南諸省的少數民族，其文化與傳統漢文化乃大異其趣。

早期中西接觸與阻絕

十五世紀之後，西方的發展另展新頁。航海技術與設備的進步，為西方向外拓展的重要憑藉，槍砲的發明改良，更是西方征服世界的利器。1514 年（明正德九年）葡萄牙人抵粵江口外，是歐洲人首度自海道直達中國，此後不絕，更以葡萄牙在十六世紀稱雄印度洋、南洋，掌握中國大陸與歐洲的通商貿易，甚至在 1557 年（明嘉靖三十六年），於廣東澳門劃設租界，派官治理，1614 年（明萬曆四十二年）明帝國同意葡人久居澳門。但到十七世紀後葡萄牙力量日漸衰弱，其在世界經貿中的重要地位由殖民菲律賓的西班牙取而代之。

西班牙與葡萄牙同時向海外擴展，哥倫布 (C. Columbus) 西航「發現新大陸」，其遠航的目的地原本是中國，故備有西班牙當局致「契丹大可汗」（即中國皇帝）的國書。佔有菲律賓的西班牙人，對僑居當地的華人至為殘酷，先後因細故大肆屠戮，而明帝國莫可奈何❷。

荷蘭在 1602 年（明萬曆三十年）組成荷蘭東印度公司，對東南亞展開大規模經營，並北上中國大陸企圖進取，未果，其間曾據澎湖，屢犯福建，皆被明帝國所逐，才轉而在臺灣建立殖民地。

英國東進與中國接觸，時間較晚而聲勢則後來居上。1600 年（明萬曆二十八年），英國東印度公司成立，成為英國經營東方的大本營。但是囿於當時的國力，一開始在東亞並無太大影響力。直到 1635 年（明崇禎八年），因為與臥亞（印度）的葡萄牙總督達成協議，才有第一艘英船抵達廣州。1637 年（明崇禎十年）英船強入珠江，與明軍發生軍事衝突，雖未擴大，然也顯示英國以武力敲開中國門戶的跡象。爾後英國來華商務雖一度有所中輟，但 1688 年（清康熙二十七年）重返廣州以後，則對中國貿易躍居西方國家之首。至於其他國家，如法、美等國均有商船東行，廣州為主要互市之地❸。

---

❷ 有學者認為明帝國官員赴呂宋時，要求當地華僑參拜，是引起西班牙殖民當局採取彈壓行動的重要原因。

在商務活動之外，西教西學亦伴隨而來。基督教士來華宣教，而於宣教外，「其所著書，多華人所未道，故一時好異者咸尚之，故其教驟興」，說明西方學術之東傳與宣教的關係。

明季來華宣教與引介西學最有成就的教士是義大利人利瑪竇 (Matteo Ricci)，他多才多藝，又以為欲使中國人信仰基督，教士本身需入境隨俗，他學華語，著華服，尊重中國文化習俗，以科學知識與技術結納中國朝野人士，如與徐光啟、李之藻結為知交，卒後明神宗甚至欽賜葬地，可見所受推重。

繼利瑪竇之後來華的教士，亦多循其路線，而舉凡天文、曆法、西式槍砲製造與藝術等學問，大舉輸入。明亡後，教士仍受清廷重視，如命日耳曼人湯若望 (Joannes Adam Schall von Bell) 為欽天監正，負製曆之責，順治寵信尤深，曾於京師賜地建天主堂，御書堂額，御製碑記。比利時籍的南懷仁 (Ferdinand Verbiest) 亦深受康熙信任。西洋教士既受優遇，信教者亦眾，據云在 1670 年（康熙九年）時教徒已達二十七萬之眾。

然基督教內派別眾多，來華諸派教士竟致內訌，尤以對是否准許教徒遵守中國傳統敬天祀祖習俗為最。最後，羅馬教皇竟制定禁約，不准中國教徒祭祖、祭孔，康熙大不以為然，認為「教王條約與中國道理大相悖戾」，「教王條約只可禁止爾西洋人，中國人非爾教王所可禁止」❹。康熙五十九年（1720 年）進一步表示「以後不必西洋人在中國傳教，禁止可也，免得多事」。至雍正即位，以教士參與皇位承繼爭奪，尤感不滿，頒令禁教，所有西洋人員除在京效力者外，一律送往澳門，各地天主堂或被拆毀或改為祠堂、義學等，唯京師教堂獨存，欽天監內仍有教士供職。1735 年（雍正十三年），教皇停止耶穌會士在華工作，而清廷禁教亦趨嚴格，此後教士、教徒被捕懲治之事，時有所聞。乾隆雖留用義大利教士郎世寧 (Joseph Castiglione) 等為繪師，並設計圓明園建築，但乾隆實以奴僕視之，且號令旗人、漢人不准信奉天主教，違者處以重刑。

---

❸　參見郭廷以，《近代中國史綱》，頁 20。
❹　參見郭廷以，《近代中國史綱》，頁 31–33。

西教既禁，西學傳入亦衰。甚而當乾隆時纂《四庫全書》，雖收有西士譯述，每多有批評：

> 所格之物，其器數之末；而所窮之理，又支離神怪而不可詰，是所以為異學耳。

中西文化交流阻絕，而西方在十八世紀後的發展，日新月異，以利為求的西方勢力，基礎既厚，擴展於全球，中國亦難不受侵擾。

中西接觸的再起

英國在中西貿易關係上後來居上，除經濟利益外，亦嘗試建立與中國的外交關係。故先遣馬戛爾尼 (Lord Macartney) 使節團以祝賀乾隆壽誕為名來華，於 1793 年（乾隆五十八年）抵華。關於覲見禮節，英使不肯行跪拜禮，已有爭執，雖允用英國禮節，屈膝問安，呈遞國書，但及知英使之來，非專為祝壽，別有所求，清廷即決定要其早日離境，關於商業要求、外交關係，一律不准。此後，又遣阿美士德 (Lord Amherst) 於 1816 年（嘉慶二十一年）來華，以拒行跪叩之禮，未及見嘉慶，即立予逐回，嘉慶且下旨云「此後如有英吉利國夷船駛近海口，即行驅逐，不

鴉片戰爭時廣州的十三行

許寄碇停泊，亦不准其一人登岸」，可謂完全失敗。

由於中西貿易口岸限定廣州，中國獨佔往來利益的是經官方認可的洋行，通稱十三行（實際不必常為此數），行總為領袖，中西往來均由行商轉達，外商不得直接與官府接觸。

英國與中央政府直接往來遭受挫敗，乃擬由廣州地方入手。遣律勞卑 (W. J. Napier) 為駐華商務監督，時在 1833 年（道光十三年）。至此，形成英國政府正式介入對華事務之局。而律勞卑欲與廣州當局建立正式關係而遭拒，迭經交涉而無結果，曾引起局部軍事對抗，而未釀大端，律勞卑且客死異鄉。而於 1836 年（道光十六年）接任英國駐華商務監督之義律 (Charles Elliot)，則以鴉片問題，決定與清帝國兵戎相見，企圖一舉解決雙方的外交及經濟問題。

鴉片在唐時傳入中國，本為藥材，而至清初已成民間吸食之物。本來中外貿易，西方商品並無市場，而對中國商品則需求者眾，如茶葉在十九世紀時已達二千餘萬斤，英國只有以白銀購買。及發現鴉片在華大有銷路，英商全力拓展，終至扭轉原本對中國的貿易逆差（赤字）。自嘉慶二十一年（1816 年）輸入三千二百多箱，至道光十六年（1836 年）輸

鴉片戰爭時，中英船艦戰於廣州港口（道光二十一年）

《中英南京條約》簽字（道光二十二年）

入二萬七千多箱，增加近九倍之多，而到道光十九年（1839 年），戰爭爆發之年，已達五萬箱左右，而此際每年總值約一千五百萬兩，白銀持續外流，不利經濟發展。

對此問題，清廷亦有警覺，屢頒禁令，而並無效果。及至道光十八年十一月（1838 年 12 月）遣林則徐為欽差大臣處理禁煙事宜。林則徐雷厲風行，要求外商將未售鴉片「盡數繳官」，並出具甘結聲明不帶鴉片來華。義律迫於林則徐之封鎖，只好屈從，然並未具結，反向英國本國求援。英國國內為此事頗有論辯，是否應就此向中國出兵？最後，國會表決，以二百七十一票對二百六十二票通過出兵中國，於是以喬治懿律(George Elliot) 為統帥的東方遠征軍出動了。戰爭的結果，清帝國幾無招架之力，被迫在道光二十二年七月二十四日（1842 年 8 月 29 日）簽訂了《南京條約》，一般認為這是中國近代所訂定的第一個不平等條約❺，揭開帝國主義力量侵入中國的序幕。

不平等條約的開端

真正不平等條約的開端，是在《南京條約》簽訂之後，耆英與英方

---

❺　嚴格而言，因戰爭而簽訂的條約，割地賠款本屬常態，所以，李定一教授即指出，是《南京條約》的續約才是不平等條約的開端。

以換文方式簽訂的善後章程,其中英國取得損害中國主權的領事裁判權,當兩國人民在中國領土發生衝突時,初步排除了中國政府在其統治領域內對英國人的管轄權。

而鴉片戰爭的發生,中國方面固然是因查禁鴉片而起,英國官方則認為是因商務與政治問題而用兵。因此,英國政府在《南京條約》中並沒有要求納入鴉片買賣問題。但是,有關五口通商如何實際展開等問題,則有必要在《南京條約》的規定上,進一步協商、規範,以求實現。

因此,道光二十三年（1843 年）,便陸續有《中英五口通商章程》及《虎門條約》的議訂。《中英五口通商章程》乃正式協定關稅,規定領事裁判權,並且允許英國軍艦進入通商口岸停泊。《虎門條約》則使英國取得在通商口岸得「議定界址」以租賃房屋,或租地自建的居住權,當中國有「新恩施及」他國時,英國亦享有「一體均沾」的權利。

美法的跟進

次年,美國使節顧盛 (C. Cushing) 與法國使節剌萼尼 (T. de Lagren'e) 相繼抵華。耆英首先與顧盛簽訂《中美五口貿易章程》(通稱《望廈條約》),使美國取得與英國同樣的利益,並且擴大領事裁判權的範圍,使其涵蓋中國境內涉及美國人的衝突,並規定十二年修約一次。而在耆英與剌萼尼簽訂的《中法五口貿易章程》(通稱《黃埔條約》)中,除了使法國取得與英、美同等的權利外,更規定中國地方官必須「嚴拘重懲」損害教堂、墓地的行為。後來,法國更以出兵定海要挾,取得天主教弛禁,以及發還康熙年間沒入的天主教堂等事項。

其後荷蘭、比利時、丹麥諸國亦要求比照,中國官方也都允許依據新的辦法進行「互市」。中外關係自《南京條約》以後,已由天朝體制轉變成條約體制。

不平等條約的發展

直到民國三十二年（1943 年）中英、中美平等新約簽訂止,不平等

條約在中國存在了一百年。不平等條約是限制、削弱中國政府行使不利於來華外國人的職權，並導致中國主權不斷喪失的條約。它的形成，反映了列強的利益與要求，而不是互惠互利。據過去研究者統計，從道光二十二年到民國三十七年（1842–1948年），中國與西方各國簽訂了一千一百多個條約 ❻，數量驚人，而其內容絕大部分都帶有強權、欺凌與不平等性質；而在清末，則是不平等條約形成之束縛逐漸完備化的階段。大體言之，有這樣的變化：

第一階段，是由《南京條約》（道光二十二年，1842 年）到《天津條約》（咸豐八年，1858 年簽訂，咸豐十年，1860 年換文生效），用武力敲開中國的大門，開始逼迫中國簽訂不平等條約，除賠款外，迫使中國開放商埠、協定關稅、領事裁判權、進口鴉片、傳教自由，而除了取得中國東北部分領土的俄國，割佔中國領土的只有英國。

第二階段，自《北京條約》（咸豐十年，1860 年）到《馬關條約》（光緒二十一年，1895 年）前夕，俄、英、法等國奪佔中國領土及藩屬，對各藩屬國的侵佔，成為直接侵入中國邊疆領土的跳板。

第三階段，是《馬關條約》簽訂後到美國提出門戶開放（光緒二十五年，1899 年）政策的前夕，日本迫使中國放棄朝鮮的宗主權，割讓臺、澎，並開始在中國各通商口岸設廠，爾後又有各國租借港灣，劃分在中國的勢力範圍，爭奪在華鐵路利權等等。

第四階段，則是在門戶開放政策得到列強原則性的同意後。列強以各式特權不斷汲取在中國的政治、經濟利益，其中以日本最為凶狠。而在中國民族主義勃興，積極要求列國平等對待，在二次大戰與美英等國聯合對抗軸心國，最後終告排除了不平等條約的百年束縛。

---

❻　一般中文使用條約一詞，除了 "treaty"（條約）之外，還包括外交的協定、議定書等等，甚至還有地方官員簽署者。而在國際法上的條約，除了簽約者必須得到政府授權外，簽約後還必須經過批准的程序，換文後生效。

主權的淪喪

在不平等條約的束縛下，中國主權陸續淪喪。在海關方面，中國政府不能自定稅則，需與各國議定；而海關行政管理權也在英人赫德 (R. Hart) 擔任海關總稅務司四十三年（1863–1906 年）的狀況下而旁落；在軍事方面，中國各口岸的引水權被剝奪了，由外國人充當引水人；外國軍艦以保護商務為藉口，可任意停泊在中國任一通商口岸，皆是對中國主權的侵犯；列強在中國僑民享有不受中國法律管轄之權，由列強自設領事法庭，中國司法權亦遭侵奪；內河航行權的開放，則使西方各國成立輪船公司，操控中國內河航運事業。租界的出現，更是西方在中國建立的「國中之國」，以上海英租界為例，設工部局，下轄警務、財政、稅收、交通等十餘個委員會及相應之辦事機構，凌駕於中國政府及法律之上。

由於不平等條約體系中的利益均霑原則，更使列強所享之權益普遍化，某國取得利益，其他國家一併享有，如《馬關條約》規定日本得在中國設廠生產，其他各國依此原則亦享有此權利。所以不平等條約做為西方帝國主義侵害中國主權的依據，是一體適用的，而不斷擴大。

領土之喪失

在重重不平等條約之中，亦使清帝國漸次淪失部分領土和奉清正朔的藩屬。《南京條約》割香港，《北京條約》割九龍，英國得到了這顆「東方之珠」；葡萄牙則在光緒十三年（1887 年）清葡會議草約和通商條約中，將其佔據已久的澳門正式納入領土；日本在《馬關條約》中得到了臺灣及澎湖。但對中國領土侵佔最多的則是俄國。先後透過《璦琿條約》（咸豐八年，1858 年）及《北京條約》（咸豐十年，1860 年）佔領了東北總面積超過百萬平方公里的領土。在西部中亞，則分別經《中俄伊犁條約》（咸豐十一年，1861 年）及《勘分西北界約記》（同治三年，1864 年）佔巴爾喀什河以南及以東的四十四萬平方公里的領土❼。此後陸續

進行侵佔，總計西北為俄所佔之領土並不少於東北 **❽**。

而各藩屬國亦陸續為列強所佔：英佔緬甸、尼泊爾、不丹，又覬覦西藏；法據越南，再成立法屬印度支那殖民地；日據朝鮮。而清帝國為保護這些藩屬，維護宗主國的地位，曾與法國、日本都進行過戰爭（分別為光緒十年對法、光緒二十年對日），都沒有成功，甲午戰爭失敗，被迫簽訂新的不平等條約，遭受更大的損失。

門戶開放政策

對日甲午戰爭的慘敗，清帝國國際地位更為低落，帝國主義對中國之侵略更形激烈。其中需索最多，手段最奸猾的首推俄國。甲午戰後日本要求割讓遼東半島，經俄聯合德、法三國干涉而使日本未獲所求。俄國自以為有德於中國，而中國疆臣李鴻章、張之洞亦擬聯俄制日，致有《中俄密約》之簽訂（光緒二十二年，1896 年），議定共同禦敵而俄國則得到對中國東北的控制權。繼此密約之後，德、日、英、法相繼向中國提出租借港灣、建築鐵路、開採礦產，並限制某一區域利益為某國獨享，如德國要求山東，法國要求雲南、兩廣，英國要求長江流域，日本要求福建。至此，中國出現列強瓜分的危機。而美國勢力擴張至太平洋區域，於光緒二十四年（1898 年）取得菲律賓，影響力漸增，但為時已晚，無法有力參加在華利益之競逐。而英國原本是列強在中國經貿利益最大者，雖以長江流域作為勢力範圍，但深知一旦列強瓜分中國，將損及其在中國的經貿利益，因此期望打開列強在中國勢力範圍的門戶。在英國策動下，遂由美國出面提出門戶開放政策，要求列強開放在中國勢力範圍之門戶與利益。在光緒二十五年八月（1899 年 9 月），由美國國務卿海約翰 (John Hay) 先照會英、德、俄，十月，再照會日、義、法，內容為：

一、各國在中國勢力範圍或租借地內對通商事業或投資事業，不得

---

❼ 亦稱《塔城議定書》。

❽ 參見楊遵道、葉鳳美（編著），《清政權半殖民地化研究》，頁 86–87。

加以干涉。

　　二、中國現行海關稅率，對勢力範圍之口岸貨物進出，均為適用，稅款由中國徵收。

　　三、在勢力範圍內口岸，對他國船舶所課碼頭稅不得高於本國船舶，勢力範圍內鐵路，對他國貨運所收運價，亦不得高於本國。

　　照會提出後，各國反應並不一致，而美國在英國支持下，於光緒二十六年二月二十日（1900 年 3 月 20 日）即宣示列強均已贊成。基本上，此一門戶開放政策，仍承認列強在華勢力範圍，所要求者在要求列強勢力範圍內均等貿易機會及待遇，主要是就英、美自身利益考量，清帝國雖然因此得到喘息的機會，但利權的損失無法收回，遭到瓜分的危機也沒有完全化解。而當義和團事件爆發，德、俄諸國趁機大舉出兵展現對中國領土的野心時，美國再度通牒各國，主張添加應維持中國行政權及領土完整之原則。至此中國雖免瓜分之禍，而主權遭到侵奪則如故。

　　外患頻仍，使中國將有亡國滅種之憂，而內亂紛呈，則更平添因應外來勢力的困窘。

第二節　內憂接踵

內亂的社會經濟背景

　　傳統中國皇朝末葉，恆常出現大規模民變的亂局，導致皇朝的傾覆。就清季言，亦復如是，而更以清季之內亂又與西力入侵同存並生，突顯出與前此民變意涵頗不一致之處。

　　在清季導致民變的重要因素中，人口急遽增加即是一大特色。大致上，自十七世紀晚期到十八世紀末葉白蓮教興起前的長期和平，使中國人口自一億五千萬增加到三億人以上；乾隆四十四年（1779 年）以後又大有增加，至太平天國興起前夕的十九世紀中葉，人口已達四億三千萬。人口增加如此急遽，土地及糧食問題隨之而起。

　　雖然，明代以來，已運用許多方式增加糧食產量，如種植引自美洲的玉米、馬鈴薯及花生等作物，推動大規模水利灌溉工程，增加耕地面積等，仍感不足。而人口遽增，引發人口流動，外移人口與土著之間往往引發衝突，並也造成游民問題。這些游民，無業維生，「散而游募，去而僧道，隸為胥役，投為奴僕，流為地棍鹽徒，每省不下二十餘萬」。此處數字未必正確，但對游民充斥的景狀描述頗為貼切。

　　游民未必皆為無識小民，亦有不少因科舉考試名額有一定限制，政府部門編制亦有限制，而始終未能進入公職生涯的讀書人。領導太平天國的洪秀全就是科舉考試的失敗者。

　　從政治方面來看，政府官員賄賂、貪污之事層出不窮，乾隆寵信的大臣和珅即是個具體的例證，嘉慶抄沒其家產，據云價值當不下八億兩之鉅。官吏貪瀆，小民受苦尤甚。

　　經濟生活上，因鴉片而致白銀不斷外流，導致中國銀價上漲、制錢貶值，以用錢為主的民間，大受其害，民間交稅納糧，「昔日兩年之賦，足今日一年之額」，困窘不堪。

　　因是，在清季最大規模的太平天國之變爆發前，即有苗亂（乾隆六十年，1795 年），祕密會社白蓮教之亂（乾隆五十八年，1793 年），甚至在嘉慶十八年（1813 年）白蓮教支派天理教首領林清還深入皇宮企圖舉事。這些變亂，正是更大規模變亂的序曲。

鴉片戰爭的衝擊

　　鴉片戰爭的衝擊，是引發另一波變亂的重要原因。廣東、浙江、江蘇是鴉片戰爭的主要戰場，除了應付暫時的徵伕、徵糧外，紳商捐助餉銀亦所難免。戰後為籌措賠償經費，除由浙江、江蘇省庫先行「借撥」第一批賠款外，更要求各省分攤，並限期追收，加重人民負擔。而通商的擴大，不僅使鴉片進口數量增加，其他洋布、洋棉的進口，亦影響土布、土棉的市場。五口通商使廣州不再獨佔對外貿易，商品運銷路徑因此改變，亦嚴重衝擊原本廣東與福建、湖南之間的運銷人力需求與商機。

　　而鴉片戰爭的失敗，不僅影響清廷的威信，也呈現清廷對外作戰的弱點。戰後廣州附近的紳民對英人要求依條約開放，採取強力抗拒的行動，相較於地方官員對英方要求的退讓，亦引發民眾不滿。因而鴉片戰爭結束後，兩廣及湖南的亂事頻仍，以天地會為首的會黨是主要的亂事發動者，天地會更曾經佔領廣西十一個府中的八個。至於太平天國，則是在此歷史條件下發生的最大動亂。

太平天國的醞釀與洪秀全

　　洪秀全是廣東花縣客家人，在科舉考試的道路上一直是失敗者。在到廣州參加考試時，得到基督教徒梁發節引《聖經》解說經義的小冊子《勸世良言》，他初不以為意，及至考試失敗，大病三十餘日，病後云天使接他昇天，天父上帝命他斬妖除魔，天兄基督將助他拯救世人。此恐是他將得諸《勸世良言》的宗教觀念捏造而成的言論。病癒後他又曾二度參加科舉，依然失敗。此後重新披讀《勸世良言》，對其內容更有體會，

太平天國的禮拜堂

洪秀全在《太平天國》一書中，對妖魔及孔
子多所攻擊，孔子甚至被迫跪地求饒

以為自己乃天父之子、天兄之弟，此書即是上帝賜給他的「天書」，遂創
「拜上帝會」，以孔子牌位為崇拜偶像而毀棄之，為鄉里不容，乃與同志
馮雲山出遊，遍至粵北桂東，信從者寡，洪、馮二人乃分途，洪秀全返
家鄉從事宗教政治著述，馮到廣西桂平發展組織。

洪秀全制定了拜上帝會的基本教義，以為天下凡間實為一家，男皆
兄弟，女盡姐妹，但現實為妖魔所惑，故有現實亂局與不平等現象，行
上帝之道，亂世可成公平正直之世，人將永享太平，「生前皇上帝看顧，
死後魂昇天堂，永遠在天享福」。又訂「十天條」，勸人敬拜上帝，不拜
邪神，七日禮拜，孝順父母等，有類基督教之《十誡》。在起事前，他還
曾與美國教士羅孝全 (I. J. Roberts) 相處，詳覽《舊約》，所得體會日深，
然並未皈依為基督徒。

馮雲山在廣西發展則成就驚人，招募不少群眾，此後在太平天國發
展中有重要地位的楊秀清、韋昌輝、蕭朝貴、石達開等人均在此際加入
行列。但在勢力擴張之際，馮雲山被捕，洪秀全擬營救他，二人暫離，

因而楊秀清與蕭朝貴成為實質領袖，亦分別假託天父、天兄下凡，統御群眾，至洪秀全返桂，承認楊、蕭確是天父、天兄下凡，雖也確證自己的地位，但卻無疑也使楊蕭成為天父、天兄的代言人，楊秀清更不時假「天父下凡」提升自己的權威。所以，在太平天國發展初期，即呈顯了領導者之間的矛盾場景，為此後內訌埋下了伏筆。

從起事到定都南京

道光三十年十二月十日（1851 年 1 月 11 日）洪秀全糾集拜上帝會群眾，在廣西桂平縣金田村宣布建制，定國號為「太平天國」，稱「天王」，舉兵反清。由於太平軍初起，成員皆有其宗教信仰，屢敗討伐的清軍。在咸豐元年閏八月（1851 年 9 月）攻佔廣西永安，停留半年餘，政制規劃益趨完備，以楊秀清為東王，蕭朝貴為西王，馮雲山為南王，韋昌輝為北王，石達開為翼王。天王是萬國真主，而各王則受東王節制。此後又頒布曆法、軍事、經濟建制，強化政權基礎及軍事力量。

而從當時太平軍成員來看，其領導人物，有如洪秀全、馮雲山這類的失意知識分子，亦有如楊秀清、蕭朝貴這類境況艱難的工農，而如韋昌輝、石達開則為尚曉詩書的小地主，下層分子率多農工、挑夫、船夫、商販、散兵、海盜等基層社會成員；籍貫尤有特色，全軍上下幾盡為兩粵人士，而以廣西為多，客家人地位頗為重要。

太平軍在佔永安後，大破清軍包圍，轉攻桂林而未果，乃攻湖南，逼湖北，至咸豐二年十二月（1853 年 1 月）下武昌。而後蔽長江而東下，勢如破竹，咸豐三年二月（1853 年 3 月）攻佔南京，建為國都，號為「天京」。

總計太平軍起，前後兩年三個月，席捲東南半壁江山，聲勢驚人。此固與其宗教政治宣傳有關：北上期間，曾頒〈奉天誅妖，救世安民諭〉等，專對一般民眾宣傳，敷陳教義，勸人棄邪神信上帝，「在世榮耀無比，在天享福無疆」；又頒〈奉天討胡檄布四方諭〉（又稱〈奉天討胡檄〉），以士大夫為對象，闡明滿漢之別，滿人壓迫漢人之惡，以引起漢人同仇

敵愾之情，頗富煽動性。而太平軍的軍事經濟方略亦大受擁戴，其所過之處，以攫奪衣物散給貧者，又云將減租三年；軍令紀律嚴明，與擄劫姦淫、紀律不佳的政府軍相比，太平軍頗受民間歡迎。

太平天國的統治

取南京本即太平軍起兵後不久就有的計畫，攻克永安時即云至南京「為登小天堂」，作戰時亦常以「行將取江南矣，豈畏爾官軍」來鼓動士氣。及至取南京後，是否應定都於此，或再謀北上，意見頗不一致。但最後仍決定都南京，造成太平天國發展的重要轉折。此後，太平天國在政治軍事上形成守勢，雖曾出兵北伐直至天津，但只能說是「以攻為守」的決策；而派兵西征，則希望經營上游，屏障天京。而入南京此一六朝綺羅金粉之地後，除助長了領導階層的安富尊榮意識、個人驕奢淫佚之外，內部更有尊卑森嚴的政治社會等級區別，原先追求平等理想世界的精神動力，大受影響。

在太平天國的統治方面，既以上帝教為號召，故統制信仰，有固定而繁瑣的禮拜儀式；教育完全宗教化，強令士子攻習皆為與上帝教有關的書冊，如新舊《遺詔聖書》，《天（真）命詔旨書》等，且開科舉取士，以這些書冊為命題內容。民間宗教信仰及儒家教義，一概摒棄毀燒，「凡一切孔、孟、諸子百家，妖書邪說，盡行焚除，皆不准買賣藏讀」，後來政策雖有改變，仍設「刪書衙」，削正四書五經中的「妖話」，由天王「御筆欽定」，以為學習之資。

軍事政治社會組織則採一元化原則，「家備戎裝，人執軍械」，「有警則首領統之為兵，殺敵捕賊；無事則首領督之為農，耕田奉尚」，但這基本上也只是理論上的規劃性質，並未真正完全實施；經濟方面，則本公用公享原則，「聖庫」及「天朝田畝制度」即由此而設。聖庫掌管一切財物，攻戰劫掠所得，農民米穀交解，俱交聖庫再行分配；曾嚴格執行，但後期亦告崩壞；天朝田畝制度則以土地公有，計口授田等原則設計，理想在「有田同耕，有飯同食，有衣同穿，有錢同使，無處不均勻，無

人不飽煖」，然不過是徒託理想之空言。

湘軍的崛起

太平天國之起，威震東南，外國勢力亦頗關注，在華外國教士及商人，對其宗教尤感興趣，以為中國若成為「基督教國家」大有利於傳教通商，外交官員甚至欲假此或向清廷或向太平天國爭取利權。然及接觸，始發現與預期並不一致。但也正因太平天國之起與西力入侵之局同時並存，而致產生不同層面的影響；不過，平定太平天國之力量仍來自中國內部，此即以維護綱常名教為號召，與假上帝基督之名而起事的太平軍相抗爭的湘軍。

太平軍之起，勢若破竹，清廷正規軍隊莫之能抗，由湖南人曾國藩招募家鄉子弟經過編練的湘軍乃成為平定太平天國的主力。湘軍是支以「兵皆弁所招，弁皆將的親信」為原則而組成的軍隊，由私人從屬關係而衍生強大的凝聚力，豐厚的薪餉也使得湘人樂意從軍，提振士氣。儘管由於糧餉必須由湘軍將帥自行籌募，不免有欠餉之事，但因為有私人關係與情誼，總還能維繫，然部隊紀律則稍嫌敗壞，掠奪燒殺之事常有。

曾國藩發布〈討粵匪檄〉，批評太平天國「竊外夷之緒，崇天主之教」，「士不能誦孔子之經，而別有所謂耶穌之說，新約之書」，「舉中國數千年禮義人倫，詩書典則，一旦掃地蕩盡」，以綱常禮教維護者的姿態出現，而對滿漢種族之別一筆帶過。然清廷對漢大臣統率的湘軍起初並不敢給予實權，猶寄望滿人統率的正規部隊：江南大營。但咸豐十年閏三月（1860年5月）江南大營二度潰敗，清廷才授曾國藩兩江總督，嗣後授欽差大臣節制四省軍務，曾國藩至此始掌握實權，得以統籌全局。

同時，由李鴻章奉曾國藩之命返家鄉安徽所籌組的淮軍亦告組成，李鴻章乃受命為江蘇巡撫，馳赴上海以解其危；湘軍另一部的左宗棠則受命為浙江巡撫，擔任南路軍主帥。此外並有為保衛上海而採西式訓練、器械的常勝軍，後由英國少校戈登 (Charles George Gordon) 統率，受李鴻章節制。淮軍因見英法軍隊及常勝軍所用軍械精良，乃大量改用西式槍

砲，並自行製造，成為中國近代軍工業的開端。

太平天國的敗亡

太平天國初起時，楊秀清地位僅在洪秀全之下。定都南京後，初尚有江南大營紮於城東南，及至咸豐六年（1856 年）首度為楊秀清所敗，楊益形驕縱。洪秀全乃召韋昌輝等捕殺楊，株連黨羽二萬餘，西征之石達開返天京斥韋，幾險遭不測。而韋之跋扈與楊秀清無異，洪秀全又殺韋及黨羽。石達開返天京，發現洪秀全經內變後，唯親族是聽，他大受疑猜，乃率兵西向，離開太平天國陣營，未再返回，日後亦兵潰而死。經數度內訌大劫，太平天國元氣大傷，幸賴後起之秀：忠王李秀成、英王陳玉成在軍事上的領導，干王洪仁玕在政務上的處理，稍有起色。洪仁玕且發布《資政新篇》一書，倡言仿行西法，雖亦是書面理想，但卻具歷史意義；陳玉成、李秀成軍事才能卓絕，二度擊潰江南大營，佔杭州，逼上海，然太平軍的氣勢已大不如前。

及至曾國藩自西進逼，李鴻章由東反攻，左宗棠南路進取，曾國藩弟曾國荃終於同治三年六月十六日（1864 年 7 月 19 日）攻陷天京，洪秀全先已自殺，其子洪福瑱（即洪天貴福）南逃，後亦被俘處死。李秀成被俘後，曾國藩命其自書供詞，寫畢被殺，而其供詞則是研究太平天國的重要史料。至若太平天國餘部四潰，亦各被消滅，唯賴文光一部與起於兩淮的捻軍合流，另開局面。湘軍的軍紀至晚期也日益敗壞。如曾國荃率湘軍攻破天京以後，入城的湘軍燒殺掠奪。根據研究，四十歲以下的婦女幾乎全部被擄，至於老者與幼童皆難逃遭殺戮，估計死者約二、三十萬。為此，曾國藩除要曾國荃稱病回籍休養，避免被追究之外，也解散了大量軍紀敗壞的湘軍。

捻亂的起衰

太平天國是清季規模最大，歷時最久的動亂，同時，各式動亂亦於清廷統治能力衰竭時隨之而起，如苗亂、回亂、捻亂俱是。其中捻亂對

中國本部帶來的紛擾最大。

「捻」係由地方豪強糾合集結，謂之「成捻」，橫行鄉里，皖北為多。至太平軍起，秩序大亂，捻勢大張，然缺乏統一組織，於春秋出外劫掠，飽掠後負載而返❾。勢力最大者為張洛行。

其軍事行動飄忽，且與地方關係深厚，清廷屢剿不能平，甚而殺清廷剿捻欽差大臣蒙古親王僧格林沁。太平軍餘部賴文光與捻集結，其勢益壯，侵擾華北諸省。另一股捻軍猶進陝甘，聯合回眾，是為西捻，留居中原則為東捻。由於平太平天國後，曾國藩將所部軍紀不佳的湘軍裁撤大半，加上捻眾活動區域主要在北方，因此奉命平捻後，以李鴻章所部淮軍為主力進行圍剿，採取圍堵封鎖的戰略，成效有限。清廷改以李鴻章督剿而始奏功，所賴者即為西洋槍砲，至同治七年（1868 年）西捻平，捻亂方告平定。捻亂遍及皖、豫、魯、蘇、鄂、陝、晉及直隸八省，為禍華北華中甚烈，傾湘、淮及數省兵勇始平，而以淮軍為主力。

回變與苗變

大清帝國境內邊疆少數民族與漢族之間，時有衝突。以苗變為例，苗民因不堪清吏貪暴及漢人侵奪土地，於太平軍起後，咸豐五年（1855 年）時亂起於貴州，至同治十一年（1872 年）乃由湘軍平定，亂後，苗民存者僅十之二，精壯殆盡。

回變起於雲南、西北。雲南回民領袖馬如龍、杜文秀分別起事於滇東、滇西，後馬如龍先降清，杜文秀仍頑抗不已，甚至嘗試就英國人據緬甸窺雲南之心而遣使赴倫敦乞援納貢稱臣，然無所成，卒告敗亡。前後十八年的雲南回變導致西南亦殘破不堪。

西北回變則較為複雜，先有陝甘回變，新疆天山南北之回民亦起，平定工程最為浩大，而成其事者為左宗棠。先是太平軍潰敗一部入陝，西捻亦隨後入陝，漢、回衝突大起。甘肅回民之起以馬化龍為首，據隴

---

❾　參見郭廷以，《近代中國史綱》，頁 101。

東、隴北,自稱總統隴郡兩河(黃河、湟水)等處地方軍機事務大總戎。而僻處西隅的新疆,則在陝甘回亂起後亦起事,南疆有回民布格聶丁 (Burghanuddin) 稱東土耳其斯坦王,北疆有妥明起事,稱清真主。而中亞浩罕人阿古柏 (Yakub Beg) 率眾入疆,統一南北,建立政權(1868 年,同治七年)且奉土耳其為上國,並與英國往來,得英承認。

左宗棠先平陝甘,至同治十二年(1873 年)定隴,復積極籌劃規復新疆。雖經費來源不易,行軍困難(如玉門之西水草奇缺,只得分批行軍),兼有國際壓力(英、俄均有所表態),然其以「重新疆所以保蒙古,保蒙古所以衛京師」之國防觀點力排萬難,以六十五歲高齡率軍西征,卒於光緒二年(1876 年)底定新疆。

內部動亂的影響

大體來說,自太平軍起至新疆戡定這近三十年中,中國幾無年不亂,首受其害者為人民。據估計,在道光三十年(1850 年)左右,中國人口已達四億三千萬,經連串戰亂損失的人口不下六、七千萬,故至宣統三年(1911 年)時人口還不足四億。而於政治、軍事方面亦各有深重影響。就政治言,漢人漸在政治上佔重要地位,地方督撫尤多漢人充任,中央雖一紙命令可定其去留,但頗多顧慮而遇大事輒多徵求其意見。軍事上,軍隊私人化的情況則趨嚴重,如淮軍即唯李鴻章之命是從。此外如釐金制之出現,向外商借債等經濟方面的變化也是在此一時期出現的。

總之,大清帝國內部的動亂在同治時漸次平弭,一時之間也呈「同治中興」之象。然則此種中興不過是「使中國傳統政治制度再出發的一次努力」,並不足以真正挽救清室及中國之危局。

第三節　政局腐敗

最高統治者的困境

　　平實而論，清朝的最高統治者：皇帝的一般素質是中國歷史上其他朝代所難比擬的，雖未必皆英明有為，然較諸前代昏暴疏懶的皇帝則高明許多。然外在局勢的變易，卻不是這班長於婦人宦豎之手的人所能理解的，況乎因應？

　　例如，嘉慶聞蝗聚，臣下蒙蔽他說蝗蟲不傷莊稼，只食青草，他完全信以為真，不意竟有蝗蟲飛進宮中才知受蔽。身為以農為本的國家最高統治者，其知識如此。而當從不曾聞的西方國家叩開他統治的國度的大門，甚至進逼首都，使之落難而逃，他的反應會是如何？咸豐皇帝就是承受這等命運的大清皇帝，對於英法聯軍侵北京，焚圓明園，強訂城下之盟的《北京條約》，他的最後結論是「從此永息干戈，共敦和好，彼此相安以信，各無猜疑」，全然不知面對帝國主義者企圖取得更多政治、經濟利益，焉能「永息干戈」？光緒皇帝有心振作，希望「蠲除痼習，力行實政」，但是面對慈禧太后拿出「祖宗所立之法」的帽子斥責時，他也莫可奈何。教育與環境造就下的傳統思惟，限制滿清最高統治者推動因應時代變化的決策，顯而易見。不考慮歷史時空條件的限制，片面地批評清帝昏庸無能，並非公允之論。

　　不過，在論及清季最高統治者時，絕不能忽略無皇帝之名而有皇帝之實的慈禧太后。她在咸豐皇帝逝後，掌握權力四十七年（咸豐十一年到光緒三十四年，1861–1908 年），其中在前二十年，與咸豐后慈安太后共視朝事（咸豐十一年到光緒七年，1861–1881 年），而在同治十二年到十三年十二月（1873–1875 年 1 月），光緒十五年到二十四年八月（1889–1898 年 9 月），名義上是由同治、光緒「親政」，但實質權力仍由她掌握。慈禧雖然有左右臣下高明的政治手腕，但她畢竟是沒有現代知識的婦人，

會做出以義和團做為「折衝御侮之資」的決策，實有其因❿。而挪用海軍軍費為興建頤和園以滿足慈禧個人享受，更遭到批評。由於資料缺乏，究竟挪用多少費用，很難論定，但以光緒十四年（1888年）將四十五萬兩銀撥給頤和園之用為例，這筆款項總數即約相當於北洋艦隊七艘主力艦所有官員薪糧、公費及練船修費同年總額，即可想見其經費之龐大。因之，慈禧對晚清政局的腐化，是應當負最大責任的。

爾後，在溥儀以三歲之齡就帝位，權力則掌握在以攝政王名義監國的父親載灃為首的一班滿洲權貴之手。然載灃卻是個面對臣下請做決策而「囁囁不能立斷」，缺乏政治經歷的決策者，一班權貴亦竭力排斥漢人，擁有政治軍事權力的袁世凱被罷黜，即是一例。而載灃等滿洲權貴更企圖裁抑地方督撫之權，但遭或明或暗的抵制而莫可奈何。及至決行採「責任內閣」制，內閣成員中滿九漢四，以皇族佔多數（五人），被譏為「皇族內閣」，內閣總理慶親王奕劻貪瀆無能，聲名狼藉，餘則為紈絝少年，輿論大譁，未及半年清政權即告瓦解。

可以說，清代末期的最高統治者，並不是能領導國家因應時代變局而有所更張的領袖。他們的生長環境與教育，決定了他們的識見，而在君主專制體制下，卻又掌握了做決策的最高權力，並唯權力鞏固是視，對引導國家發展起了負面的限制作用。

社會秩序的動盪

統治者缺乏導引國家發展的決策能力，而又需因應外在局勢的變化進行改革，結果，最具體的表徵即反映在統治能力的弱化與社會秩序的動盪這一點上。前此的內部動亂，太平天國、捻亂等等，已經動搖了清朝的統治基礎。此後各式各樣的變亂，則更呈顯出清季社會的不穩定狀態。

這些變亂，有來自於西力入侵的直接影響，特別是基督教在中國的

---

❿　雖然如此，大清帝國面對西力衝擊，自1861年以降展開的洋務運動，仍是在慈禧太后的支持下才有可能。換言之，她仍然認知外在局勢丕變，而支持一定程度的變革。

重行傳播。依據各式不平等條約，教士在華傳教，享有治外法權，不受中國政府管治，而教士屢屢包庇中國教徒，致釀事端；而舊有天主堂及教產雖應賠還，則早事過境遷，因之或重索賠償，或在原址強行擴展，乃至霸佔民產，更致民怨，因而清季不斷有「教案」發生，反教言論及行動不唯導致社會亂局，更成為外國勢力侵入中國的藉口。

據不完全統計，咸豐六年到光緒二十六年（1856–1900 年），中國各地發生反教事件大小至少五十四次，其中有三分之一是直接因為教會建堂傳教及房地糾紛而引起，例如光緒十二年（1886 年）重慶教案的爆發，即以英美傳教士在重慶險要地段強行佔地而引致，反教風潮蔓延到川東各地。而也有因中西民情有別而引發的，例如同治九年（1870 年）的天津教案，即因幼兒走失，拐匪供云受天主教堂指使而產生。民教衝突既起，外國教士與信教民眾往往盛氣凌人，更增反感。承辦天津教案的曾國藩即云，傳教士「但求教民之眾多，不問教民之善否，其收入也太濫，故從教良民甚少，莠民甚多。詞訟之無理者，教民則抗不遵斷，賦役之應出者，教民每抗不奉公。教中犯案，教士不問是非，曲庇教民，領事亦不問是非，曲庇教士。遇有民教互鬥，平民恆屈，教民恆勝」。教案的發生，社會秩序動盪，而秩序的恢復往往以彈壓中國民眾為代價，民怨積累既久，終至引發打出「扶清滅洋」口號的義和團運動的爆發。

義和團運動及其影響

義和團（又稱義和拳）的起源與組織甚為複雜，大致說來，乃是咸同年間，山東、直隸交界各州縣為保衛身家，防禦盜匪而組成的鄉團，本與反教運動並無關聯。然當外國教會勢力在華愈形膨脹，引發民怨，清政府又寬容教民，終至使義和團的活動宗旨轉向❶❶。

義和團（拳）的成員信奉各式民間神祇，自稱祈禱後神降附體，口誦咒語，金刀不入，槍砲不傷，揚言「不穿洋衣，不用洋火。誠心用功，

---

❶❶　參見郭廷以，《近代中國史綱》，頁 330–331。

可避刀劍，可避槍砲……興大清，滅洋教」，糾眾到處毀教堂，殺教士及教民。山東巡撫毓賢縱容他們的行動，引發外國公使抗議，毓賢轉任，由袁世凱繼任。袁世凱大力彈壓義和團，迫使部眾向直隸發展，而直隸總督裕祿並未著意鎮壓，活動漸次擴大，毀火車、電（電報）線、教堂、殺洋人，秩序盪然。各國乃未經許可調動軍隊揚言保護使館僑民。

慈禧太后本對義和團半信半疑，但對他們打出的「扶清滅洋」口號甚感興趣。因其有意廢光緒而受列強干涉，頗難釋懷，而當義和團亂事蔓延北京、天津一帶，又有列強要求慈禧退隱，權歸光緒的言論傳出，亦增其仇外情緒。她召集大臣商議對義和團的態度，結果是「決計不將義和團匪剿除。因該團實皆忠心於國之人，如與以上等軍械，好好操演，即可成為勁旅，以之抵禦洋人，頗為有用」。又遣軍機大臣剛毅等視察義和團情況，回報云義和團忠勇可靠，而一班權貴多以各種因素頗痛恨洋人，傾心於義和團，終至於光緒二十六年五月二十五日（1900 年 6 月 21 日）下詔與西方各國宣戰，而在前一天，清軍與義和團已開始圍攻北京使館區了。

對外宣戰的結果，招致了英、俄、德、法、美、日、奧、義八國共

義和團捉捕洋人審問正法之景

在演習中的義和團員　　　　義和團的旗幟

組聯軍，於光緒二十六年七月二十日（1900 年 8 月 14 日）攻佔北京，慈禧挈光緒西逃到西安；宣示要「扶清滅洋」的義和團眾被一掃而空。而在事變之後，中國被迫簽訂了《辛丑議定書》（即俗稱的《辛丑和約》），中國不僅須償付連利息合計總數超過十萬萬兩以上的賠款，並准許外國在京津一帶十二處駐兵，喪權辱國。其中值得注意的是，清帝國之所以沒在八國聯軍之役後割地、被瓜分，與當時的國際情勢有密切關係。早在清廷下詔宣戰時，李鴻章、張之洞、劉坤一等地方督撫就主張宣戰令是「矯詔」（詳見下章）。美、英兩國也力主此一說法，認定這是清廷失去主控權下的失序行為，要求在《辛丑議定書》中維持中國行政權及領土完整❷。

　　義和團運動做為民間反抗外國勢力入侵的行動，具有特殊的意義。一方面，它雖是愚昧無知引起的反抗行動，而它卻也呈顯出中國群眾間的強勁民氣，是中國民族主義情緒的先導。事件發展之後對於滿清政治權威的衝擊，更動搖滿清政權的基礎。

---

❷　由於不承認清廷宣戰的有效性，因此八國聯軍之役就不是國際法上的戰爭行為，也不需要透過簽訂和約來結束戰爭。

從另一個角度來看，清帝國雖在甲午戰爭被日本擊敗，但中國大體上仍維持文明古國的地位，而八國聯軍之役後，列強對中國的認識也有所轉變。不僅在《辛丑議定書》中直接限制發生教案地區的士紳不得參加科舉考試，日後返還中國的部分「庚款」更被指定作為教育用途。

抗捐搶米與爭回利權

清季財政需求大增，而政府威權日喪，民生日益困苦，事變頻生，更是清季最後十年社會動盪的寫照。

例如各式的抗捐行動，即隨清廷籌募賠款及舉辦「新政」而起。如光緒三十二年到三十三年（1906–1907 年）陝西扶風一帶群眾反對為修鐵路依畝另徵捐稅而包圍縣城，砸毀附近區域的稅局、官錢局等政府單位即為一例。據不完全統計，各地民眾抗捐抗稅行動逐漸增加，如光緒三十一年（1905 年）有九十餘次，光緒三十二年（1906 年）增加到一百六十餘次，越年上升到一百九十餘次。從東北黑龍江到西南的廣東欽州，遍及全中國各省。

此外還爆發搶米風潮。由於區域災荒，為求生存而致發生向地主大戶，乃至進城搶米的變亂。以情況最為劇烈的湖南為例，由於在宣統二年（1910 年）水災，湖南米價上漲四倍，饑民請願減價平糶，未償所願，闖鬧長沙，搶劫米店，乃至縱火燒巡撫衙門、稅局等政府單位，亦波及洋行等，瀕至革命階段。清廷傾大力鎮壓始略告平息，而民氣愈為不平。此外如江西撫州搶米群眾逾萬，江蘇海州亦有二萬餘群眾搶焚麵粉廠之事。這顯示在飢餓線上掙扎的群眾為求生存而採取的行動。

抗捐搶米等行動，雖非有組織的行為，但其皆具有反抗政治秩序與權威的涵義；而爭回利權運動則顯示社會群眾的自主意識。

由於不平等條約，致使中國礦產開採、鐵路興建等等利權盡為外人所掌控，在庚子事變後，不少有識之士從事推展收回利權的運動，響應者眾。鐵路方面，如收回粵漢鐵路（光緒三十一年，1905 年），改由商辦，此後各省紛設公司自辦鐵路，資金來源多由募集，然距所需頗有差

距。礦產方面如山西自設礦務公司，廢棄英國的辦礦合同（光緒三十四年，1908 年）等，都有一定成績。

爭回利權的主體是地方士紳，他們也投資於爭回的利權事業中。而當清廷從宣統三年（1911 年）宣示「鐵路國有」政策，規定民股的處理辦法並不符入股股東所望，群起反對，發起保路運動，但遭清廷嚴詞申斥，屢屢以「格殺勿論」之論恫嚇，而各省紳民毫無所懼，尤以四川為烈，發動全省性的抗捐抗糧及罷市、罷課行動，後來更組成「保路同志軍」，以武力反抗清政府。這種對政府政策的抵制行動，正是在前此反抗既成政治權威的種種行動中積蘊而成的，而為推翻政權的革命行動的先導。而保路運動的士紳，本為地方支持清廷的重要力量，遭到打壓之後，漸次轉向，是辛亥革命後，地方轉而支持革命的重要原因之一。

清廷財政的崩潰

儘管民窮財盡，清政府的開支，特別是軍費、行政費與宮廷費用卻一直持續增加，終至政府財政崩潰之局。

軍費方面，以軍餉佔最大宗，年約二千餘萬兩，在同治、光緒年間（1870、1880 年代）甚至高達五、六千萬兩，誠所謂「竭天下十分之物力，八分以養兵勇」。為因應內憂外患而耗費大量資源於軍事費用，尚無可厚非；然行政費用與皇室、宮廷費用卻也大量膨脹。

行政方面，對各式內在變亂與外來侵略，清政府自是「竭天下全力以平之」，然善後殘局亦須「舉天下既竭力以應之」，但是兩者「難易之間不可數計」。原來的官僚機構不唯員額漸增，又為處理善後事宜及經辦新興事業，機構大增，如漕運於糧道之外增設海運局，鹽務於運使之外增設鹽釐局、督銷局等，財政於各省藩司外另設交代局，刑案在臬司之外又增清訟局等等，幾乎「每辦一事，即創立一局」，官僚機構重疊臃腫，行政費用大幅增加，僅僅薪俸一項，每年多達一千多萬兩。而為支付這些費用，地方政府就額外加徵各式稅捐或扣留上繳中央的費用，如江西等地充做地方辦公費用的丁漕耗羨等費即達正額之半。

　　宮廷皇室費用，純係維繫最高統治階層所需。慈禧太后掌權後，宮廷常年費用到光緒年間即增加數倍，甚至如光緒娶后大婚，耗資五、六百萬兩。由於這一方面資料、數字均頗有限，很難估算，但僅由光緒大婚費用、慈禧挪海軍軍費建頤和園等事例來看，即可想見其數目之龐大程度。

　　在甲午戰前，清政府以各種方式達到帳面虛假平衡，戰後則已無能為力，財政赤字大增。如光緒二十五年（1899 年）歲入為八千八百餘萬兩，支出為一億零一百餘萬兩，赤字達一千餘萬兩；庚子後，支出加大到一億三千四百九十二餘萬兩，入不敷出數額增至三千萬兩以上。宣統三年（1911 年）預算，財政收入二億九千六百九十六萬兩，支出為三億八千一百三十五萬兩，赤字達八千四百三十九萬餘兩。中央財政崩潰，地方亦同。如光緒二十四年（1898 年）底江西奏報，是年收入估計為一百八十七萬兩，除已支出二百二十三萬餘兩外，其他應支未支款三百三十三萬兩，二者合計達五百五十六萬兩，超支三百六十九萬兩，近全年財政收入的兩倍；光緒三十三年（1907 年），浙江歲入計四百三十六萬餘兩，而支出達六百四十九萬餘兩。宣統三年預算，支大於收在百萬兩以上的省份，即有貴州、江蘇等十省，而湖北、四川兩省不敷數額分別達五百三十九萬兩及七百七十四萬兩。清政府的財政已達全面崩潰之局，是為帝國瓦解的先聲。

　　統治階層的能力不足與腐化，社會秩序更因政府統治能力降低與橫徵暴斂，激起反抗而蕩然，財政瀕於崩潰，清政權的瓦解，是有其必然性的。

習　題

一、說明早期中西接觸的經過，並詳估其歷史意義。

二、說明不平等條約對中國的影響。

三、說明太平天國起事的背景。

四、分析清季內亂的意義。

五、分析清朝統治能力漸趨式微的情況。

六、清季政局腐敗，對辛亥革命的爆發有無影響？

第二章　救亡圖存之道

第一節　從洋務到變法

　　清季政局於外患頻仍，內憂接踵，而主政之皇族貴室以教育環境所限，難以掌握潮流趨向的景況下，漸至不堪聞問。伴隨於此的發展則為少數封疆大吏、在野名士目睹時局之變，或以其權力所及開展因應之事業，或盡其思慮所在倡論前行之走向，從而寫下了歷史的新頁：「洋務（自強）運動」之推展於先，仿效西法製造軍備武器，模擬西制創建國防體制；而若干朝臣名士更不以此等器用層次之仿效為足，倡論政治、社會體制之變易，雖在一時之間受謗招誹，而其識見之卓越終已為史家定論。唯方有識之士已深悟器用層次之仿效不足以因應變局，故而倡議政治、社會體制之改革，並力行篤踐之際，以推翻既有政治體制，學習西方民主政體為目標之革命思潮及行動亦然開展，「改革」、「革命」之思惟與行動在歷史舞臺上各爭勝長。然隨時局變易，革命勢力漸興，以改革既有體制而遂其目標之思惟與行動，亦以清室庸昏攬權，證明已無可能，終在武昌起義的第一聲槍響後，「改革」、「革命」兩派勢力匯為洪流、傾覆清室，中華民國於焉誕生。

「洋務」（自強）運動之推展

　　在清咸豐十一年到光緒二十年（1861-1894 年）的這三十餘年間，由中央主政重臣恭親王奕訢、文祥與地方督撫曾國藩、左宗棠、李鴻章、沈葆楨與丁日昌等人合作，漸次推動了以學習西方軍器製造為主要內容的洋務運動，而洋務運動之目的則在富國強兵，以抗外力，故又稱為自

強運動。

　　然在洋務運動開展之前，懍於外力入侵之變局，少數有識之士即呼籲中國謀求因應變局之道。如林則徐之纂輯《四洲志》，魏源之輯撰《海國圖志》，徐繼畬之撰述《瀛寰志略》等，皆係以向國人介紹西情為旨而完成之作品。其中以魏源《海國圖志》最具代表性，他曾自述撰述宗旨說：

> 是書何以作？曰：為以夷攻夷而作，為以夷款夷而作，為師夷長技以制夷而作。

明白表示了解西洋情勢，輸入西洋長處，講求對抗西洋之道的用心。

　　不過在清廷中有如魏源等人之識見的大臣名士實在太少，更不用說推動「師夷長技以制夷」的政策。一直要到咸豐十年（1860年）英法聯軍攻入北京，咸豐皇帝北逃至熱河後留守北京負責對英法交涉工作的奕訢、文祥等人才體認到清廷遭受如此屈辱的原因何在。而當咸豐皇帝病逝於熱河，年僅六歲的同治嗣位，遺命怡親王載垣、鄭親王端華及肅順等人為「顧命八大臣」輔政。而在「辛酉政變」後❶，咸豐后慈安與同治母慈禧垂簾聽政之局底定，恭親王奕訢為議政王，文祥、桂良等為軍機大臣，清帝國中央朝政開展了一個新局面。此後，自強運動正式成為清廷的政策。

　　奕訢他們看到了想解決外力入侵的根本方案：

> 查治國之道，在乎自強，而審時度勢，則自強以練兵為要，練兵又以制器為先。

地方督撫如曾國藩也云：

---

❶　恭親王奕訢與兩宮太后密謀，於同治皇帝與兩宮太后返京之際發動政變，誅殺載垣、端華、肅順，是為「辛酉政變」。

曾國藩像

左宗棠像

自強之道，以修政事，求人才為急務，
以學作炸砲、造輪舟等具為下手工
夫。

李鴻章亦說：

李鴻章像

中國欲自強，則莫如學習外國利器，
欲學外國利器，則莫如覓製器之器，
師其法而不必用其人。

左宗棠則以為：

謂我之長不如外人，藉外國導其先可也……讓外國擅其能不可也。

　　總之，「自強」這個名詞在此之後不斷在諭令、奏摺、士大夫的函札
中出現，清楚顯示當時在面臨千古未有之變局的因應之道。

　　首先是對外關係處理機構的設立：總理各國事務衙門（又稱總署、譯署）於咸豐十年成立，目的原先在辦理中外通商交涉事宜，被視為臨時性的機構，後來則成為所有「洋務」的總辦事機構，舉凡一切與「洋」有關係，而不屬於傳統六部管理的事務，如關稅、火器製造、輪船、礦務、鐵路、海防、學堂等等，皆歸總理衙門管理。或由其直接推動，或推成贊助，成為洋務運動的統領機構。

　　就實際籌劃與監督自強新政言，南洋通商大臣（原為五口通商大臣，同治五年（1866 年）後由兩江總督兼任）及北洋通商大臣（原為三口通商大臣，同治九年（1870 年）後由直隸總督兼任），扮演重要的角色，職權在處理通商口岸開放後的新興事務，自然也涉及處理與洋務有關的事業興辦。如自同治九年起任直隸總督兼北洋大臣的李鴻章便是洋務運動的最重要領導者。

　　洋務運動的主要內容，即是「製器」、「練兵」，並涉及與此相關的文化教育事業。在製器方面，曾國藩於咸豐十一年（1861 年）於安慶設軍械所，試製輪船為起點。而同治四年（1865 年）李鴻章於上海籌建的江南製造局規模最大，同年李鴻章在南京再設金陵機器局，同治五年左宗棠在福州設福州船政局，製造軍艦與商船；同治六年（1867 年）天津機器局成立，生產火藥子彈以配合江南製造局所造的槍砲。這四個單位是最主要的新式軍事企業，各省先後也辦過二十個機器局，大規模機器生產方式因此躍上了中國的歷史舞臺。練兵方面，聘請外國人擔任軍事教官，採用西式槍砲，訂製鐵甲船（鋼板軍艦）等，並創設海軍衙門（光緒十一年，1885 年），建立了現代化的海軍。

　　而因應對外交涉及與軍事相關的文化教育事業亦同時興辦。為培養交涉翻譯人才，先有京師同文館（同治二年，1863 年），而後又有上海廣方言館（亦稱上海同文館）以及廣州同文館之設立（均為同治三年，1864 年）。除栽培外事人才，並從事譯書工作，江南製造局亦設翻譯館，二單位前後譯出涉及西方科技、外交、史地書籍近四百部，成為此後維新派人士認識西方的重要憑藉。與軍事相關的文教事業，主要是各軍事

工業附設的學堂，如江南製造局附設機械學堂，福州船政局附設船政學堂（又稱求是堂藝局）。並向外派遣留學生，在容閎主持下，同治十一年到光緒元年（1872–1875 年）先後有一百二十名幼童赴美求學，福州船政學堂亦曾遣畢業生赴歐留學。這些經歷過西方教育的學子，日後有一定之貢獻，如主持興建京張鐵路的詹天佑，是留美學生之一，而著名翻譯家嚴復則是派遣赴歐的船政學堂的畢業生。

此外，洋務運動亦包括若干「寓強於富」的民用企業，以「官督商辦」——即以民間出資經營，政府總其大綱——形態出現，舉其大者如輪船招商局（同治十一年，1872 年）經營輪船運輸、開平礦務局（光緒三年，1877 年）、上海機器織布局（光緒八年，1882 年），乃至火柴業、電報局等，在甲午戰前，總數達四十個以上。這些民用企業，將西方近代生產過程與生產關係移植到中國來，是引致中國經濟生產領域步入現代的先驅。

唯洋務運動的各式事業都有其嚴重缺點。例如，軍事工業的生產過程中，機器、原料均來自外國，不僅彼此重疊繁複，且員司冗濫，用料虛耗，購價浮開，種種積弊不一而足。某些民用企業後來甚至成為官僚私人把持以飽私囊的企業，呈顯「公私混亂，挪欠自如」種種的弊端。

第一批赴美求學兒童（同治十一年）

同文館招生亦引發極端守舊派人士（如大學士倭仁）的抨擊，留學生亦在守舊派人士指他們接受西式教育後將成為「不復卑恭之大清順民矣」的指責聲中紛紛撤回。是以各式事業的開辦與發展，最後是所得有限。而製器、練兵之實效，亦在甲午之役受到嚴厲的考驗，洋務運動受到嚴重的挫折。

制度改革言論的出現及反動

盛清學術思想以考據訓詁學為主流，埋首故紙堆中。而隨紛至沓來的內憂外患，傳統中國「經世致用」思想漸次復興，由賀長齡倡議組織，魏源主編纂工作的《皇朝經世文編》於道光六年（1826 年）的出版正是「經世之學」再起的標誌。這部書選輯清代以來經世著述二千二百餘篇，曾國藩、左宗棠、張之洞等晚清名臣都很重視這部書。是以晚清求新求變的思潮，與經世之學的復興有密切的關係。

不過，求新求變的思想內涵，也隨著對西方之認識而更形開展，自覺或不自覺地以西方為參照座標，萌發了學習西方，呼籲改革的理念。在洋務運動開展的同治、光緒年間（1860-1890 年代），以馮桂芬、郭嵩燾、薛福成、王韜及鄭觀應等人最具代表性。

馮桂芬提出，「法苟不善，雖古先吾斥之，法苟善，雖蠻陌吾師之。」充分表現衝破「敬先法祖」、「華夷之辨」等傳統思維的禁錮，強烈呼籲向西方學習。

不過，馮桂芬此處的主張固然有積極引進西方制度的意味，但是，此處所謂的「法」並未達到「政法」或「禮法」的層次，而只是「養貧、教貧」二局而已。另外，他也認為清帝國與西方諸國相較之下，「人無棄材不如夷、地無遺利不如夷、君民不隔不如夷、名實不符不如夷」。然而，主張政治（制度）的改革，並不一定指涉學習西方。就此而言，前述諸端，馮桂芬主張只要「皇上振刷紀綱」，「一轉移間」便可達成。

基本上馮桂芬是採取「以中國倫常名教為原本，輔以諸國富強之術」作為學習「西學（用）」的綱領。自也是最早的「中學為體，西學為用」

思想的具體化內涵。而他的政治制度改革主張，則是開晚清制度改革論的先河。

郭嵩燾、薛福成與王韜都有在西方生活的經驗，郭是中國首位駐外使節（光緒元年任駐英並兼駐法公使），薛福成亦曾任出使英法義比四國公使（光緒十六年，1890 年），王韜雖為在野知識分子，但因助英國漢學家理雅各 (James Legge) 將中國的四書五經譯成英文而曾旅居英國。他們的觀察與主張可以說更為具體。如郭嵩燾即承認西方各國不能再用傳統夷狄觀念視之：

> 西洋立國二千年，政教修明，具有本末，與遼、金崛起一時，倏盛倏衰，情形絕異。

所以他甚至有這樣的看法：

> 雖使堯舜生於今日，必急取泰西之法推而行之，不能一日緩也。

整體而言，他提出「西洋立國，有本有末」是中國近代思想的一大突破，承認過去所謂的夷狄與中國一樣其立國也有「本」，而非只有「末」而已。並指出：西洋的政教是「本」，「商賈」是「末」，至於「造船製器」，不過是「相輔以益其強」的「末中之節」而已。另外，他也強調「知洋人之情，而後可以應變，能博考洋人之法，而後可以審機」。換言之，郭嵩燾並沒有主張學習西方立國之本，相對地，他是將傳統中國思想的「正朝廷以正百官」與「大小之吏據人而任之」作為自強之本，也就是將中國式的內政改革作為改革的「本」，而將洋務運動重點的造船、製器視為末節。

薛福成則標舉「西國富強之厚」在「通民氣、保民生、牖民衷、養民恥、阜民財」這五點上，又說：

居今之世而圖國是，雖伊、呂復出，管、葛復生，謂可勿致意於槍之靈、炮之猛、艦之精、臺之堅，吾不信也。若夫修內政、厚民生、濬財源、勵人才，則又籌此數者之本原也。

基本上，薛福成主張採用西學的範疇，包括「商政、礦政宜籌」，「火輪舟車、電報宜興」，「約章之利病，使才之優絀，兵制陣法之變法」應該加以講求。薛福成出使外國以後，對西洋的認識更進了一步。他認為西方的「西洋各國經理學堂、醫院、街道，無不法良美綽，有三代以前遺風」，甚至於基督教也「為心不甚背乎聖人之道」，「一切政教均有可觀」，不過「三綱之訓，究遜於中國」，同時對於基督教在中國傳播所導致的衝突，認為幸好「周孔程朱之教瀰綸圜宇，深入人心，凡列衣冠之中，鮮慕異端之學」，表現了其對「名教」與「周孔程朱之教」價值優位的肯定。但他大致上還是主張「取西人器數之學以衛吾堯舜禹湯文武周孔之道」，而後「其道亦必漸被乎八荒，是謂用夏變夷」。

王韜出國的時間猶在郭、薛之前（同治六年，1867 年），他的議論更為鮮明：

至今日而欲辦天下事，必自歐洲始；以歐洲諸大國為富強之綱領，製作之樞紐。
故善為治者，不患西人之日橫，而特患中國之自域。

反對中國劃地自限，主張應向西方列強學習。

這些早期提倡政治（制度）改革的言論，都具有深厚的歷史意涵，他們不受傳統思惟的限制，且早在洋務運動的開展過程中就指出僅過度強調「製器、練兵」而忽略政治（制度）改革的缺失，可以說為此後政制改革論之先聲。

在此脈絡中，富民思想的提出與發展，相當值得重視。富民思想正式出現檯面，則是馬建忠的重要見解。他在〈富民說〉中，開宗明義便

指出：「治國以富強為本，求強以致富為先」。而為了扶植本國的產業，以及提高中國商品的國際競爭力，因此他要求降低傳統偏高的出口稅，而設法提高進口稅。

同時，基於補強中國商人在資本上的不足，他力主學習西方的公司制度。一方面籌募資金，以避免因周轉問題，為「外商牽掣」；另一方面則希望能藉此舉合併散商，以減少中國絲茶商人內部的競爭。如果此舉仍不足以解決資金的問題，他認為應由國家出面借外債，再轉貸民間公司，以積極的作為「轉貸民為富民，民富而國彊」。

馬建忠的富民思想一旦施行，最大的獲利者無疑是投資產業的商人。薛福成對此就比馬建忠警覺，認為發展實業的結果，雖以「富民」為名，但終究會產生「利歸富商」的現象。不過，他並未因此退縮，反而進一步主張「利歸富商，則猶在中國」，還「可分其餘潤，以養我貧民」，因而帶有扶植民族資本家與西洋商人抗衡的味道。

而鄭觀應是買辦出身的商人，與西方人有親身接觸的經驗，他的「商戰」論尤為突出、完備。他指出，西方因工商致富而強盛，故對中國言，習兵戰不如習商戰，主張經濟侵略所受傷害較諸割地賠款尤大。

然則，有此認識的畢竟是少數人。當時不少守舊派對這種承認西方有其特色，呼籲向西方學習的觀點提出嚴厲批評。如郭嵩燾奉命出使，即有人如此嘲罵他：

出乎其類，拔乎其萃，不見容堯舜之世；
未能事人，焉能事鬼，何必去父母之邦？

甚至他談論西方情勢的著作《使西紀程》亦遭清廷查禁。守舊派不但批評進一步政治（制度）改革的言論，對製器、練兵等等最起碼的洋務政策亦持反對態度，至如設立同文館、派遣留學生等等，更是反對不已。可以用當時守舊派領袖大學士倭仁的這句話來概括他們的理由：這些政策與言論，「不盡驅中國之眾咸歸于夷不止」，認為會造成中國傳統的淪

喪,會使中國倫理綱紀因之崩解。所以,會出現「馬拉火車」的怪事,不足為奇:當光緒七年(1881年)為開平煤礦修建的唐山到胥各莊的運煤鐵路完工通車時,守舊派強烈反對,先勒令停駛,繼則只許用騾馬拖動,禁用機車,以免「震動皇陵,煙傷五穀」。

政治(制度)改革的言論在一時之間,確實遭受到打擊,洋務運動在經歷戰爭考驗後,也證明原有洋務的不足。但是,當西方帝國主義勢力已經即將瓜分中國,國亡族滅的危機即將降臨的時候,除了大部分的保守派也轉而贊進引進洋務主張外,另一波的因應危局,改革層次更為深入的言論及行動,則已躍上歷史舞臺了。

第二節　立憲派之活動

政制改革的先聲

中國政治傳統,自秦始皇統一六國建立皇帝制度(前221年)以來,國家最高統治權一直掌握在君主手中,所謂「天下之事,無大小,皆決於上」。然而,隨著對西方情勢的逐漸理解,這個傳統漸次受到質疑,並且提出改革的方案。

郭嵩燾等早期主張制度改革的人士即已注意到西方政治社會體制的意義。如郭嵩燾即指出西方之本在「議政院」(議會);王韜積極肯定西方「君民共治」的制度,以為如此「上下相通,民隱得以上達,君惠亦得以下逮」;鄭觀應更主張清廷應該設置議院,使「昏暴之君無所施其虐,跋扈之臣無所擅其權,大小官司無所卸其責,草野之民無所積其怨」。他們是以西方為參照點,指出中國政治體制的缺陷所在,並呼籲進行改革。雖然,他們的觀察與論述有些缺陷(如以為設議院可以達成「君民一體,上下同心」的效果,而在西方脈絡中,議會的根本意義並非如此),也多停留在著書撰文、吶喊鼓吹上,還不曾(也不可能)在實際政治生活中有具體作為。然則,他們的言論為此後具體擬舉政治制度改革者的出現,

有先導性的作用，是無可置疑的。

日本的刺激

在中國近現代史上，日本的影響可以分成兩個方面來看：首先她是與西方帝國主義一樣的侵略者，而其貪婪殘酷更甚；然而她卻又是中國的「榜樣」，因為日本本來也是西方帝國主義侵略的對象，但歷經明治維新之後卻躍居世界強國之林。尤其在甲午戰爭後日本向中國攫取了可觀的利權，更激起士人深刻的反省，導生出介紹日本情勢的論著與激發中國派遣留學生赴日學習的熱潮。

在各種介紹日本情勢的著作中，以黃遵憲的《日本國志》最稱重要，這部書是以中國舊史體例撰寫的日本通史，然其用意非僅僅只是歷史紀錄，往往多有引申而可有與中國情勢比較參照之資。而康有為所撰之《日本變政考》（原名《日本變政記》）雖然主要是進呈給光緒皇帝閱覽，而其立論以「我朝變法，但采鑒日本，一切已足」為宗旨，於列舉明治維新各領域事跡之外，又以按語評考其意涵及可資取法之處，深具涵義。

而日本明治維新的成功，對西方的學習頗有成效，在不少中國人看來，中國可以用速成的辦法，模仿日本維新，以應一時之急，即如張之洞所云：

> 西學甚繁，凡西學不切要者，東人已刪節而酌改之……若自欲求精求備，再赴西洋有何不可。

認為赴日留學，也得到學習西藝西政的機會。是以，在光緒二十二年（1896年）即展開了派遣留學生赴日的政策，十年之後的光緒三十一、三十二年（1905、1906年）間，留日學生數額竟高達八千人以上。在日學生，一方面透過日本認識西方，也從日文譯介了不少新知以啟民智，而另一方面則也捲入了政治活動，乃至投身革命運動。

戊戌變法

　　過度專注於西方製器、練兵的洋務運動在甲午戰爭遭到挫敗後，對當時中國思想界造成了巨大的衝擊，除了原本保守派人士也體認到學習西方長處的必要外，進一步要求改革的主張也紛紛出現。其中，從之前提出的政治（制度）改革主張出發，進而更大規模引進西方制度的變法思想，最受矚目。與過去洋務運動的主張立場相似，他們也主張引進西學，推動富國強兵的洋務；不過，他們主張引進西方的政治制度進行改革，甚至衝擊到傳統綱常名教的絕對性，與洋務思想大異其趣，也遭到後者的大力批判。

　　早在光緒二十一年（1895 年），在北京參加會試的各省舉人一千三百餘人，在康有為、梁啟超等人的號召下，聯名向清廷上萬言書，要求「拒和、遷都、變法」，這就是震動朝野的「公車上書」。因為像這種已取得科舉功名的士人為國事公開進行群眾性的請願活動，向為清律所禁，亦是史之所無。「公車上書」之舉，仿若火種般地迅速的將保國自救的思潮擴散到全國。各地紛紛成立名為「強學會」、「保國會」等團體，出版了《時務報》、《國聞報》等報刊，公開集會、演說著文、論議時事。他們的言論與觀點，普遍來說，呈現出應當學習西方的社會政治體制進行改革的情勢。同時，若干深體時勢趨向的地方督撫也嘗試開始推動比洋

梁啟超　　　　　　光緒帝　　　　　　康有為

務運動內容更為廣泛的改革，其中最著名的是巡撫陳寶箴主政下的湖南。

　　這股要求改革、自救保國風潮的代表人物是康有為。他屢屢向光緒皇帝上書，以對儒家學說的新詮釋取向，昌明必須因時而變的道理，並痛陳「變則能全，不變則亡；全變則強，小變仍亡」的觀點。他的言詞，確實打動了部分有清楚意識的官員及士大夫，光緒亦為之動容，終而引導了變法維新運動的開展，光緒二十四年（1898 年；戊戌年）四月二十三日（6 月 11 日）下詔定國是，決意實行變法。

　　從四月二十三日到八月六日（6 月 11 日至 9 月 21 日）的一百零三天中，光緒頻下改革詔令，就形式而言，內容幾乎包括各個層面的國政要務，如經濟方面，要改革稅制、開辦銀行等；文教方面，廢八股文、開設京師大學堂及各級新式學堂等；在軍事方面，從新組訓陸海軍等；在政治方面，要求改革官制等，並計畫改造整體國家體制。當時康有為

慈禧太后像

曾建議在君主立憲的前提下實行三權分立，中央設制度局總其責，地方各省設新政局及民政局以執行中央制度局的指示，等於取代原有的一切政府體制。不過，從實際下詔變革推行的內容來看，則是在洋務運動的基礎上，進一步進行制度的改革，改革的幅度遠小於康梁為首的變法派改革主張。

換言之，光緒皇帝固然任用康有為，但是戊戌變法的內涵則並非完全採納康氏的建議。相對地，梁啟超等人在湖南等地鼓吹的變法主張，其內涵就較清廷中央推動的改革廣泛、深入。縱使如此，當光緒皇帝所欲推動的維新方案大多還只停留在紙上作業的階段，慈禧太后在一班擔心將因改革失去權勢的保守官僚的支持下，發動政變，囚光緒，殺參與維新的六位志士：譚嗣同、楊深秀、康廣仁、林旭、劉光第、楊銳（史稱「戊戌六君子」），康有為、梁啟超逃亡海外，而與維新事業有關的官員，如陳寶箴、黃遵憲等俱遭罷黜。光緒諭令推動新政，除京師大學堂外，幾全遭廢除。變法維新事業前後百日，史稱「百日維新」，那年依中國干支紀年為戊戌年，故又稱「戊戌變法（維新）」，而慈禧太后發動的政變則稱為「戊戌政變」。

戊戌變法，全盤失敗，主要在於推動之始，即將希望寄託在光緒身上，「乾綱獨斷，以君權雷厲風行」，忽略光緒實權有限，以及推動改革需要深厚的社會基礎支持，單憑少數士子的激情並不能產生左右全局的實際力量。

然則，在義和團事變之後清廷下詔推動新政的實際內容，則與戊戌維新的各式改革綱領相去不遠；乃至於康梁曾經倡議，在戊戌變法時尚未納入改革範疇的君主立憲體制，在時勢的變易下，竟也開始呈現落實的契機。

反變法思想

就在康梁等人大力鼓吹變法之際，反對其主張的保守思想也起而反彈，原本在甲午戰後，保守的勢力在一定程度上轉而支持引進西學的洋

務主張，而洋務運動的要角及後起要角張之洞，也注意到自強、洋務的推動，必須進而推動制度的改革。但是，當康梁等人的變法主張，逐漸呈現民權思想、民族思想的面向，以及康有為主張變法的理論《新學偽經考》、《孔子改制考》又衝擊傳統儒學，便引起原本支持、欣賞康梁的保守派官紳張之洞、王先謙的反擊。其中除編纂王先謙等人言論的《翼教叢編》標舉捍衛傳統綱常名教外，張之洞的《勸學篇》更是體系完整，深受矚目的著作。

　　《勸學篇》被視為是「中學為體，西學為用」思想的代表作，強調在「道不變」的狀況下，「法者所以適變也」，主張「變其法」。同時，張之洞也主張應該學習的「西學亦有別，西藝非要，西政為要」，又提出「不可變者，倫紀也，非法制也；聖道也，非器械也」。不過，他所謂的「西政」或「法制」並非根本的制度，而是「學校、地理、度支、賦稅、武備、律例、勸工、通商」。更重要的是，張之洞強調三綱五倫是相傳千年，不可變革的，一旦放棄則「法未行而大亂作矣」。整體而言，以《勸學篇》為代表的保守改革主張，是希望以有限的制度重組及採用西法來增補清帝國原有的制度結構。在中國近代思想史脈絡中，此一思想則具有雙重的性質。戊戌變法時，此思想是攻擊康梁的主力之一，而在義和團事件後，則成為晚清（延續洋務運動脈絡的）保守改革的重要一環。

從新政到預備立憲

　　義和團事變爆發時，清廷的宣戰令，受到地方督撫的抵制，發起東南互保，以宣戰令為「矯詔」，與各國聯絡，宣示鎮壓義和團式的排外行動，也要求各國不派兵進攻，「兩不侵犯」。先後參加的有十一省之多。地方督撫此舉，並及八國聯軍攻入北京，慈禧權柄，面臨危機。迫於壓力，宣示改革，而於光緒二十七年三月三日（1901 年 4 月 21 日）下令成立督辦政務處，以總推動變法之責。至此，兩江總督劉坤一及湖廣總督張之洞於五月二十七日（7 月 12 日）起的一個月中，聯名提出三道主張變法的奏摺，時稱「江楚會奏三摺」，提出育才興學之端，並提出改革

吏治、司法、軍事的具體方案，亦主張「採用西法」。這份「江楚會奏三摺」得到清廷肯定，以為「整頓中法仿行西法各條，事多可行」，命督辦政務處依奏摺內容「隨時設法舉辦」，而成為清廷新政陸續推行的綱領性文件。

新政推行，在官制改革方面，如依《辛丑議定書》改總理各國事務衙門為外務部（光緒二十七年，1901 年），設商部（光緒二十九年，1903年）、巡警部、學部及練兵處（光緒三十一年，1905 年），裁汰冗職；教育方面，改各省書院為學堂（光緒二十七年，1901 年），並訂學堂章程（光緒二十八年，1902 年），是中國第一部較完備的近代教育法規；又以科舉為學堂發展之障礙，乃廢科舉（光緒三十一年，1905 年）。經濟方面，制訂大清商律（光緒二十九年，1903 年）、礦務章程（光緒三十年，1904 年）等經濟商業法規，設造幣總廠（光緒三十一年，1905 年），立戶部銀行（光緒三十一年，1905 年），光緒三十四年（1908 年）改稱大清銀行。其他軍事、司法方面亦陸續各有改革。但新政之推行所需經費甚多，搜括民間，引發民怨，抗捐抗稅行動屢起。而推行新政，又被普遍認為是「為辟禍全生，徒以媚外人而欺吾民也」（黃遵憲語）的行動，兼以革命黨起，以推翻清廷為目標，在維繫既成體制的穩定方面言，顯然需要進行比推行新政更大幅度的政治體制改革，加上日俄戰爭等外在情勢的變化，更導引出君主立憲體制主張終於走向落實的契機。

光緒三十年到三十一年（1904-1905 年）日俄戰爭的結果，日勝俄敗，類似於「此非日俄之戰，而是立憲、專制二政體之戰」的言論更強化了在中國推行君主立憲制的必要性。日本以東瀛小國，居然在十年間連勝清、俄兩大國，在不少人看來乃是由於日本行立憲制而導致的，「以專制與立憲，分兩國勝負」。一時之間，此類言論蔚為洪流，不少翻譯日本討論憲政的著作廣泛流傳，吸引許多贊成維新人士的矚目及言論宣傳。朝廷大員、地方督撫也透過各式管道掌握了社會意向所趨的訊息，開始上奏請求立行立憲。甚至民間倡議立憲最力的張謇，亦將其刊印的日本憲法設法送交慈禧太后閱覽，而於召見樞臣時表達「日本有憲法，于國

家甚好」的觀點。

正是在新政難括全局、革命勢力已興、日本憲政體制有成等等因素下，為維繫己身政權不墜的清廷決意派遣載澤等五大臣「分赴東西各洋，考求一切政治，以期擇善而從」。五大臣乃於光緒三十一年（1905 年）底起分赴歐美及日俄各國考察，不過，當時革命團體的大聯合：同盟會已成立近半年了！

五大臣考察後的奏報指出，以日本為典範的君主立憲政體是中國最可取法的體制，載澤又上奏請宣布立憲密摺，以為行君主立憲制有三大利：「皇位永固」、「外患較輕」、「內亂可弭」，既不損及清廷統治者地位，又能弭平革命勢力。經慈禧召集大臣集議後，終於在光緒三十二年七月十三日（1906 年 9 月 1 日）頒布預備立憲詔，宣示仿行憲政，以改革官制入手，並將釐定法律、廣興教育等項為預備立憲基礎。然則，此道詔諭，卻又提出「大權統於朝廷，庶政公諸輿論」的觀點，無疑為此後立憲運動之推展權力掌握在清廷統治者之手，埋下伏筆。

立憲派的出現與構成

在頒布預備立憲詔後，立憲措施陸續推展：

光緒三十二年（1906 年）頒預備立憲詔、頒布新官制。

光緒三十三年（1907 年）憲政編查館立，命籌設資政院與諮議局。

光緒三十四年（1908 年）定諮議局章程及議員選舉章程；頒布憲法大綱，定九年後召開國會。

宣統元年（1909 年）各省諮議局開幕；頒布資政院章程、選舉議員章程。

宣統二年（1910 年）資政院開院，全國歲出入預算案交資政院議決成立，各省歲出亦交諮議局決議；縮短預備年限，擬於宣統五年（1913 年）召開國會。

宣統三年（1911 年）頒布內閣官制、設立新內閣、弼德院等機構相

繼成立（辛亥革命爆發，清亡）。

　　而隨清廷似乎有意推行君主立憲，部分熱心於維新事業，反對革命
的地方士紳即迅速集結成團體，如以張謇、湯壽潛等為首的預備立憲公
會在光緒三十二年十一月（1906 年 12 月）於上海成立，此外還有湖南
憲政公會、貴州憲政預備會等團體。早在戊戌時代即有君主立憲制之擬
議的康有為，將他在海外組成，以聲援受慈禧鉗制之光緒帝為宗旨的保
皇會，改名國民憲政會（光緒三十二年，1906 年），再改名中華帝國憲
政會（簡稱帝國憲政會）；梁啟超亦於東京成立政聞社（光緒三十三年，
1907 年），翌年移總社於上海。各個響應立憲的團體出現，說明了立憲
主張是有其社會基礎的，而宣統元年（1909 年）各省諮議局成立，使主
張立憲的人士得到發展與結合的舞臺，他們紛紛競選諮議局議員，公開
活動，互通聲氣，這些人士，通稱為立憲派。

　　立憲派成員的背景，以諮議局議員為分析對象，可以發現其共同特
徵：多為具有傳統科舉考試功名的士紳，若干具有傳統功名者，亦曾接
受新式教育，各皆擁有相當產業，其中不少成員曾在中央或地方任官，
擁有實際政治經驗，平均年齡多在四十歲上下。可以說，他們是傳統中
國社會裡的菁英分子。

立憲派的政治抉擇

　　儘管清廷推動了一連串的立憲措施，但從光緒三十四年（1908 年）
公布的憲法大綱來看，卻極度提高君主權力，而預備以九年時間推動，
更不孚所望。是以各省諮議局代表在有狀元頭銜而從事實業建設的江蘇
諮議局議長張謇的召集下，於宣統元年（1909 年 12 月）組成諮議局請
願聯合會，要求速開國會，縮短預備立憲時間。但前後三次，均遭清廷
駁回，僅宣示將九年縮短為六年，並勒令解散請願團體。立憲派的理論
指導者梁啟超，頗感失望，痛云「循現今之政治組織而不變，恐不待九
年籌備之告終，而國已亡矣」，很能夠代表部分請願人士的心聲。

而後，當清廷頒布內閣官制，所成立的內閣卻是「皇族內閣」，輿論大譁，部分立憲派人士更集結共議，乃有憲友會之組成（宣統三年，1911年6月4日），總部設北京，中國二十二行省中有十八省設支部（僅黑、甘、新、滇無），各省有負責人（多為諮議局議長）。儼然是已具政黨形態的政治組織。

及至辛亥革命爆發，不少立憲派人士歷經請願失敗，對清廷失望，而鐵路國有政策亦使他們的經濟利益蒙受損失，種種因素，使他們轉向做出贊助革命的抉擇。例如，領導四川保路運動的蒲殿俊，即是四川諮議局議長；武昌起義後，湖北諮議局議長湯化龍亦與革命黨人合作，通電各省，呼籲響應革命；最先響應的湖南，宣告獨立後的混亂情勢，亦在諮議局議長譚延闓就任都督後漸次穩定，並援助為清軍圍攻的湖北；兩廣、福建、浙江等各省宣告獨立，亦為革命黨人與立憲派人士合作的結果，如浙江都督由立憲派核心人物湯壽潛擔任即是一例。而立憲派領袖張謇，從原先企圖利用武昌起義之故要求清廷解散皇族內閣，並速開國會的立憲立場，漸次轉移，而至決定支持袁世凱，並聯合革命黨，要求清帝退位。前後一個月的時間，他從君主立憲制度的倡議者，成為民主共和國的擁護者。是以，辛亥革命導致清朝覆亡，中華民國建立，革命黨人雖有首義之功，然則，立憲派人士之支持與贊助，提供革命政府的社會基礎，亦有相當重要的影響。

第三節 革命派之進行

革命的先驅者：孫中山

孫中山在現代中國史上的地位極其特殊。當其他維新派人士猶然寄望透過既成體制改造而挽救中國之危局的時候，他已開始集結同志準備推翻統治者；而維新派人士或革命黨人大多是受中國傳統教育的知識分子，孫中山在十四歲那年就離開中國前往檀香山，「始見輪舟之奇，滄海

之闊，自是有慕西學之心，窮天地之想」，接受現代西方教育。但孫中山早先則上書李鴻章（光緒二十年五月，1894 年 6 月），主張改革，希望有所作為，而李則毫不理會，自是乃轉向革命行動。

甲午戰敗，中國震動。孫中山赴檀香山，聯合華僑共組興中會（光緒二十年十月二十七日，1894 年 11 月 24 日），雖人數有限，出席當天成立會的華僑僅二十餘人，而至翌年八月前列名者也不過一百餘人，但確實標誌著一股新興力量。興中會宣言書謂，由於「庸奴誤國」，「堂堂華夏，不齒於鄰邦⋯⋯瓜分豆剖，實堪慮於目前」；而入會誓詞云「驅除韃虜，恢復中國，創立合眾政府」，明顯揭櫫民族主義與民權主義革命的旗幟，與滿清既成體制勢不兩立。光緒二十一年元

孫中山像（十八歲）

月（1895 年 2 月），孫中山至香港，與楊衢雲等人組成之輔仁文社相結，建立興中會總機關部，由楊衢雲擔任興中會的領導人，誓詞亦確定為「驅除韃虜，恢復中華，創立合眾政府」❷。香港興中會總機關部成立後，即謀定起事，本擬於九月初九（10 月 26 日）舉事而事機洩露，竟告失敗，殉難者有設計青天白日旗為革命軍旗的陸皓東等人。

至此，孫中山已決意用軍事行動推翻滿清，而同時康有為卻企圖說服光緒皇帝推動變法，對清帝國及未來體制的態度截然不同。由於主張革命，孫中山迅即成為清廷緝捕的對象，而有在倫敦被誘拘於清使館之事（光緒二十二年，1896 年），由於此舉牽涉在英國領土誘捕清帝國的政治犯，事發後孫中山經英國政府干涉而獲釋❸。倫敦各報競載此事，

❷　關於興中會的誓詞各家記述並未一致，如鄒魯，《中國國民黨史稿》，頁 14；金沖及、胡繩武，《辛亥革命史稿》卷一，頁 60；郭廷以，《近代中國史綱》，頁 310。而楊衢雲則成為興中會的領導人，其被害後，孫中山才成為正式的領導人。

孫亦於報刊撰文說明主張所在，中國革命漸為國際所知。孫中山在倫敦居留約九個月，頗致力於西方政治、經濟及社會學理的考察，影響他建立三民主義為革命綱領。

革命與變法維新勢力的合分

戊戌變法失敗，康有為、梁啟超亡命海外，與已在日本的孫中山有所接觸。尤以梁在一時之間竟已傾向革命，在日本橫濱辦《清議報》，頗多倡民權、鼓吹自由與攻擊慈禧太后之作。然康有為始終無法接受顛覆清廷的主張，成立了保救大清皇帝會（簡稱保皇會，光緒二十五年，1899年）。梁啟超思想易變，孫中山原先還曾介紹他到檀香山發展，不意梁抵該地後，宣稱保皇與革命二者名異實同，宗旨無別，竟使檀香山大部分興中會員轉投保皇黨。

當時不少人確實無法清楚意識革命與保皇有何區別，與孫、康、梁均有交往的唐才常於光緒二十六年（1900 年 8 月）義和團事亂之際在湘、鄂、皖發動的自立軍起事即為一例。他一方面以「勤王」為號召，卻「不承認滿洲政府有統治清國之權」，顯示其議識之矛盾。而孫中山仍繼續努力不輟，在同一年閏八月十五日（10 月 8 日）發動惠州起義，亦未成功。但也就在這一年起，保皇、革命勢力有絕大的轉變。即如孫中山所云，此次失敗「有識之士，且多為扼腕歎息，恨其事之不成矣」。

革命組織興起

孫中山是中國革命的先驅，但在光緒三十一年（1905 年）中國同盟會組成前，中國各地出現的各式革命組織卻互不相屬，自立宗旨，自行活動。尤以日本留學生隊伍漸次擴大，聲勢最雄，組織許多革命團體，如「廣東獨立協會」、「青年會」、「軍國民教育會」等，創辦不少刊物，如《湖南遊學譯編》、《浙江潮》等等，又有陳天華撰《猛回頭》、《警世

---

❸　雖然孫中山被清廷通緝，但在英國領土，清廷並無司法權，誘捕孫中山在某種意義上侵犯了英國的主權。

鐘》、鄒容撰《革命軍》，內容淺白而言詞激烈，為革命宣傳大起作用。

　　而在中國本地的革命組織則更為重要，一為華興會，一為光復會，成立時間約在光緒二十九年（1903年）冬至翌年冬。

　　華興會是由黃興、宋教仁、劉揆一等人在長沙所組成的，成員以兩湖人士居多，曾計畫於光緒三十年（1904年11月）起事，因事機洩露而失敗，黃、宋等人乃離境赴日。光復會是龔寶銓、蔡元培、陶成章等人在上海組成的，重要成員還有秋瑾與徐錫麟等人，多為兩浙蘇皖等長江下游省分人士。其他如湖北有科學補習所、日知會、群治學社等團體的組成，江蘇有勵志學會、知恥學社等。這些團體、成員或有重複，彼此亦偶有互通聲氣之舉，但各自活動，不相統屬，活動範圍有限。

　　是故，各革命團體的出現，顯然標誌著反清革命思潮漸次推廣，甚至連蔡元培這種接受傳統教育，身為滿清政府翰林的士人也投身於革命行列，可想見於一斑。但也正因為各團體分立，力量分散，行動容易失敗，反且可能招致列強瓜分之危，漸次釀成革命力量的聯結：中國同盟會的成立。

鄒容像及所撰之《革命軍》

同盟會的組成與活動

華興會的成員在中國內部活動失敗後多數赴日，仍繼續推動革命事業，但「思想無系統，行動無組織」，革命情緒雖極為高昂，並無實際效果。孫中山奔走革命多年，聲名漸著，尤以與其相善的日本革命人士宮崎寅藏撰《三十三年之夢》一書，介紹孫之革命歷史，由章士釗以黃中黃之筆名譯為《孫逸仙》，推許孫為「近今談革命者之初祖，實行革命之北辰」，歸心者越眾。

是以，孫中山於光緒三十一年六月（1905年7月）自歐抵日，即大受在日革命黨人之歡迎，與各省人士多所晤談，華興會成員對孫中山省思革命活動「不相聯絡，各自號召」的缺點，「總以互相聯絡為要」的主張均頗有同感。經多次商議、決共組革命組織，而有中國同盟會之成立（陰曆6月28日，陽曆7月30日），定誓詞為「驅除韃虜，恢復中華，創立民國，平均地權」❹。是日到會者七十餘人，多曾參加過革命活動。至七月二十日（陽曆8月20日）召開成立會，到會者三百人左右，以興中會、華興會及光復會成員為主，通過會章，推孫中山為總理，黃興為執行部庶務，負責組織革命的實際活動。孫黃二人此後併肩革命領導工作，孫長於理論、計畫及籌款，黃長於組織及實行工作，形成同盟會革命工作的二元領導❺。實際參加同盟會的人數並無確切統計。就現存光緒三十二年到三十三年（1905–1906年）同盟會會員分析，九百六十四人中，廣東一百六十一人，湖南一百五十八人，四川一百二十七人，湖北一百二十四人，其他各省在六十人以下，年在二十至三十歲之青年頗多（二百二十三人），約可了解其參與分子的一般情況，以青年知識分子為主幹。

同盟會本部設於日本東京，在中國內地及海外各設有支部、分部，

❹ 此一誓詞各家說法不一，如鄒魯，《中國國民黨史稿》，頁47；張玉法，《清季的革命團體》，頁307。

❺ 參見薛君度，《黃興與中國革命》一書。

各有主持人；但在中國各省的組織，發展較難，即有動作，易為清廷所偵測，如任同盟會湖南分會會長的禹之謨，領導湘鄉境內的抗議活動便為清廷所捕被處絞死。在海外的組織比較穩固，革命經費籌募較易，南洋地區更有不少華僑參加此後的各項起事活動。

在理論宣傳方面，主要理論指導綱領為三民主義，孫中山在同盟會主要的機關報《民報》創刊號發表〈民報發刊詞〉，主張民族、民權、民生三大主義要「畢其功於一役」；而後又在光緒三十二年（1906 年）制定《革命方略》，對革命之性質、綱領及程序有明確之規定，倡言「國民革命」為革命之性質，驅逐韃虜，恢復中華，建立民國，平均地權為革命綱領，以軍法之治、約法之治及憲法之治為建國程序。

《民報》是同盟會主要的機關報，在東京出版，宣傳革命六大目標：

一、顛覆現今之惡劣政府。

二、建設共和政體。

三、土地國有。

四、維持世界之真正和平。

五、主張中國、日本兩國之國民聯合。

六、要求世界列強贊成中國之革新事業。

前三項概括民族、民權、民生三大主義之內容，後三者為對外之主張。《民報》創刊伊始，即針對由梁啟超主持的《新民叢報》發動批判。

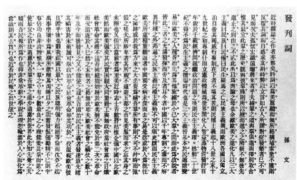

《民報》書影

　　梁啟超思想易變，而其言論啟沃一代知識分子，影響實大。《新民叢報》以新民為旨，一度鼓吹自由民權，冒險破壞。但他自光緒二十九年（1903 年）夏言論再變，不再倡言革命，且批判革命主張不已，而與革命黨發生論戰雙方以《民報》、《新民叢報》為主戰場，前者以胡漢民、汪精衛（兆銘）、章太炎等為主筆，後者則主要由梁啟超一人撰稿。論辯焦點為革命是否有其必要，且是否會引致列強瓜分之危；而於是否應排滿方面，亦各有主張；在民權方面，《新民叢報》謂因中國國民程度不夠，條件未備，不能行共和之制，《民報》批駁此論，以為在民主政府下自能養成國民行民主共和之能力；《民報》又主張土地國有，以解決社會問題，《新民叢報》則以為中國應「以獎勵資本為第一義」，以免外國資本永遠充斥中國，中國人將永為牛馬。民族主義亦成為論戰的重點。革命派站在血緣的民族主張之立場，強調滿人是外來的統治者，必須驅逐，重建以漢族為主體的國家，被稱為「小民族主義」。《新民叢報》則認為滿族與漢族歷經二百多年的共同生活，已難分彼此，應該要求平等合作，面對共同的歷史命運，並以此為基礎來討論民族主義，是謂「大民族主義」。

　　雙方言論，針鋒相對，引經據典，互相批駁。然《民報》人才濟濟，應戰者眾，《新民叢報》僅梁啟超一人應戰，漸難招架。且梁本人於光緒三十二年之後，忙於立憲運動之實務，《新民叢報》於光緒三十三年七月（1907 年 8 月）停刊，論戰大致告終。這場論戰的意義，不僅在給予革命黨人充分闡述革命理論的機會，革命派的主張也明顯在宣傳上居於上風。

　　發動革命起事為同盟會主要活動，在同盟會成立後，由同盟會本身所策動的革命起事行動共有八次：

光緒三十三年（1907 年）黃岡之役；惠州七女湖之役；欽州之役；
　　　　　　　　　　鎮南關之役
光緒三十四年（1908 年）欽、廉、上思之役；河口之役
宣統元年（1910 年）　　廣州新軍之役

　　宣統二年（1911 年）　　廣州三二九之役

　　革命起事地點多擇西南邊境，因為這些區域為滿清統治力相對薄弱之地，事若不成，撤退亦較方便。此外由革命黨人自行發動之起事亦夥，聯計以上八次，共約有三十二次革命事件（包括暗殺八次），以光緒三十三年最多（十二次），區域以華南（十六次）及華中（十一次）為多。

　　在起事活動經費方面，主要來源，依張繼的記述，主要有三：(1)華僑捐輸；(2)發行革命公債；(3)外人資助。至於總數多少，很難估算。有謂同盟會時期八次起事費用最低額度為港幣約五十八萬元（美金約二十九萬元），然觀諸廣州三二九之役後黃興等人的支出概略報告，其數目即達約港幣十七萬元，可推想推動革命所需經費之龐大。

同盟會內部的分化

　　雖然，同盟會之成立象徵中國革命力量的結合，但參與者出身有別，觀點不一，內部衝突自所難免。

　　觀點認知方面，孫中山以三民主義之實現為革命目標，然其他革命黨人未必皆以為然。如曾任《民報》總編輯的章太炎即專倡排滿而認為「設共和政府，則不得已而為之也」；宋教仁以實現民主共和體制為理想，並不重視民生主義。甚至於有不少革命黨人傾心於無政府主義，如劉師培等創《天義》，吳稚暉等創《新世紀》，雖謂倡無政府主義無損於排滿革命，但其理論依據則別趨異途。光緒三十三年（1907 年 4 月）由張伯祥、焦達峰、陳作新等人在東京成立共進會，其誓詞將平均地權改為「平均人權」，且更為注重進行對以反清為宗旨的祕密會黨人士的聯絡工作，均可見革命黨人進行革命的理論認知的差距。

　　早先同盟會的起事地點多擇定邊境地區，即所謂「邊地革命」，歷經數次失敗後，成員對革命的戰略問題亦有不同看法。如田桐等見邊區起事屢敗，乃倡言「中央革命」，擬至京畿一帶發動；而如宋教仁、居正、譚人鳳等於宣統三年閏六月（1911 年 7 月）於上海成立同盟會中部總會，亦踵步共進會將誓詞改為平均人權，並且擬定發動「長江革命」為戰略。

　　另外，光復會於同盟會成立之後依舊活動，與華興會成員在加入同盟會後名號即告消失大不相同。而光緒三十三年章太炎與孫中山為同盟會經費問題引發爭議，從此即與同盟會（尤其是孫中山）呈對立；光復會成員徐錫麟更拒絕加入同盟會，而與已加入同盟會但自行返浙領導光復會起事的革命女傑秋瑾聯合起事（光緒三十三年，1907 年 7 月）；此外，本即支持章太炎的陶成章，又因籌款事與孫中山有隙，竟至宣統二年（1910年 2 月）於東京成立光復會總部，章任會長，陶成章為副；章、陶與同盟會成員相互攻訐不已，彼此仇怨糾纏直至民國建立仍猶不休。孫中山為此曾一度有改同盟會為中華革命黨（宣統二年，1910 年 2 月）❻的想法。

革命活動的新力量

　　孫中山在興中會時代推動革命時，即很重視傳統祕密會黨的聯絡，如孫中山本人即曾加入洪門組織（光緒二十九年，1903 年），歷次起事成員很多是會黨中人。而同盟會成立後以知識分子為骨幹，亦未設立與會黨聯絡的部門，致有共進會之組成，首任會長張伯祥即是川陝一帶的會黨領袖。

　　而同盟會的主要領導人物，多為知識分子，對會黨中人及群眾抗爭行動並不特別重視，如光緒三十三年（1907 年）發動廣東欽州防城之役時，對當地農民反抗糖捐的行動置之不顧，未能引為革命行動的助力，即是明證。但仍有若干革命黨人自覺地投入革命發展工作，嘗試聯繫其他團體深入地發展革命力量，而以對清廷新軍的工作最為顯著，其中以湖北地區之發展最為深入。

　　不少革命黨人投身清廷編練的新軍中傳布革命思想，而有科學補習所的成立（光緒三十年五月，1904 年 6 月），宗旨標明研究科學，實則進行革命，但不久牽連於興中會起事失敗而告瓦解；而後又假日知會之名進行活動，光緒三十二年（1906 年）首領劉大雄（又名貞一、靜庵）

❻　參見陳錫祺主編，《孫中山年譜長編》上冊，頁 490。

被捕而中止❼。至光緒三十四年（1908 年）新軍革命黨人再組群治學社（宣統二年，1910 年改名振武學社），而後因振武學社首領楊王鵬被開除軍籍，再改名文學社。而共進會至兩湖發展活動，也與文學社取得聯繫，雙方結合起來，擬定起事計畫。宣統三年八月十九日（1911 年 10 月 10 日）的武昌起義，即是由文學社與共進會策劃發動的。

聯絡會黨參與革命，知識分子自覺地投身革命，乃至策動清廷新軍成員進行革命活動，以組成團體的方式從事革命運動，以具有現代意義的政治社會理念號召成員，做為行動綱領。是以從參與成員、組織活動與理論訴求等方面來看，革命黨之發展與活動皆是傳統中國未曾出現的，具有特殊的意義。然而，也由於革命行動需時長久，革命意志難能堅持貫徹，而成員眾多複雜，觀點主張亦難能一致，所以，革命團體內部頗有衝突，革命目標設定也不盡相同，對辛亥革命後的政局又產生了影響。

習　題

一、評估自強（洋務）運動的得失。

二、解析早期維新派人士言論的歷史意義。

三、評估「戊戌維新」的歷史意義。

四、說明「立憲派」的歷史地位。

五、評估孫中山的歷史地位。

六、比較「立憲派」與「革命黨」對辛亥革命的影響。

---

❼　參見張玉法，《清季的革命團體》，頁 547。

第三章　臺灣之開發與發展

第一節　中國古文獻中的臺灣

早期的傳説

　　自從《後漢書・東夷傳》以來，中國史書的記載，有不少曾被指稱與臺灣有關，但是沒有足夠的證據可以說明相關記載是否真正指涉臺灣。其中最有名的早期史籍是《三國志・吳志》的記載。

　　《三國志・吳志・孫權傳》中指出，在吳大帝黃龍二年（230年），派將軍衛溫、諸葛直帶兵「浮海求夷州及亶州」，最後「得夷州數千人還」。而根據《三國志・吳志・陸遜傳》及相關記載，出兵的目的地則是夷州及海南島珠崖。因此，雖有學者仍認為夷州是指臺灣，但是與相關史料對照之下，又無有力證明，列為歷史傳說似乎較為審慎。

隋代的傳説

　　隋代歷史中與臺灣有關的記載，主要是在《隋書・煬帝紀》與《隋書・東夷列傳・流求國傳》。根據學者綜合史料研究指出，隋代與流求國有三次接觸。第一次是在隋大業三年（607年），派羽騎尉朱寬和海師何蠻入海求訪異俗，結果到達流求國，因為言語不通，「掠一人而返」。次年，再命朱寬至流求國進行撫慰，大體上希望流求內附，但未成功，朱寬則「取其布甲而還」，對此結果隋煬帝並不滿意。大業六年（610年），隋煬帝再派武賁郎將陳稜率兵萬餘人，自義安（廣東潮州）出海對流求國展開大規模的軍事行動。流求國大敗，陳稜俘虜數千人（或一萬多人）

而還。或許為了紀念這一個歷史傳說,彰化市至今仍有陳稜路。

《隋書》流求國的記載是否為臺灣,仍欠缺史料足以證明。也有學者主張〈流求國傳〉中的記載內容可能是代表當時中國對於東海、南海諸島認識總體的表現,未必是針對臺灣的描寫。無論是記載吳國與夷州,或是隋帝國與流求國互動的史籍,都是中國大陸的政權出兵征伐,劫掠當地人民的內容,未出現將兩地納入版圖的記錄。

元帝國與臺灣

三國時代與隋代有關臺灣記載,仍然未能脫離傳說的色彩。元帝國由於在澎湖設官治理,透過澎湖,對於臺灣的地理位置的掌握與了解,就可以說是進入信史時代。

雖然如此,當元世祖至元二十八年(1291年)派人前往招撫「瑠求」之時,使者出發後仍然為了何處是「瑠求」的真正所在發生爭議,無功而返。元成宗大德元年(1297年)再由於福建地方官的建議,由福建直接出兵征討「瑠求」,結果俘虜了一百多人而還,卻沒有完成征服臺灣的任務。

元帝國真正經營的,是當時與臺灣全然分離,屬於兩個不同世界的澎湖。就信史的審慎角度而言,中國歷史對臺灣的經營,無寧說是對澎湖的經營,更為妥切。

整體而言,自三國至隋中國史書所記載的所謂臺灣史事,由於欠缺有力佐證,目前臺灣史學界已多不再視為信史,而以歷史傳說視之。而且無論是對夷州或流求,中國大陸出兵都是軍事壓制,而沒有統治的行動。

元代澎湖的經營

經過五代十國時代的變亂與經營,福建人口大幅增加,原有的農業規模逐漸無法容納大量的人口,使得海洋成為閩南人發展的一個方向。而澎湖位處黑潮、親潮交會的臺灣海峽,漁產豐富,遂逐漸成為閩南漁

民的漁場，甚至還有漁戶在此居住。也有學者指出，南宋泉州知府汪大
猷為了防衛當地的漢人免受自臺灣出發的「毗舍耶人」的侵擾，曾經臨
時性的派兵戍衛。

　　其後，漢人在澎湖及其附近海域活動更為頻繁，元帝國至元年間，
遂於澎湖設立「巡檢司」，負責行政管理及課稅事宜。這也是中國大陸的
政權第一次把澎湖納入版圖。不過，與澎湖一水之隔的臺灣，則仍是原
住民活動的樂園。明帝國驅逐蒙古人的元帝國後，並沒有直接繼承澎湖
作為其領土的一部分。

明代的經營

　　明洪武五年（1372 年），湯和（湯信國）奉派攻略海島，可能是明
帝國領有澎湖的開始。但是，由於元末被朱元璋消滅的張士誠、方國珍
餘黨也做了海賊，而且和日本的海賊勾結，成了明帝國初年的倭寇。明
太祖朱元璋便採取禁止民間出海的海禁政策，來對付倭寇。而湯信國（湯
和）又以澎湖島民叛服無常為由，建議遷徙住民。洪武二十一年（1388 年）
明帝國遂決定強制澎湖住民全部移住中國大陸，廢止巡檢司。一時之間，
澎湖因為住民的全數撤出而荒蕪。其後，由於澎湖位臺灣海峽的要衝，
因此大明帝國「墟澎」後的兩個世紀期間，澎湖遂成為明帝國及日本海
賊（商）的巢穴❶。

　　嘉靖年間，倭寇大熾，明帝國雖厲行海禁，並無法收效。嘉靖三十
六年（1557 年）胡宗憲擒獲倭寇首領王直等人，嘉靖四十二、四十三年
（1563、1564 年）俞大猷與戚繼光在福建平海衛大破倭寇主力，海賊勢
力大衰。明帝國也同時檢討海禁政策的可行性及效果，而於隆慶元年
（1567 年）解除海禁。

　　就在平定倭寇的歷程中，明帝國再度於澎湖設立巡檢司，以後則設、
廢無常，顯示明帝國對於澎湖的經營並不積極，但是，這並不代表其可

---

❶ 根據明帝國官方的記載，雖然指稱「倭」是日本人，但是出身中國大陸沿海居
　 民的「假倭」才是倭寇的主力。

以容忍他國佔領澎湖，這也是後來明帝國對築城企圖佔領澎湖的荷蘭用兵的原因之一。

第二節　明末清初之臺灣

海賊（商）的活躍

如前所述，明帝國的力量最多只達到澎湖，而臺灣島則基本上還是原住民活動的樂園。早期到達臺灣的漢人中，較具規模的是海賊（商）集團❷。其中，林道乾及林鳳都是受到明帝國官軍的圍剿，而以臺灣作為逃避的過渡之所，並沒有定居、經營的意念或行動。除了出身中國大陸沿海的漢人之外，當時在臺灣活動的，也有來自日本的海盜與商人。

根據傳統的說法，其後則有原本在日本活動，因遭到日本緝捕，逃亡到臺灣的顏思齊、鄭芝龍等人❸。他們在臺灣南部地區，進行了部分的開發工作，也留下曾召來中國大陸沿海人民來臺開墾的歷史傳聞。不過，實際的規模配合荷蘭時期的狀況來看，應該沒有傳說中的數萬人之眾，因為縱使荷蘭時期召來大量漢人後，其總數也未必能達到如此的數量。

鄭芝龍集團發展的結果，最後擊敗、整併其他來自中國大陸的海上集團，成為中國東南沿海最大的海上勢力，臺灣不過是其在海上的一個據點，而且後來鄭芝龍的重心也逐漸放在中國大陸沿海地區，但對荷蘭時期的臺灣貿易仍有一定影響力。

---

❷ 實際過去史書所謂的海賊或海寇，往往也進行走私、貿易，帶有濃厚的海上商業貿易的性質，並非只進行劫掠。

❸ 傳統說法多認為鄭芝龍繼承顏思齊的勢力，但實際上鄭芝龍是與另一位重要海商集團領導者李旦關係密切。至於顏思齊的事蹟，也有臺灣史學者提出質疑。

列國的企圖染指

在明朝萬曆年間，從豐臣秀吉到德川家康都曾經派人到臺灣視察，希望與臺灣建立關係，甚至企圖使臺灣的原住民統治者成為其附庸，但是並沒有具體成果。不過，日本經營臺灣的企圖，十分意外的卻給後來中國的官方留下了深刻印象，連《大清一統志》都曾經出現臺灣過去屬於日本的記載。

除了日本以外，荷蘭及西班牙對於臺灣的經營也十分注意，他們也先後採取實際的行動，分別在臺灣南部及北部地區，建立殖民地，作為其在亞洲進行殖民、商業貿易的重要據點。

荷蘭領臺的經過

1602 年荷蘭東印度公司成立，其後積極向東方發展，曾多次攻擊澳門、金門、廈門、澎湖等地。1604 年荷蘭第一次佔領澎湖，旋被沈有容擊退。1619 年荷、英更建立軍事同盟關係，對抗西、葡。同年，荷蘭在巴達維亞建立總督府，1622 年荷蘭與英國聯合襲擊澳門，被葡萄牙擊敗。荷蘭艦隊旋佔領明帝國未持續駐守的澎湖，並在媽宮風櫃尾建造「紅毛城」。明天啟四年（1624 年），明軍大舉反攻，荷人無法抗衡，便離開澎湖，東來臺灣。根據學者的研究，認為荷蘭佔有臺灣，是當初從澎湖撤軍的條件之一。換言之，對明帝國的官員而言，勸誘荷蘭人離開澎湖，前往不屬於明帝國版圖的臺灣建立殖民地，是守土有責的落實。至於出面協助說服荷蘭人退出澎湖的，是當時勢力極大的海商李旦。明帝國的官員除了支持荷蘭人移往臺灣外，還願意因此保證與荷蘭建立經貿關係❹。

就從此時開始，傳統歷史記載荷蘭正式領有臺灣，直到 1662 年初被鄭成功擊敗，退出臺灣為止，共計三十八年。但荷蘭人控制的區域主要

❹　參見郭廷以，《近代中國史綱》，頁 19–20。

是在臺灣南部，從 1626 年開始，西班牙人則在基隆、淡水附近建立據點。進而一方面沿著臺灣北部海岸，安撫了馬鄰坑、金包里等部落；一方面則溯淡水河，使其勢力涵蓋八里岔、北投、里族、大浪泵等臺北盆地各社。其間荷蘭軍隊曾經北上，但在 1629 年被西班牙擊敗，其主要行使行政權力的範圍仍在嘉南平原。

另一方面，西班牙人也曾經企圖攻擊荷蘭人統治的熱蘭遮城，結果遇風而退。荷蘭人也一再向巴達維亞方面的上級反應，要求以武力佔領西班牙人在北臺灣的據點。其後由於日本宣布鎖國，北臺灣的據點對西班牙人而言，商業、傳教價值與地位已大不如前，因此撤出在北臺灣的部分兵力。相對地，荷蘭則是鎖國之後唯一可以至日本貿易的西方國家，臺灣的經貿並未受到影響。因此，荷蘭比起西班牙在臺灣殖民地的經營，不僅態度更為積極，投入的人力、物力也較多，形成競爭上明顯的優勢。1642 年荷蘭方面以優勢的兵力進攻，西班牙人卻僅得到來自呂宋微不足道的援助，而告投降。西班牙人在臺灣北部的殖民地，遂落入荷蘭人之手。

荷蘭的經貿拓展與殖民的剝削

荷蘭人原本尋求佔領澎湖，乃是期待將澎湖作為貿易的中繼站，包括日本、中國大陸與巴達維亞的貨品皆可透過澎湖轉運。荷蘭人轉來臺灣以後，基本上便是將臺灣作為實現原本政策的據點，使臺灣成為國際貿易重要的一環。但是基於主客觀的因素，臺灣在荷蘭人統治期間，不僅是單純的貿易轉運站，本身生產的物資也供荷蘭東印度公司對外輸出，獲取利益。此現象與大量漢人來臺移墾進行耕作有相當密切的關係。荷蘭據臺之初，糧食尚須自外地供應，漢人來臺進行拓墾後，糧食產量大增，不僅供應臺灣本地的需求綽綽有餘，並且可供大量外銷。1648 年，荷蘭人從臺灣農產品輸出所賺取的利潤，便高達二十萬金盾。此外，臺灣當時四處可見的鹿群，也成為荷蘭人外銷的重要物資。

臺灣在荷蘭的統治策略下所扮演的主要角色，仍是荷蘭經貿網絡中

的國際貿易轉運站，主要的貿易對象則是東亞大陸、日本和南洋。當時臺灣的蔗糖主要賣到日本、波斯等地，稻米及鹿角、鹿脯則賣到中國大陸，至於帶有濃厚戰略物資性質的硫磺，則販售到當時戰亂紛爭的日本及中國大陸。日本或歐洲的鹽，以及從南洋買進的香料、胡椒等，乃經由臺灣運往中國大陸銷售；而自中國大陸買進的生絲、絹綢、瓷器和藥材，則轉售日本、波斯或歐洲。如此龐大的國際貿易，使臺灣一度成為荷蘭東印度公司經營下，僅次於日本的第二大獲利地區。至於向臺灣原住民及漢人移民收取各種苛捐雜稅，以及貿易的海關稅、臨時捐等等，也是荷蘭東印度公司相當重要的收益。相對地，荷蘭東印度公司也投入甚多心力建設臺灣。而為了增加生產所需的人力，荷蘭人除了既有的原住民及漢人移民之外，又從中國大陸引進更多的漢人移民，這也是歷史上第一波大規模的漢人移民潮。

　　為了強化在臺灣的統治，荷蘭採取分化族群的策略，使漢人與原住民對立，也分化原住民各村社，使其不致結合反抗荷蘭的統治❺。面對原住民的反抗，荷蘭當局除了採取強力鎮壓外，對於控制區域，也採取間接統治的方式。其中對原住民反抗，以麻荳事件和大肚王最為著名。

　　由於荷蘭當局逐漸加強對原住民的控制，引起麻荳社（今臺南麻豆）原住民的不滿。1629 年，荷蘭當局派兵至麻荳社搜捕漢人海盜，要求原住民協助。麻荳社人假意協助，設計將荷蘭人推入麻荳河溺斃。事發後，荷蘭當局雖未立即報復，但到了 1635 年，荷蘭部隊及新港社（今臺南新市）原住民聯合攻擊麻荳社。麻荳社原住民戰敗，被屠殺、焚村，只好向荷蘭投降。在荷蘭當局展現強力軍事行動的威嚇下，歸順荷蘭的原住

---

❺　例如東印度公司給予漢人獵鹿的權利，漢人如果獵捕過盛，自然引起原住民的反感。在雙方矛盾時，荷蘭當局便採取暫時性的禁獵措施，一方面緩和原住民反彈，加深其對荷蘭的支持；另一方面則又造成漢人獵戶的損失，使其對原住民出現敵意。又如荷蘭人掠奪原住民活動的土地，派漢人前往開墾，造成漢人侵害原住民生活空間的印象。一旦漢人與原住民之間發生衝突，荷蘭當局便可以敵對力量迅速鎮壓。

民部落迅速增加，荷蘭人至此大致控制了臺灣西南部地區。

　　荷蘭時代臺灣中部包括臺中、彰化、南投的一部分受到大肚王的領導，未臣服於荷蘭當局。荷蘭取得西班牙在臺灣北部的殖民地後，於 1644 年及 1645 年，兩次出兵攻擊大肚王。大肚王反抗失敗後雖表示降服，但大肚王仍然維持半獨立的狀態，拒絕荷蘭在其轄區內傳教。

　　而荷蘭當局要求征服區域內的原住民各社選出長老，每年集會，稱為地方會議 (Lanedag)。隨著荷蘭勢力的擴張，地方會議分成北部、南部、東部和淡水四區，每年集會一次。此外，各地設有政務員，多由傳教士擔任，各社長老必需向他報告。

　　不過，由於荷蘭統治政策過於嚴苛，故引起反抗，其中最著名的是郭懷一事件。郭懷一因為不滿荷蘭當局的壓榨，於 1652 年計畫襲殺荷蘭長官，因洩密而被迫提早起事。當時，不僅荷蘭軍隊裝備較佳，且協助荷蘭當局動員的原住民也相當強悍，強勢壓制了郭懷一的反抗，參與的漢人及婦孺慘遭殺戮，被殺害者估計超過五千人以上❻。

荷西時期的傳教與教化

　　西方人東來除了追求經濟利益之外，傳教事業的推動也是殖民的重要目的。因此無論是荷蘭或是西班牙人，在臺灣進行殖民統治的期間，對於傳教都有相當程度的推廣。

　　1624 年荷蘭人佔領臺灣南部以後，1627 年已有傳教士來臺傳教，二位重要的傳教士甘地第伍斯 (G. Candidius) 和尤尼伍斯 (R. Junius) 先後來臺傳教，效果頗佳。而在荷蘭人使用武力不斷討伐原住民部落，擴大佔領區域後，即在其控制的領域內努力推廣傳教事業。為便於推廣傳教事業，荷蘭人不僅建立教堂，設立學校，有鑑於基督教（新教）強調信徒可以使用自己的語言禮拜上帝，便以羅馬拼音為原住民創造文字，其中流傳至今最為著名的史料，就是所謂的「新港文書」。文字的出現，對

❻　此役漢人被殺總數說法不一，參見楊碧川，《簡明臺灣史》，頁 19；楊彥杰，《荷據時代臺灣史》，頁 247。

於記載與傳承臺灣原住民的生活文化，固然有正面的意義，但是荷蘭當局的目的乃是傳教，因此文字的出現、使用，相對也便利基督教文化摧殘原住民原有的宗教信仰和文化。相對於對漢人移民的傳教，荷蘭時代對原住民的傳教較為用心，為達傳教目的，有時甚至帶有某種強制的性質。一般認為，這也是造成荷蘭時代原住民對荷蘭當局統治不滿的重要因素之一。

就荷蘭人在臺灣的傳教事業而言，教會往往是政教合一的體制。一方面透過宗教的傳布，達成傳教目的，連帶加強對原住民的掌控；另一方面，傳教士在各地傳教，又經常兼任荷蘭當局所賦予的地方行政工作。

根據記載，1659 年，新港、麻豆、目加溜灣三社熟悉教理的信徒都超過人口比例的百分之五十，甚至超過百分之八十。而荷蘭傳教士使用羅馬拼音的原住民新港文，直到十九世紀仍然是部分原住民簽訂契約所使用的文字，其影響之深遠可見一斑。

至於西班牙人出兵佔領臺灣，原本的考量除了擴展商業領域之外，亦包括傳教。不過，由於日本禁教、鎖國的政策，導致西班牙的傳教事業與商業業務遲遲沒有進展。因此，在臺灣北部傳教，即成為西班牙人當時工作的重點之一。在西班牙人抵達之前，漢人在臺灣北部大多是季節性的短期居留，往來於臺灣與中國大陸之間。在西班牙人佔領臺灣北部後不久，此地漢人便有購屋定居、成立街市的現象，因而當時西班牙人不僅推動原住民信教，也為漢人及來臺的日本人設立教堂。來臺傳教的神父除了西班牙籍之外，另外至少曾有兩位以上的日籍神父。

從西班牙佔領基隆，於 1627 年在臺灣設立教區開始，經過十六年的傳教努力，使得將近四千名的居民改信天主教，更值得注意的是，透過傳教活動，也促進西班牙人與其他住民的互動。當時臺灣北部不少的住民，多少懂得西班牙語，甚至不乏能操流利西班牙語者。而西班牙統治北臺灣的時間雖然短於荷蘭統治南部，不過北臺灣原住民的語彙中，仍存在一定數目的西班牙外來語彙。

與日本的國際糾紛

除了西班牙之外，荷蘭在臺灣的殖民事業，也與日本造成直接衝突，其中主要的爭端在於關稅。

日本商人早在荷蘭建立殖民地之前，就長期在臺貿易且未曾交稅。其後日本商人基於荷蘭東印度公司在日本貿易享有免稅待遇，便拒絕交稅給臺灣的荷蘭當局，雙方因而衝突不斷。1626 年日人濱田彌兵衛來臺貿易，便與荷蘭當局發生衝突。1628 年濱田再率船隊來臺，荷蘭當局以其來意不善，扣留其商品與軍火，濱田幾經折衝，才取回物品返國，而後德川幕府關閉荷蘭商館以為報復。最後因為對日本的貿易，是荷蘭在亞洲最重要的利益所在，日本德川幕府的態度又十分堅持，1632 年荷蘭方面甚至將與日本發生衝突的原任臺灣「長官」（荷蘭駐臺最高負責人）交給日本，以平息爭端，維護既有的商貿利益 ❼。

鄭成功驅逐荷蘭人

荷蘭人雖然領有臺灣，取得龐大的貿易利益，但是，當時臺灣海峽的制海權，操在以鄭芝龍為首的海上勢力手中，因此，荷蘭人亦與其達成協議。

鄭芝龍降清後，鄭成功既抱持反清復明的壯志，漸次收編鄭芝龍舊部，也控有臺灣海峽的制海權。後來由於北伐失敗，又遭到清軍不斷的攻擊，鄭成功決定採用原在臺灣擔任通事的何斌之建議，於 1661 年出兵進取臺灣 ❽。前後共計八個月的戰爭。次年荷蘭人在等不到援兵，又面對鄭成功的優勢兵力，才投降退出臺灣。不過，荷蘭也曾轉赴臺灣北部發展，直到鄭經派軍北上，因軍事衝突影響其經貿利益，才又被迫離去。

❼ 參見吳密察（編撰），《唐山過海的故事——「臺灣通史」》，頁 40。

❽ 何斌之名在一般臺灣史研究論著乃通用之名，如吳密察（編撰），《唐山過海的故事——「臺灣通史」》，頁 49；然郭廷以的研究則認為其名為何廷斌，《臺灣史事概說》，頁 44。

此後，荷蘭當局仍然對鄭氏政權採取敵對的態度，不僅曾和清帝國合作，還曾多次劫掠來臺貿易的船隻。

鄭氏政權的權力繼承

鄭成功像

鄭氏家族自鄭成功以降，歷經鄭經、鄭克塽三代，直到康熙二十二年（1683 年）才被施琅攻滅。其中，鄭成功反清復明的意志最堅定。

鄭成功攻入臺灣後，先改赤崁地方為東都明京，繼而以東都稱呼全臺，改赤崁城（荷蘭時代的普羅文遮城）為承天府❾。同時將臺灣南部已經開發的地區劃分為南、北二部，北部設置天興縣，南部設置萬年縣。熱蘭遮城投降後，改為安平鎮，並正式在澎湖設安撫司，但此時鄭氏政權的中央組織仍在廈門。1662 年，鄭成功就過世了。由於留守金、廈的世子鄭經私通幼弟的乳母，先前曾被鄭成功下令處死未果，此時便發生繼承問題，東都的將領擁護鄭成功的弟弟鄭世襲。

鄭氏政權雖以「反清復明」為號召，但鄭成功在金、廈時早已「政由己出」，雖奉南明政權正朔，但只是形式上的尊重。在明桂王死後，也沒有擁立繼位者。因此當政權（延平郡王）繼承出現爭端時，無法依據帝國的制度或禮法來解決，而對立的雙方必須仰賴武力的對決。最後鄭經再從金、廈出兵臺灣，取得控制權，將臺灣易名東寧。

鄭經繼位後，在清帝國與荷蘭聯手攻擊下，於 1664 年失去中國大陸沿海據點，退到臺灣，改東都為東寧，天興、萬年二縣改為州。自稱「建

❾　赤崁樓在鄭成功時代成為當時的行政中心，今人在樓前設有鄭成功招降荷蘭人像，原本荷蘭人雕像是跪著投降，後來荷蘭人抗議不符史實，才改為站姿，並將名稱改為「鄭成功議和圖」。

國東寧」，「別立乾坤」，儼然是獨立的王國❿。

1681 年，鄭經過世，雖遺命由長子鄭克𡒊繼承，但鄭氏家族內部不服，重演鄭經繼位時的內爭。結果發生政變，鄭克𡒊被殺，由年僅十二歲的次子鄭克塽繼位，馮錫範掌握大權。

墾殖的推展

鄭成功來臺以後，首先面對軍隊糧食不足的問題，因而採取兵屯的方式，由部隊赴各地進行耕作，稱為營盤。其後鄭經繼續實施此一寓兵於農的政策，不僅可以彌補兵糧不足的現象，同時也能以武力控制各屯墾地區。

鄭氏時代墾殖的區域，以承天府、安平鎮附近為中心，漸次向南北開墾。大體上，南至鳳山、恆春，北至嘉義、雲林、彰化、埔里、苗栗、新竹、淡水和基隆等地，都可看到漢人的拓墾。但是除了臺南附近之外，其餘各地的拓墾，則大體上呈點狀分布。

漢人移民與原住民的抗爭

鄭成功攻佔臺灣後，漢人大規模移民，除了鄭氏的官兵與眷屬外，還有流亡的明朝遺民，以及被招來的流民。荷蘭時代在臺漢人約有二萬五千人，鄭氏時期居臺者估計已達十二萬人之數，其中絕大多數是男性，總數約略超過當時的原住民。

在實施屯田制度的同時，雖然官方一再強調不可侵佔原住民及原有漢人的耕地與漁區，但屯田開墾實際上卻仍然使得原住民的活動空間為之縮小，造成部分原住民的不滿。此外，鄭成功的軍隊所需兵糧甚多，不僅漢人移民耕作收穫，遭到較過去更為嚴重的剝削，對原住民的徵調也較過去繁重，引發不滿。而以大肚王為代表的原住民，則與鄭成功的軍隊發生大規模的武裝衝突。

❿　鄭經與其叔父鄭世襲相爭，並將東都易名東寧的經過，參見吳密察（編撰），《唐山過海的故事——「臺灣通史」》，頁 59–63。

鄭經時代，為了勞役徵調，也曾多次引發原住民的反抗，其中以 1682 年的反抗行動最為嚴重。當時鄭氏政權為了軍事的需要，派原住民搬運糧食，勞役過重，竹塹、新港（今苗栗後龍）等社皆發生反抗行動，各地原住民相率殺各社通事、搶奪糧餉的事件。最後，鄭氏政權以武力鎮壓，才告平定。

漢文化的推展

由於鄭經與三藩採取聯合的戰略，曾長期離臺試圖在中國大陸沿海擴張勢力。此一期間，主導臺灣行政者以陳永華為要。鄭氏政權統治臺灣期間所推動的文教事業，亦主要由陳永華推動。1656 年位於臺南的孔廟落成，當局又命令各里、社設學校，同時成立類似國子監的學院。當時鄭氏政權設立學校的目的，在於培養官僚的人材，而透過學校的系統也是欲出仕者的重要途徑，是後來漢文化在臺開展的基礎。

此外，流亡來臺的南明大吏，則對民間文教推動頗有貢獻。其中最著名的是沈光文，他早在荷蘭統治時代即在臺灣開館授徒，後來因為鄭經所忌，逃避於羅漢門（今高雄內門）繼續從事原住民的教化工作。另外，王忠孝、沈佺期等人或肆意詩酒，或醫藥濟人，或誦經養性，多與民間庶人有所接觸，因此對臺灣當時傳統漢人文化的傳播，有所助長。

國際經貿的發展

日本向來是鄭氏政權的重要貿易地，而在鎖國政策下，臺灣的船隻被准許赴日本貿易，更使雙方建立密切的經貿關係。當時臺灣銷往日本的貨品主要是本地出產的蔗糖和鹿皮，以及部分米穀，另外則是從中國大陸轉銷日本的絲綢、藥材等等；臺灣從日本輸入的貨品則主要是軍事物資，而部分的進口金屬礦也轉銷東南亞以賺取貿易的利益。整體而言，鄭氏政權對南洋的貿易以呂宋為主，但到日本的船數往往超過南洋貿易的兩倍以上。

此外，鄭氏政權由於與荷蘭交惡，外交上採取聯合英國東印度公司

的策略。當時，最積極推動與臺灣貿易關係的是英國，1670 年英國東印度公司派船來臺，並希望透過臺灣，打通對中國大陸及日本的商業關係，1672 年更與鄭經簽訂通商條約。但是由於荷蘭人的阻礙，無法打破日本鎖國的限制；另一方面，鄭氏政權與中國大陸貿易關係並不穩定，特別是三藩之亂以後，鄭經失去在中國大陸沿海的地盤，本身的經濟也相當困難，雙方的經貿幾乎停擺，1681 年，英國東印度公司關閉在臺灣的商館。而臺灣可供貿易轉手的商品大幅減少，出外進行貿易的商船也在貨品減少、船隻折損狀況下，降到最低點。

鄭氏政權與大清帝國

鄭經時代，清廷曾七次派員與其交涉，最初鄭經要求採取朝鮮稱臣納貢不薙髮的模式，清方則主張鄭經薙髮登岸。後來，鄭經趁三藩之亂攻回福建時，清方曾答應鄭經可以採朝鮮模式，但鄭經則要求保有濱海島嶼及閩南沿海四府；後來鄭經要求海澄為雙方共管地，為清廷拒絕。康熙十九年（1680 年），清廷派軍攻擊鄭經在中國大陸沿海的據點，鄭經大敗，退回臺灣，不久後即過世。

本來鄭經加入三藩之亂在中國大陸作戰失利，軍力已大損，其過世後更發生前述權力繼承的內鬨，清帝國攻臺的時機已然成熟。康熙二十二年（1683 年），施琅率軍攻臺，在澎湖與劉國軒率領的軍隊發生戰鬥，劉國軒兵敗，退回臺灣。當時臺灣已出現清軍內應，鄭克塽便決定投降。而自從鄭成功入臺以後，臺灣與澎湖已成為一體，清帝國領臺亦延續此一現狀。

第三節　清代之開發與臺灣建省

清廷消極的治臺政策

清廷自始對於領有臺灣一事，並不積極，甚至曾經表示只希望鄭氏

投降入貢，不再與其對抗即可。因此，施琅攻克臺灣，清廷也曾打算將臺灣的漢人移民遣送回中國大陸，而放棄領有臺灣。後來由於施琅力爭放棄臺灣將不利於中國東南海防，且如果對清廷不利的力量入據臺灣，更將造成威脅，且統治臺灣不須投入太多資源，清廷才改變政策。

但是，清廷對領有臺灣一事，仍是站在消極的立場，因此對臺灣的開發並不積極，甚至以政策阻礙臺灣的開發。在某種意義上，是積極地推動消極的治臺政策。其中最明顯的是，嚴格限制移民資格，不准移民攜眷在先，來臺居住者亦不得返鄉招來家眷。如此一來，在鄭氏時代臺灣漢人男多於女的現象並沒有改變，甚至更為嚴重，移民中亦有與原住民通婚者。

行政力量薄弱與吏治不良

在清廷消極治臺的政策下，臺灣的行政區劃與官員配置不足，是行政力量無法有效控制臺灣的重要因素。不僅體制上編制不足，而且早期許多地方官都駐在府城，未赴縣治。諸羅、鳳山兩知縣直到朱一貴事件以後，才分別赴縣治上任，可以看出政府機能未能有效運作的現象。加上地處帝國邊陲的臺灣，制度不上軌道，給與胥吏差役需索的空間，吏治自然更形敗壞。在大清帝國體制下，縣以下往往必須仰賴士紳階層的協助，才能有效進行社會控制。清領初期，臺灣士紳階層尚未形成，不僅不利於社會控制，也難以制衡貪官污吏。貪官污吏的需索，使農民的負擔更為沉重，這也是當時臺灣社會不安的一個重要因素。

分類械鬥

在清廷行政官員、駐防兵力有限的情況下，往往無力維持地方治安。而移民面對經濟或是社會的衝突，便招群結黨，以求自保。一旦發生衝突，往往以分類械鬥的方式私了。

基本上，械鬥發生的原因，大抵可以分為三種：(1)經濟性因素：人民常為爭奪田地、水源，發生結黨私鬥；(2)社會性因素：遊民人數眾多，

好勇鬥狠，嘯聚成群，常因細故發生大規模衝突；⑶政治性因素：由於行政區劃不足，官方行政、司法權力鞭長莫及，加上吏治敗壞，人民衝突往往未循體制解決。

械鬥的群體，與彼此之間自我的凝聚與認同有關，其中以原鄉祖籍的認同最受重視，另外也有以姓氏及職業別而展開的械鬥。其中閩客鬥、漳泉鬥以及泉州內部分縣的械鬥發生頻率最高，較著名的械鬥，如彰化的漳泉械鬥、噶瑪蘭的漳泉客械鬥、西螺的李、鍾、廖三姓的械鬥。另外還有職業同行間之械鬥，如挑夫械鬥。移民來自不同的原鄉，並非械鬥發生的主因，而是械鬥各方動員的社會網絡或條件。換言之，是在行政力量不足，也欠缺士紳階層社會控制的狀況下，成為械鬥雙方進行有效動員的一種社會條件。

三大民變

不良的吏治與官方對民間結社或是械鬥的鎮壓，是引發抗官民變的主因。在清帝國統治臺灣期間，有三次規模較大的民變，分別是康熙六十年（1721 年）的朱一貴事件、乾隆五十一年（1786 年）的林爽文事件，以及咸豐十一年（1861 年）的戴潮春事件。

朱一貴事件的主因是吏治不良，由於臺灣知府苛政，引發民怨，朱一貴便帶頭反抗。朱一貴事件是清帝國治臺之後第一次大規模民變，也是三大民變之中唯一閩客合作的反亂，但在勢力擴大之後，朱一貴卻與客籍首領杜君英發生衝突，造成內鬨。清帝國政府自中國大陸派兵來臺平亂，逮捕朱一貴和杜君英，事件方告一段落。此次民變不僅使清廷重新檢討在臺灣的統治機制，也嚴懲在事件中逃到澎湖的各級文武官員。

肇因於查緝會黨的林爽文事件，是繼朱一貴事件後又一次波及全島的大規模民變。林爽文為人豪爽，庇護同為天地會的黨人。林爽文起事以後，一方面與在臺駐軍作戰，另一方面則因其為漳州籍，受到泉州籍義民掣肘。由於林爽文勢大，清廷一再派兵增援，才徹底平定。在事件過程中，諸羅縣縣民曾經大力抵抗林爽文，事後清廷特將諸羅改名為嘉

義。此事件是清帝國統治期間，臺灣規模最大、影響最大的叛亂事件。

　　戴潮春事件的發生與林爽文事件類似，皆是由清帝國政府查緝會黨所導致。戴潮春家境富裕，因開發土地與人爭執而成立會黨。戴潮春起事不久，因為原籍漳州，得不到泉州人有力的支持，因而出兵攻打彰化泉州人主要聚居地鹿港，形成漳泉對立的問題。面對泉州人倒向官方，清廷官方又會同地方鄉勇清剿，戴潮春終不敵被殺。此事歷三年始平，歷時最久，也是清帝國首次動用臺勇平定臺灣亂事。

清帝國領臺與臺灣經濟型態轉變

　　在清帝國領臺之前，對外貿易一直是臺灣經濟的主流。荷蘭固然是因為貿易的考量，才選擇臺灣本島作為佔領澎湖不成後的重要商業據點及殖民地，鄭氏政權在臺灣，也是以對外貿易作為其經濟活動的重點。

　　清帝國雖然是異族入主中原，其承繼中國歷來天朝上國的心態則是一致的。因此，不但不重視對外貿易，甚至進而限制對外貿易。佔領臺灣後，雖然曾經一度開放海禁，但不久後即轉為保守政策，如此一來，被收入清帝國版圖的臺灣，經濟發展的方向，為了適應清帝國的政策，有了大幅度的轉變，從對外貿易發達之地，逐漸轉而成為大清帝國鎖國政策之下，中國經濟圈的一環。

　　當時，臺灣輸往中國大陸的主要貨物是米，而日用品則從中國大陸輸入。此一分工現象，固然是臺灣受限於自然環境，缺乏許多日用手工業產品的原料所致。但是，清廷的政治考量可能也是強化的因素之一。如限制臺灣打鐵鋪的數量，使得臺灣本地對中國大陸鐵製品的需求更大，而要求將一定數量的米糧輸往中國大陸，也多少限制了臺灣作物栽種的選擇。

西力東漸的衝擊

　　鴉片戰爭前後，洋商引進廉價的南洋米，使得臺灣米在中國大陸市場受到打擊，以進行稻米買賣為基礎的「郊」，經濟力量大不如前。

但是，自咸豐八年（1858 年）、咸豐十年（1860 年）《天津條約》與《北京條約》簽訂，臺灣在西方船堅砲利的壓迫下開港❶，臺灣的歷史又走進了另一個階段，對外的國際貿易再一次成為臺灣經濟的重心。

開港以後臺灣對外出口的主要項目，依序是茶、糖、樟腦，而進口的主要商品中，則以鴉片最受到注目。其中過去未曾成為臺灣重要作物的茶，主要是讓獨獨 (J. Dodd) 引進新的茶種及製造技術後才迅速發展起來❷。

臺灣北部經濟地位的提升

因茶葉適合在當時臺灣北部丘陵地的種植，故無論輸出較多的烏龍茶 (Formosa-tea) 或是其次的包種茶皆是以此為生產重心。由於茶葉輸出佔臺灣當時輸出總額的一半以上，北部通商口岸（淡水、基隆）的貿易額逐年增加，最後並超過了南部的通商口岸（臺南安平、高雄）。雖然南部地區是糧食作物——稻米的主要產地，由於並未成為國際貿易主要商品的稻米生產無法反應到貿易額上，臺灣南部的經濟力被低估，但是，北部地區生產力的提升則是事實。

同時，由於茶葉的附加價值較高，茶農較南部的蔗農在生產行銷過程中，所受到的剝削又較少，因此，茶農的生活情況又較南部的農戶為佳，消費能力也比較強。

無論如何，在開港以後，臺灣北部經濟地位較從前重要，則是不爭的事實。

---

❶ 根據國際法，兩國（或多國）簽署條約，並未就此生效，須經批准、換文的程序，才能依約生效。而《天津條約》雖然有臺灣開港的規定，但因換約時清廷與英法再發生衝突，並未完成換約，而在第二次英法聯軍之後，才於 1860 年正式換約生效。

❷ John Dodd 譯為「讓獨獨」係當時清朝文書所採，此條係研究臺灣史的翁佳音先生所告知。

開港貿易與臺灣進一步的開發

開港以後，臺灣對外貿易既有大幅度的成長，而茶、糖、樟腦又是出口的主力，則這些經濟作物產量的增加，是對外貿易成長的先決條件。其中，製糖所需的甘蔗，即促使南部高、屏地區的甘蔗種植更為旺盛，而有助於該地區進一步開發。

而茶與樟腦的生產，對於臺灣土地開墾的影響，更為明顯。由於茶樹生長於丘陵地，臺北盆地東方的兩排丘陵之間，高度由一千英尺到四千英尺不等，大部分的森林及樹木都遭到砍伐，茶樹成為最具代表性的新產物。這些區域早先即有原住民居住，若要進一步拓墾，則所謂「開山撫番」成為必要之工作。光緒年間，霧峰林家的林朝棟及淡水劉廷玉即開撫「烏來八社番地」，設撫墾局於屈尺，招募業者入山「栽菁植茶」，就是一個例子。

原本臺灣樟腦生產由於伐樟煮腦以後，往往就沒有再栽植樹苗，使得越開採就越進入內山。而開港貿易既然使得樟腦需求大增，就促使漢人更往內山開墾，主要的製腦地也都分布在漢番交界之處。如巨商黃南球在以苗栗地區為主的山區開墾，製作樟腦牟利；沈鴻傑則在南投集集建寮募工，教以熬腦，大啟其利。而在重利誘導之下，連外國洋行都曾有企圖非法開墾的行動。

換言之，在經濟誘因的主導下，開港貿易結果促使了臺灣地區進一步的拓展。而除了以「開山撫番」的方式開墾內山之外，連原本已開墾的平地，也有進一步開發，並促成許多新的市鎮興起。

牡丹社事件與「開山撫番」

同治十年（1871 年）琉球漁船因遇風漂至臺灣東海岸南端八瑤灣（今屏東滿洲鄉），成員進入牡丹社部落區後，除少數人外，皆遭到高士佛（滑）社原住民殺害。兩年後，日本使節試探清廷的態度，當時清廷一方面表示此事不煩日本過問，卻也傳遞生番「原為化外，未便窮治」的訊息。

根據當時的國際法原則，國家主權是否有效行使的要件之一，是能否實際有效統治土地，日本遂以此質疑番地是否為清帝國的領土。

同治十三年（1874 年）日本出兵臺灣。清廷在日軍抵達琅璚後，除向日本抗議外，並派船政大臣沈葆楨率輪船部隊來臺。沈葆楨抵臺後，積極進行部署。不過，日本已以強勢武力，迫使牡丹社番屈服。最後，清廷與日本簽訂《北京專約》，承認日本出兵為保民（琉球漁民）義舉，撫恤遇害的難民，並補償日本在琅璚地區所修道路建物的費用。由於此一條約承認日本的「保民義舉」，成為日本主張領有琉球的藉口。

由於牡丹社事件中，日本質疑清廷對番地的主權，在沈葆楨的建議下，清廷實施開山撫番政策，這也是治臺政策由消極轉趨積極的里程碑。此舉除了阻絕外人對臺灣領土的野心外，也與前述開港後的經濟有關。當時臺灣的出口大宗物資依序為茶、糖、樟腦，其中茶與樟腦產地皆鄰近內山，尤其是樟腦，開山撫番後更進一步促進茶、樟腦業的發展。

沈葆楨除先後以軍隊開闢北、南、中三路通往後山的道路外，為了招徠開墾者，他在光緒元年（1875 年）上疏，主張解除中國大陸人民來臺的限制，以及解除封山禁墾的政策。取得清廷支持後，他也曾積極招募人民入後山開墾。此後，漢人積極開發內山，不免與原住民發生衝突，而官府則進行撫番的工作。沈葆楨的撫番工作，希望促成原住民漢化，因此主張推動易冠服、通語言、教耕稼、修道路、設「番學」、變風俗等工作。其後劉銘傳主政期間，對於歸順的原住民，曾採取設立「番學堂」招收原住民子弟的文教措施。但是，面對開山撫番措施，原住民抗爭不斷，在執行上則往往以武力剿番，迫使原住民歸順，其中以劉銘傳主持臺政期間規模最大。

行政區域的演變與臺灣建省

清帝國領有臺灣之初，先是在福建省下置臺灣府，下轄臺灣、鳳山、諸羅三縣❸，以後臺灣府下的縣、廳級行政單位，隨著開發的程度，陸續有添置。至於臺灣道（臺澎道）則非行政區劃，但擁有對臺灣府一定

的行政管轄權。

　　同治十三年（1874 年）及光緒元年（1875 年），沈葆楨因為日軍犯臺及原住民叛亂兩度來臺。由於沈葆楨的建議，清廷於光緒元年才在艋舺（萬華）設置臺北府。至此，在福建省轄下的臺灣，設有臺灣、臺北兩個府。

　　光緒十年（1884 年）中法戰爭，劉銘傳奉命督辦臺灣軍務。次年，因為劉銘傳力陳臺灣的重要，清廷方決定設臺灣省，改福建巡撫為臺灣巡撫，下轄臺南、臺灣、臺北三府（後又設臺東直隸州）。歷經建省的籌備工作，光緒十四年（1888 年），臺灣才正式完成與福建分治的工作，並啟用巡撫的官印。省城本來擬設在當時的彰化縣境的橋孜圖（今臺中市），而在省城未建設完成前，巡撫則先駐在臺北。但是囿於經費，計畫中的省城並未建設。光緒二十年（1894 年），正式以臺北為臺灣省會。整體而言，建省之後，臺北成為臺灣的政治中心。

洋務運動的影響

　　洋務運動的推展，是促使清季臺灣進一步開發的另一個重要動力。同治七年（1868 年）是臺灣與洋務運動發生密切關聯的重要年代。那一年擔任江蘇巡撫的丁日昌向曾國藩建議，應該考慮將臺灣建設為南洋海防的中心。同年，擔任福州船政大臣的沈葆楨，則派員來臺探勘煤礦。以後他們相繼來臺主持政局，對於臺灣的洋務建設，有開風氣之功。

　　沈葆楨來臺期間，派人赴英採購開採設備，在基隆正式展開新式煤礦開採工作，使臺灣礦業史往前更進了一步。同時，他也購買了新式的輪船，行駛臺灣、福建之間，改善了海運交通。

　　丁日昌則於福建巡撫任內，在光緒二年（1876 年）底來臺，次年四月離臺。時間雖短，在臺灣的發展方向上，則提出他的遠見。在他任內曾建議修築臺灣的縱貫鐵路，架設府城到旗後（今高雄）、府城到安平的

❸　參見吳密察（編撰），《唐山過海的故事──「臺灣通史」》，頁 127；另外在臺灣府與廈門府則有臺廈兵備道的設置。

沈葆楨像

丁日昌像

「電（電報）線」。問題是，他的計畫固然遠大，卻並非當時總理衙門施政的重點，因此得不到中央的支持，也使其大失所望。不過，「電線」的架設工作，其後則告完成，這也是中國最早的「電線」之一。

劉銘傳治臺的評價

在清帝國統治臺灣兩百多年之間，劉銘傳的事功是最為人所稱道的。

他承繼了沈葆楨及丁日昌在臺灣推展的洋務事業，並開始興建西部的縱貫鐵路，在任內推動從基隆到新竹的工程❹。除了在鐵路工程之外，基隆的煤礦也在其任內進行大規模的開挖。同時，臺灣與中國大陸之間的海底電纜，也在劉銘傳的主導下鋪設完成。

在其他方面，劉銘傳戮力推動的土地改革工作，是臺灣近代化事業中重要的一環。他一方面藉著土地的調查，清查臺灣實際的耕地面積，及田地的狀況；另一方面則希望解決臺灣大租戶、小租戶、佃農構成的

❹ 基隆至臺北的鐵路線於光緒十三年（1887年）動工，光緒十七年（1891年）通車，而臺北至新竹一段則於光緒十四年（1888年）動工，唯尚未完工通車，劉銘傳已離臺。

所謂「一田兩主」或「一田三主」制的傳統
土地所有制，使小租戶成為真正的地主及租
稅負擔者。但是，由於執行者的心態及技巧，
與其他因素，造成相當多的反彈，彰化甚至
發生大規模的民變，使清查土地的政策無法
繼續貫徹。加上許多大租戶是劉銘傳籌措建
設經費的重要支持者❺，因此最後決定保留
大租戶，改採「減四留六」政策，小租戶只
須交給大租戶原本大租的六成，並在減少繳
交大租之後，代替大租戶成為租稅負擔者。
而日本領臺以後，在後藤新平的主導下，才
完成相類的土地調查及廢除大租戶的土地

劉銘傳像

改革事業。其中田地的面積較劉銘傳調查的結果，增加了百分之七十以
上。

　　雖然，劉銘傳的鐵路建設及其他洋務事業，也存在不少問題，但是，
就洋務的建設而言，相較於中國本部各省，處於邊陲的臺灣，已有相當
的成果。

第四節　武裝抗日與政治抗爭

臺灣割讓

　　光緒二十年（1894 年）日本藉口朝鮮發生東學黨之亂，出兵朝鮮，
清帝國亦出面干涉。事後，日本拒絕撤軍，並攻擊清軍，兩國正式宣戰。
八月下旬，在朝鮮的陸戰與黃海海戰，日本均告獲勝。清廷再起用恭親
王奕訢主持總理衙門，並派張蔭桓、邵友濂為議和代表，但日本企圖繼

---

❺　臺灣最具代表性的大租戶中，板橋林本源家族和霧峰林朝棟家族都是劉銘傳
　　的重要支持者。

續作戰以擴大戰果，藉口張、邵二人授權不足，拒絕展開和談。

光緒二十一年（1895 年，歲次乙未），清廷應日方要求，派李鴻章赴日本馬關談判。談判過程中適逢日本好戰分子暗殺李鴻章，造成國際關切，日方始停戰議和。李鴻章對於割讓遼東半島、臺灣及賠款數額，有不同意見，要求日方能放寬條件。伊藤博文不肯讓步，並要脅進軍北京。對此，當時以康有為、梁啟超為首，發動湖南、廣東舉人上書都察院，表示反對。而在《馬關條約》換約生效之前，康、梁又聯合京師參加會試的十八省舉人聯名上陳反對，力主遷都，持續對日作戰，史稱「公車上書」。光緒皇帝雖然了解割讓臺灣將失去天下人心，但基於京師面臨威脅的現實考量，仍然決定批准與日本換約。

臺灣民主國與乙未抗日

臺灣割日消息傳來，臺灣官紳一方面要求清廷收回成議，另一方面則寄望國際干預，企圖扭轉割讓的事實。其中法國雖曾努力嘗試，但並未獲得其他列強的支持。企圖借重國際干涉，免於割臺的希望終告破滅。

尋求外援無效，以丘逢甲為首的臺灣紳民，遂推動臺灣民主國以自救，並強邀署臺灣巡撫唐景崧擔任大總統。1895 年 5 月 23 日，唐景崧發表〈臺灣民主國獨立宣言〉，25 日正式生效，希望藉此爭取國際同情，抗拒日本接收，並對清帝國採取「恭奉正朔，遙作屏藩」的態度。因此，臺灣民主國成立的主要目的是為了對抗日本，而非與清帝國完全脫離關係。

乙未抗日的展開及其意義

確定可以依《馬關條約》接收臺灣，取得主權後，日本派近衛師團負責接收臺灣，於 1895 年 5 月 29 日登陸三貂角附近的澳底。日軍登陸後，先佔領瑞芳，再於 6 月 3 日佔領基隆。兵敗後，唐景崧即逃回中國大陸。臺灣民主國的重要官員，除了鎮守臺南的劉永福之外，幾乎也都在此前後離開了臺灣。此後，臺南的劉永福成為抗日的重心，而各地保

鄉衛里的民間義軍，則是抗日的主力。

　　雖然，徐驤、姜紹祖、吳湯興等人的民間抗日行動陸續展開，也曾使日軍陷於苦戰，但日軍挾其優勢兵力、裝備，一方面壓制抗日行動，一方面則對沿路住民進行殺戮。由於雙方力量懸殊，抗日軍雖奮力抵抗，卻無力退敵。日軍則增派援軍，以優勢兵力於 10 月下旬進逼臺南。劉永福未抵抗，化裝逃離臺灣。日軍再分兵佔領恆春、臺東、花蓮等地。11 月 18 日，臺灣總督府宣告平定臺灣全島。

　　在五個月的抵抗中，參加抗日者死亡約一萬四千人，日軍直接作戰死亡者雖不多，但是，作戰過程中因為傷病而死亡者亦有數千人，近衛師團長明治天皇之弟北白川宮能久親王也死在臺灣。

　　乙未抗日雖然失敗，與過去械鬥、民變的性質已迥然不同。因為無論祖籍為何，相對於外來統治者日本人，彼此之間的相異點已趨淡薄，共同性則越發凸顯，也可以發現有義軍跨越地域，進行抗日。在此情形下，原本臺灣人互相攻訐，而存在不斷衝突的潛在因素，亦隨之改變。固然原本畛域的消除，需要相當時間才能收到效果，不過，乙未年（1895 年）抗日的過程，無疑是此一轉變的重要轉捩點或催化劑。

日治初期的武裝抗日

　　臺灣總督府雖宣告平定全臺，但各地抗日的行動仍此起彼落。1895 年 11 月底，由東港的抗日揭開序幕的第一階段武裝抗日中：北部主要有陳秋菊、林李成、簡大獅等人，中部地區有簡義、柯鐵等人，南部地區以黃國鎮、林少貓等人最著。此一階段的武裝抗日行動，與乙未抗日各地並舉的民軍類似，均出於防衛，加上日軍鎮壓手段殘酷，使得武裝抗日此起彼落，直到林少貓於 1902 年兵敗，告一段落，1907 年才展開第二階段的武裝抗日。此階段的抗日行動範圍雖遍及全臺，但乙未期間各地抗日軍彼此跨區支援的現象，已不復見。

　　第一階段武裝抗日的暫告一段落，一方面是日本統治基盤已經穩定，抵抗不易，另一方面則是兒玉源太郎總督時代民政長官後藤新平積極招

降配合強勢鎮壓的兩手策略的結果。而後藤新平對於投降者如北部的陳秋菊等人便予以禮遇，對於仍有作亂疑慮者，則不惜在招降儀式中加以屠殺。

抗日分子中被處死的，以簡大獅最為特殊。他二次抗日不成後，便逃到中國大陸。當清廷官吏應日方要求加以審訊，準備引渡給日方時，他表明係因骨肉受辱而持續抗日，所以情願被清廷處死，希望能「生為大清之民，死作大清之鬼」，卻不能如願，仍被送交日方處死❶❻。

1907 至 1915 年間漢人的武裝抗日行動再起，除了 1912 年以後部分的抗日行動受中國辛亥革命成功的鼓舞外，臺灣內部的經濟問題也是重要因素。此一時期由於臺灣總督府的控制力更為加強，大部分抗日的規模都不大，其中比較特殊的是 1913 年羅福星參加的苗栗抗日事件與 1915 年西來庵事件。苗栗事件涉嫌者九百多人，羅福星等二十人被判處死刑❶❼。至於 1915 年西來庵事件平定後第一批被依法審判的近兩千人中，由於法院引用《匪徒刑罰令》，被判處死刑者高達八百六十六人，此項嚴酷的判決引起日本輿論的強烈抨擊。臺灣總督府遂藉大正天皇即位的《大赦令》宣布減刑，但領導人余清芳、羅俊等九十五人仍被處死。至於第二年投案的江定等人，則有三十七人被處死刑。

霧社事件

西來庵事件以後，漢人武裝抗日告一段落。至於原住民的武裝抗日則仍未平息，其中以 1930 年發生的霧社事件最為慘烈。

1930 年由於⑴「理番」政策過於殘暴；⑵日本官吏統治手段橫暴；⑶義務勞動的負擔過重；⑷番地警察玩弄原住民婦女感情，引爆莫那魯

❶❻ 日本領臺後，臺灣住民有兩年期間的國籍選擇，簡大獅未選擇離開臺灣保留清國籍，而被認定已成為日本國民。

❶❼ 羅福星雖然是同盟會會員，但是民國成立後，中國同盟會先變為非革命團體，繼而又與其他政黨（團）結合組成國民黨。因此，苗栗事件時實際上並沒有隸屬於中國同盟會的臺灣同盟會分會。

道領導的霧社事件。事發後，臺灣總督府採取強力鎮壓行動，不僅出動陸軍及警察，且以飛機進行空襲，甚至有使用國際禁用的毒氣彈之說。原住民終告不敵，莫那魯道自殺。

臺灣總督府以主謀罪名將六社頭目十餘人處死，其餘族人則被強制遷住羅得福、西巴島二社。翌年 4 月 25 日，日警唆使敵對原住民加以突襲，造成二百餘人被殺，是為第二次霧社事件，殘餘的二百餘人，總督府強迫其移住川中島。此一事件迫使總督府重新檢討理番政策，石塚英藏總督與總務長官、警務局長等官員更因此被迫去職。

政治抗爭的展開

1914 年由林獻堂等人組成的「臺灣同化會」成立，揭開了非武裝政治抗爭的序幕。臺灣士紳推動的雖然是「同化」會，但因反對總督府歧視臺人的統治，次年 1 月即遭強制解散。既然在臺灣連追求臺日平等都不可行，以林獻堂為主的士紳便主張撤廢使臺灣特殊化的《六三法》❸，要求日本憲法體制也能在臺灣一體適用，並在日本本土組成團體，提出改革的要求。在第一次世界大戰後的民族自決風潮中，亞洲繼朝鮮的三一獨立運動、中國的五四運動之後，林呈祿在東京提出設置臺灣議會的

---

❸　《六三法》的正式名稱為「應於臺灣施行法令相關之法律」，由於是在 1896 年國會通過的第六十三個法律，所以稱為《六三法》，以後的《三一法》、《法三號》的正式名稱也都是「應於臺灣施行法令相關之法律」。《三一法》取代《六三法》後，才進一步限制臺灣總督的「律令制定權」，使其不得違反已在臺灣實施的法律，也不可以對抗以在臺灣實施為目的的法律及敕令。而《法三號》則進一步希望日本本土的法律適用於臺灣的原則，限制臺灣總督的「律令制定權」只是補充的性質。這與《六三法》立法之初賦予總督的大權，以及臺灣特殊性的規定，固不可同日而語。不過，只要臺灣總督認為臺灣有其特殊的需要，或無法適用日本本土的法令時，仍然可以行使「律令制定權」。由於臺灣始終是作為與日本內地不同的「特殊法域」，三個法律有其延續性，可稱為「六三法體制」。因此，1914 年雖然已經實施《三一法》，臺灣菁英仍要求廢除《六三法》。

主張，以維持臺灣與日本本土不同的法律制度，將原本屬於臺灣總督的自主立法權限和財政權，轉移至臺灣議會，同時也可保留臺灣與日本的差異性，林獻堂亦贊成此一新的訴求，並領銜發動請願。

臺灣議會設置請願運動，從 1921 年 1 月到 1934 年止，前後共發動了十五次的請願，有一萬兩千多人簽名。他們要求成立有立法權和預算審核權的臺灣殖民地議會，但是始終未能如願。1934 年 9 月，迫於臺灣總督府的強硬態度，林獻堂與幹部們協商以後，停止歷時十三年議會設置請願運動。

政治抗爭組織的蓬勃發展

1920 年代的臺灣政治抗爭運動，除了受民族主義思潮影響外，也與日本大正民主時代的自由民權與社會主義思潮有關。除了日本本土有憲法的保障，加上臺灣留日學生眾多，著名的政治團體「新民會」在 1920 年於東京組成，日治時期臺灣菁英惟一掌握的報刊《臺灣新民報》的前身《臺灣青年》也在同年成立。至於臺灣島內的政治抗爭團體，以 1921 年成立的「臺灣文化協會」最受矚目。協會由林獻堂擔任總理，蔣渭水出任專務理事，以「助長臺灣文化的發達為目的」，積極支持設置議會請願運動，並舉辦各種演講及文化活動。透過文化協會的活動及熱心人士的參與，不僅有許多的讀書人覺醒，一般平民亦受到感動。農民組合即在此一歷史背景下成立。而 1920 年代左派思想流行一時，日本正處「大正民主」時代，思想較過去開放。主張建立「臺灣共和國」的臺灣共產黨，亦在此一思潮下成立 ❶。

臺灣文化協會成立之初，成員的思想主張不盡相同。1927 年文化協會改選，左派正式掌權，林獻堂、蔣渭水、蔡培火等人相繼離開，於 1927 年成立臺灣民眾黨，為臺灣人組成的第一個合法政黨。蔣渭水積極結合勞工、農民，特別是「臺灣工友總聯盟」的迅速發展，使得主張以穩健

❶ 當時共產國際力倡殖民地民族自決，不僅臺灣共產黨，包括日本共產黨、中國共產黨在共產國際政策下，都支持臺灣脫離日本獨立建國。

路線爭取自治的部分黨員感到疑慮。1930 年，楊肇嘉返臺，倡議組織臺灣地方自治聯盟，吸引蔡培火等人加入。民眾黨則以蔡培火等人跨黨為由，開除他們的黨籍❷。穩健派退出以後，1931 年警方逮捕蔣渭水等人，並宣布解散民眾黨。同年，臺灣總督府大舉整肅左派運動，文化協會與臺灣共產黨、農民組合等左派團體都遭檢舉而結束。

　　臺灣地方自治聯盟成立後，要求「實行完全之地方自治」，但臺灣總督府明令禁止「設置議會請願運動」以後，以全臺灣為單位的自治已無實現可能。1937 年，中日戰爭爆發，戰爭體制下的地方自治聯盟已無施展空間，且危機重重，而於同年 8 月自動解散。至此，日治時期有組織的政治抗爭乃告落幕。

第五節　近代之建設與成就

日本帝國主義體制的編成及建設

　　日本取得臺灣以後，如何在臺灣建立附屬於其本土的社會、經濟與文化體制是其施政的重點。而在甲午戰爭前後，日本政府投入相當多的經費進行武裝及其本土的建設，加上軍費的支出，財政狀況並不理想。所以，如何在臺灣取得經濟利益，以及臺灣總督府如何能自給自足，成為日本政府向其人民宣示其具有統治臺灣正當性的重要依據。

　　不過，日本政府及臺灣總督府並不急於殺雞取卵式的剝削。而是一方面將臺灣編入其帝國主義的體制內，一方面則是在臺灣推動具有「近代化」(modernization) 性質的基礎建設，以強化其在臺灣的統治，便利其汲取臺灣的資源。因此，在日本統治期間，臺灣才會有相當的建設。

---

❷　加入臺灣地方自治聯盟的只有林獻堂未被開除，是事後主動脫離民眾黨。

土地調查與土地改革

由於臺灣本來的大租戶、小租戶、佃農的土地所有制度十分複雜，土地所有權完整的轉移並不容易，而田地的面積亦不確實。因此，臺灣總督府便以過去日本本土土地改革的經驗，在臺灣進行土地改革。

而從初步控制臺灣北部的 1899 年開始進行土地調查，至 1904 年完成。調查結果臺灣的田地面積，較劉銘傳調查的結果，增加百分之七十以上，這當然也增加了臺灣總督府的稅收。

同時，臺灣總督府給予大租戶低額的公債作為代價，確立小租戶作為土地唯一的所有者，土地作為商品流通的可能性大增。而由於補償的代價不高，大部分的大租戶便告沒落。比較特殊的例子之一，則是包括霧峰林家在內，臺灣中部地區一些較具規模的大租戶，則以取得的公債作為主要的資金，設立了由臺灣本土人士創建的彰化銀行。

總督府在進行以田地為主的土地調查後，進一步展開林野調查。由於臺灣總督府採取凡不能確切提出所有權的林野，一律視為無主地，而收歸國有的政策，結果將近八十萬甲的林野中，百分之九十五以上的林野都透過調查而國有化。臺灣總督府掠奪了這些林野以後，部分則再透過官有地放領的方式，轉移給來臺投資的日本資本家。

關稅與貨幣的整編

臺灣在清帝國政府統治時，海關由英國人管理。而海關及關稅乃屬於國家主權行使的一部分，因此，1896 年日本便使臺灣適用日本本土的關稅法制，將臺灣在此一層面納入日本的經濟圈內。而如此一來，原先歐美資本在臺灣的優越地位便被日本所取代，其產品及資本的競爭力大減。

除了關稅以外，日本也在臺灣逐步進行貨幣整合工作。不過由於臺灣流通的各國貨（銀）幣十分複雜，日本政府便先進行其本土的金本位體制改制，而以 1899 年設立的臺灣銀行為中心，暫時維持臺灣以銀為交

易媒介的習慣，配合金、銀的公定兌換率作為過渡。其後，在 1904 年再由臺灣銀行發行金本位制的臺灣銀行券，而與日本完成幣制統合。

戶口調查與其他基礎建設

就在完成土地調查之時，1905 年臺灣總督府開始進行戶口調查，一方面加強對臺灣的控制，另一方面則為日後良好的戶籍制度建立基礎。

包括前述的土地調查在內，對於日治初期臺灣的建設，第四任總督兒玉源太郎的民政長官後藤新平，可謂建樹最多。由於兒玉在總督任內，同時在日本本土及中國東北兼任要職，因此常常不在臺灣任所，而由後藤負責主要施政。而後藤則動用發行公債所取得的資金，建設縱貫鐵路、公路與電信、海港等工程。這些基礎建設固然有助於日本對臺灣的控制，卻也提供臺灣經濟進一步發展所需的基礎建設。而到 1902 年，後藤新平透過保甲的動員，以及投降的抗日軍，便建造了二千多公里的道路。這些鐵、公路的建設，拉近了臺灣各地的距離，也提供了臺灣交通形成一體不可或缺的硬體基礎。

而在水電建設方面，1899 年臺灣最早的自來水工程在淡水完成後，繼而 1905 年臺北市街開始裝設電燈。其後由於電力之需要大為增加，日本乃有利用日月潭及濁水溪開發電力之計畫。1934 年日月潭第一水力發電廠的完工，是臺灣電力工業的重要里程碑，也使得工業化的推動成為可能。

市區改正與都市計畫

日本領臺之初，開始陸續推動都市計畫。1899 年以律令第三十號公布市區計畫有關土地及建物的規定，而作為臺灣都市計畫里程碑的，則是 1900 年公告施行的臺中與臺北公布市區計畫。1936 年「臺灣都市計畫令」，次年四月實施❷。整體而言，在日治時期公告的「市區改正」或

---

❷　之前一般多稱為「市區改正」，此以法令生效後，法定名詞則為「都市計畫」。

「都市計畫」計有 74 處，其中 24 處都市計畫公告後並有後續之「擴張計畫」。

公教育體制的推廣

後藤新平對於臺灣新式教育的推動也頗有貢獻，除 1898 年開始廣設「公學校」供本地人就讀以外（日本人則讀「小學」），1899 年更設立了臺北醫學校。不過，後藤新平的教育目的，主要乃是著眼於協力臺灣建設的考量，而不鼓勵臺灣本地人深造。因此，灌輸忠君愛國式的初等教育固有必要，高等教育則限於專門職業學校。直到 1928 年臺北帝國大學成立，設文政與理農二科，臺灣才有了殖民地的大學。但是，入學不易，加上臺灣人在本地進入高等學校（約等於高中）的名額相對有限，更遑論中學畢業後考進大學。因此，臺灣本地人若欲深造，特別是法政學科，則常常必須到日本、中國大陸或是其他國家。

而到了皇民化運動時期，臺灣總督府才開始基於政策的考量，推行義務教育，大幅提高臺灣本地人接受初等教育的比率。這些制度與硬體措施為戰後臺灣的義務教育的推行，奠定了良好的基礎。

社會公共衛生的成果

除了前述基於日本本身利益所展開的各種建設以外，日治時期臺灣總督府也進行一些促使臺灣社會「近代化」的工作。從後藤新平上臺開始，便由警察協助檢疫工作，強制人民打預防針。他同時也開鑿水井、整治地下水道，檢查市場衛生。而警察強制住戶必須打掃房舍，維持室內清潔，在今日而言，更是匪夷所思。這些施政在民主憲政的架構下當然不盡合理，卻迫使臺灣本地人改變了衛生習慣，在日治時期天花、鼠疫、霍亂等傳染病也因此受到控制，甚至消聲匿跡。這或許是日治時期臺灣本地人並未付出太多其他代價，便收到正面效果的建設之一。

臺灣財政的獨立

日本領有臺灣初期，由於軍費及其他建設的支出十分可觀，臺灣總督府的財政收支無法平衡。因此，總督府乃透過土地調查、專賣事業、地方稅及發行事業公債等方式增加收入。本來，土地調查增加百分之七十以上的田地，已經擴大了稅基。而在「六三法體制」下，總督府又可以提高稅率，配合開徵地方稅，收入已然增加不少。專賣事業更是一大財源，當 1905 年臺灣財政開始出現黑字，日本殖民政府轉虧為盈時，專賣的收入，便佔了總督府財源的百分之六十以上。

糖業推廣與日本資本的擴張

在 1860 年開港以後，根據海關統計，糖是臺灣輸出總額的第二位，臺灣糖業已有相當良好的基礎。而日本領有臺灣以後，為了減少日本每年向外國購糖的支出，及便利日本資本在臺灣的發展，便以糖業作為經濟發展的重點。

為了推動此一政策，臺灣總督府在 1902 年發布《臺灣糖業獎勵規則》，又於 1905 年公布《製糖場取締規則》，提供包括資金援助、原料確保、市場保護在內的新式製糖業保護方案，而將臺灣本地人原本經營的傳統糖業排除在外。

由於限制新式製糖工場的數目，又規範各場採購甘蔗原料的區域，臺灣本地人種植的甘蔗在市場供需法則之下，價格自然低落。「第一憨，甘蔗種好送給會社磅」，便是此一現象的寫照。而新式製糖業既然有利可圖，彰化辜家、板橋林家、高雄陳家等本土資本，自然也投入經營行列。但是，臺灣總督府卻在 1912 年下令，禁止臺灣本地人自己組成「會社」，使臺灣本地資本（不僅糖業）必須附屬於日本資本，才得以存續。

至於在整個糖業分工生產的過程中，臺灣的地主與佃農負責遭到剝削的農業生產過程，而日本的資本則主宰了工業生產過程及行銷。此舉，固然是壓榨臺灣本地人而圖利日本資本家，卻也使工業生產在臺灣經濟

的比重大幅提高。就糖業而言，這是因為輸往日本的是經過工業生產而成的糖，而不是作為糖業原料的甘蔗所致。

農業建設與米糖相剋

1905 年前後，臺灣總督府針對臺灣農業環境，投入較具規模的人力、物力，進行改善工作。除大量的土木技術人員來臺外，同時也著手稻、蔗灌溉率的試驗，總督府土木局並設水利課。1908 年公布《官設埤圳規則》，並以數千萬的預算，補助全臺十四處埤圳的建設。其中 1916 年興建，1928 年完工的桃園大圳，是規模最大的灌溉工程，解決了北臺灣農地的用水問題，共增加約二萬二千公頃的水田[22]。

1918 年由於日本本土稻米不足，日本在臺灣的經濟政策也發生轉變，除了原有新式糖業以外，也希望臺灣能扮演供給日本稻米的角色，而為了此一目的，臺灣總督府更積極進行稻米的品種改良，成功研發適合日本市場口味的蓬萊米。

既然決定要增加水稻生產，則攸關水稻種植的灌溉系統便需要加強建設，為此，臺灣總督府於 1920 年開始嘉南大圳及其他灌溉系統的建造，並於 1920 年代末期完成臺灣水田灌溉所需的灌溉系統。

嘉南大圳於 1920 年開工，主要的供水設施，包括 1927 年完工的濁（水溪）幹線，以及 1930 年完工的烏山頭水庫。嘉南大圳灌溉系統的完成，解決了嘉南平原洪水、乾旱、鹽害的三重痛苦，配合三年輪作的灌溉法，灌溉面積近十五萬公頃，嘉南平原搖身一變成為臺灣的米糖之鄉。負責工程設計及灌溉規劃的八田與一，因而被尊為「嘉南大圳之父」。嘉南大圳的灌溉水道長度將近一萬五千公里（其給水幹線、支線、小給水路共長達八千七百二十公里，排水路有六千九百六十公里），整個水路網的長度比中國的萬里長城還要長（約六千七百公里）。另一方面，農業耕種技術及品種改良也需要專門人才，因此，成立了嘉義農林學校。使臺

---

[22]　本節有關水圳建設的資料，是研究臺灣水利史的郭雲萍博士協助提供。

灣在 1920 年代便具備了 1960、1970 年代東南亞地區「綠色革命」的經驗。

　　由於米業的生產歷程與糖業不同，日本資本所控制的主要只是輸出的部分，減少了日本資本的剝削，種植稻米對臺灣的地主和佃農而言，都獲利較多。特別是臺灣的土著資本掌握了大部分稻米的加工、流通過程，更有利於資本的蓄積。基於利益的考量，許多臺灣的地主和佃農便傾向種稻。而臺灣總督府面對此一由稻米與甘蔗種植農地的衝突所引發的「米糖相剋」問題，則致力統合各種水利機構，利用水資源的分配，推動三年輪作制度，來控制民間作物的選擇。

1930 年代的轉變

　　1931 年日本關東軍中、下級軍官主導了「九一八事件」，對日本而言，開始進入了所謂的「十五年戰爭」時代。在軍方勢力逐漸興起，並擴大其對日本政治影響力之後，日本本土的經濟開始轉換朝向國家資本主義體制發展，經濟的發展必須為軍事的目的服務。作為殖民地的臺灣，在總督府主導下的經濟政策本來就是附屬於日本本土，為日本的利益而存在，因此也發生重大的轉變。

　　其中最重要的，便是將臺灣明白定位為日本的「南進基地」，積極推動工業化。而由於明治維新以後，日本的少壯軍人多出身農村，配合以農村作為基盤的政治人物，為了維護日本本土農民的利益，從 1931 年開始便更積極地限制臺灣米輸往日本，確定臺灣農產只是補充日本本土生產不足的角色，而將臺灣農業的收益問題，明白地置於次要地位。

工業化的發展

　　臺灣新興工業化的發展，可以投資興建達十五年的日月潭發電所完工的 1934 年作為里程碑。至此，新興的水泥、金屬、肥料、窯業得到廉價的電力優惠，而有更佳的發展契機。1937 年機械、造船、石化業的新工廠紛紛設立，次年則展開纖維業及大規模的水泥業的建設。同時大規

模的發電計畫，以及新的港口建設亦陸續展開。

　　雖然，臺灣的工業化基本上是作為日本軍國主義「南進基地」的工業化的一環，但是除了軍需工業及相關產業以外，作為「基地」，原本從日本本土輸入的日用品，也逐漸由在臺灣開辦的相關輕工業所替代。這也是軍需工業以外，臺灣工業發展的另一個面相。

　　無論日本帝國主義如何將臺灣視為附屬於帝國本身目的之下的殖民地，在日本殖民地政府剝削、壓榨臺灣之餘，也為臺灣的近代化留下了可觀的遺產。

工業化推展的檢討

　　日本領臺以來，臺灣的農業一直仍是臺灣經濟的主力，加上傳統認為殖民地是原料及農產品的產地，又是殖民地母國工業產品的市場，因此「農業臺灣，工業日本」成為一般對日治時期臺灣經濟狀況的刻板印象。

　　但是事實上，在 1930 年代臺灣總督府剛要積極推動臺灣的工業化前，1931 年臺灣的工業生產總值已經達到二億四百九十萬元，僅稍遜於農業生產總值的二億九百九十萬元。這是因為前述自 1902 年日本當局推動以製糖業為重心的產業政策以後，由於糖業的產值以工業製程為重，新式製糖業越發展，工業生產總值也隨之提高。這是 1931 年以前，臺灣工業成長的主力。而經過 1930 年代的工業化推展，1939 年工業生產總值更達五億七千零七十萬元，超過農業生產總值的五億五千一百八十萬元。因此，「農業臺灣，工業日本」的印象與日治時期臺灣經濟發展的歷史事實並不全然相符。而 1930 年代臺灣農業生產總值的持續增加，則主要與嘉南大圳完工後，蓬萊米種植面積大增，稻米收穫量大幅提升有關。

　　其後，由於 1944 年以後美國的空襲破壞了許多工業生產措施，戰後的生產力復原工作，工業較農業遲緩許多，戰後臺灣的農業生產才又暫時凌駕在工業生產之上。

習　題

一、明洪武年間撤出澎湖住民，對澎湖發展的影響為何？

二、為什麼陳永華是鄭氏時代，臺灣建設的主要推動者？

三、劉銘傳如何推動臺灣的土地改革？成效為何？

四、「農業臺灣，工業日本」不能說明日本領臺期間臺灣經濟發展的原因為何？試從生產總值討論之。

第四章　民初政局

第一節　辛亥革命與民國建立

辛亥革命的爆發與各省響應

　　宣統三年（1911 年）的廣州三二九之役的失敗對於革命黨人造成很大的打擊，如黃興甚至一度痛心黨人之慘死，決意從事於個人暗殺復仇行動。但同盟會中部總會的成立，轉謀長江中下游區域的革命工作，兼以文學社及共進會多年在兩湖地區的經營，「光復之基，即肇於此」（黃興語）。

　　在清廷宣布鐵路國有政策後，各省保路風潮大起，四川尤烈，清廷乃遣湖北新軍入川鎮壓，在新軍中活動已久的共進會首腦決議發動革命，擬訂於八月十五日（10 月 6 日，中秋）當天為起事日期。但事機洩露而於八月十九日（10 月 10 日）晚方始在武昌發動，而迅即成功，第二天凌晨即佔領武昌全城，二十一日（12 日）漢陽、漢口亦全都在革命軍掌握之中。而二十日（11 日）當天即強迫第二十一混成協統領黎元洪為中華民國軍政府鄂軍都督。黎迫於無奈就任此職，因其治軍嚴整，素有「知兵」、「愛兵」之譽，而為革命軍所擁戴，但他卻非革命的支持者。然則在此之後，他則成為「建國元勳」，在民初政壇有一定地位，實為「時勢英雄」之絕佳範例。

　　此後各省紛紛響應，兩個月內，中國本部十八行省僅直隸、河南及甘肅未曾宣告獨立。大體言之，各省起事過程中都得到立憲派成員的贊助，甚至於由立憲派人士掌握革命政府的權力。例如湖南，在知道武昌

起事的消息後，革命黨人焦達峰、陳作新事先曾與諮議局議員董�等人
討論發難辦法，但未取得共識，而焦、陳等人已先行發難，並分別被舉
為都督、副都督，諮議局議員即成立參議院限制軍政府之權力。未久發
生兵亂，焦、陳被殺，權力即由參議院長轉任都督的譚延闓掌握。亦有
由原來清廷的地方行政首長宣告響應革命而告獨立的，如江蘇巡撫程德
全在武昌起事後，還曾請張謇代草〈奏請改組內閣宣布立憲疏〉，企圖藉
此逼迫清廷加緊推動立憲，以免革命風潮擴大。及至見大勢已去，便即
宣布獨立，在巡撫衙門前掛上民國軍政府江蘇都督府的招牌，轉而成為
革命政府的領導人。又如山東巡撫孫寶琦一度宣告與清朝斷絕一切之關
係，加入中華民國軍政府，但十天之後卻又宣布取消獨立。這些景況，
很可以說明，在辛亥革命的過程中，實際政治權力並不都由革命派所掌
握，多少影響了此後局勢的發展，並不能依革命派之理想而推動。

北方革命的功敗垂成

　　武昌起義後，北方亦展開革命行動。九月八日駐在直隸灤州的第二
十鎮統制張紹曾，及駐兵奉天的第二混成旅協統藍天蔚發動兵變，先要
求清廷立憲、實施責任內閣制，繼而扣留軍火，力主停戰。並致電武昌
軍政府，頗有聲援之意。

　　另一方面張紹曾與駐在保定的第六鎮統制吳祿貞密謀，合力進攻北
京。而本為革命黨人的吳祿貞在武昌起義後，對於清廷的軍事調度，先
是託辭不動，當山西響應革命後更與同為革命黨人的山西都督閻錫山協
議合作，進而扣留清廷運往湖北的軍火，要求儘速停止戰事。由於吳祿
貞所部距北京甚近，又截斷清軍南下之路，因此清廷便收買其手下，在
石家莊將其暗殺。

　　吳祿貞既死，所部遂告潰散，北方革命則功敗垂成。而由於北方革
命未成，袁世凱也才有機會在清廷與革命軍的對抗中，以兩面手法謀取
個人的政治利益。就此而言，北方革命的失敗雖未影響建立共和的大局，
卻對民國初年政局的發展，有關鍵性的意義。

孫中山像

袁世凱像

中華民國臨時政府的組成

　　武昌起事後，各省紛紛響應，建立統一政權的活動迅即展開。首先是湖北都督黎元洪於宣統三年九月十七日（11月7日）通電各省徵詢設立統一機關的意見，十九日（9日）再發電各省派代表至武昌籌組政府。二十一日（11日）江蘇都督與浙江都督湯壽潛聯名致電滬督陳其美，提議各省派代表到上海集會。各省代表主要到上海會合，在九月二十五日（11月15日）首度集會，定名為「各省都督府代表聯合會」（簡稱各省代表會），推定伍廷芳為外交代表，並議定湖北軍政府為民國中央軍政府。各省代表旋在湖北方面要求之下，移往武漢，十月十三日（12月3日）通過《中華民國臨時政府組織大綱》，做為國家根本大法之依據。而政府元首人選亦決議袁世凱若「反正」將舉之為總統，並先擬舉黎元洪、黃興為正副大元帥。但黃不願就，一時之間形成僵局。

　　至孫中山歸國，情勢即有變化。當武昌事起之際，他正在美國募款，得知武昌起義的消息後，即赴英、法等國謀求列強暫不援清，方始返國。

雖然進行的外交努力沒有成效，但多年來孫中山是革命運動之先驅，眾所公認，故即於十一月十日（12月29日）被選舉為臨時大總統，十一月十三日（1月1日）於南京就職（是日為1912年元旦，即定為中華民國元年元旦）；民國元年一月三日（1912年1月3日）又選黎元洪為副總統，並公布各部總長名單，在九個部中，以同盟會會員為總長的只有三個部（陸軍總長黃興、外交總長王寵惠、教育總長蔡元培），其他或為立憲派（如實業總長張謇、交通總長湯壽潛）或舊官僚（如內務總長程德全），顯示臨時政府需謀與既有勢力妥協的跡象。但革命黨人以「部長取名、次長取實」的原則，除海軍次長湯薌銘外，餘八位次長均為同盟會骨幹人物，且以各總長不常駐南京，所以，臨時政府的實際政務是由同盟會掌控的。在臨時政府成立後，並即籌建臨時參議院，由各省推舉參議員三人組成，於一月二十八日召開正式大會。

臨時政府成立後，仍繼續努力推動清廷退位，曾計畫北伐，並爭取列強承認，但一無所成。掌握北洋軍權的內閣總理大臣袁世凱，在得到孫中山只要清帝退位將辭職推舉他為大總統的保證後，始加緊迫清帝遜位的動作。臨時政府北伐之舉在兵餉均無可行的情況下徒為具文，內部意見不一，列強更對承認一事毫無反應。加以臨時政府本身財政困難，各省極少解款中央，發行公債幾無成效，海關關餘更受列強控制，對外借款亦困難重重。是以，臨時政府在困窘的財政基礎上很難運作。

不過，臨時政府還是儘可能的推動一系列的改革措施，包括嚴令剪除髮辮、禁女子纏足，革除清代官廳老爺、大人等稱呼，明令保障人權，不准買賣人口、採行新教育宗旨改革學制，禁止讀經課程等等涉及內政、社會、教育、財經等領域的改革。雖在一時之間難能貫徹執行，但清楚顯明孫中山領導下的臨時政府銳意求新求變的作為。

臨時參議院是臨時政府的立法機構，對民國成立後的立法建制做了大量工作。凡重要法制，由臨時政府法制局編訂後，呈臨時大總統諮請參議院議決，再諮復臨時大總統公布。依據這個立法程序，臨時政府先後通過公布了多項重要法案，其中以《中華民國臨時約法》最為重要。

在《臨時約法》附則中指出：憲法未施行前，本約法之效力與憲法等同，而就其內容結構論，《臨時約法》大體上已具備近代國家憲法之規模。

　　與前此《中華民國臨時政府組織大綱》相較，《臨時約法》新增總綱、民權條款及司法部門的專章規定，整體來看，可算是一部以西方三權分立為原則所制定的憲法。在政府體制上，則採取了不同於《臨時政府組織大綱》的總統制❶，而採取內閣制，對臨時大總統的權力多所限制。主因即在於這部《臨時約法》是在清帝遜位，孫中山準備辭卸臨時大總統，薦袁世凱自代的情勢下完成的，用意在於防範袁專權擅為的可能。然則，袁世凱之獲任為中華民國臨時大總統，本即是在他利用武昌起事後的一連串變局，縱橫捭闔，大展權謀而有以致之的，憑藉一紙《臨時約法》，期望能產生約束他的作用，未免稍嫌天真。

袁世凱奪權

　　當武昌起事的消息傳到北京後，清廷立即採取軍事鎮壓的對策，調動海陸大軍集中武漢。同時因為袁世凱在新軍中的領袖地位，以及在立憲派人士中的影響力，經內閣總理奕劻的力薦，復出政壇。袁世凱即利用這個機會，藉革命力量攫取政治權力。首先他下令舊部馮國璋對武漢發動猛烈攻擊，宣統三年九月十一日（11月1日）佔漢口，既向清廷證明只有他才能收拾局面，也向革命陣營顯示他的實力。

　　清廷旋即在同天解散以奕劻為首的皇族內閣，任命袁世凱為內閣總理大臣，袁則步步進逼，至逼退攝政王載灃而猶未已。而同時與革命軍暗中聯絡，因刺殺攝政王未果而被清廷逮捕的汪精衛此時亦獲釋，與袁的兒子袁克定相結，充當袁的說客。當十月十日（11月30日），各省代表會群集武漢時，有決議云如袁世凱「反正」，當公舉其為臨時大總統。袁即遣唐紹儀為代表南下議和，各省代表會亦以伍廷芳為總代表，雙方會於上海，商談多次，擬召開國民會議以決定政府體制。然當各省代表

❶　孫中山對於原本擬議的政府制度不滿意，因而強勢主導採取總統制，期待其就任後得以主導政府政策。

公舉孫中山為臨時大總統後，袁即打斷和議，以遂所求。

擔任臨時大總統的孫中山，他領導的中華民國臨時政府始終得不到西方列強的正式承認，財政匱乏已極，擬定北伐軍事計畫而卻始終未能出兵。甚至擔任南京臨時政府實業總長的張謇還去電袁世凱云：「非有可使宮廷遜位出居之聲勢，無以為公之助，去公之障」❷，顯示當時南京臨時政府內部存在著儘速要求清帝退位並願擁袁的氣氛。孫中山即是在這樣的局勢下表示：「如清帝實行退位，宣布共和，則臨時政府決不食言。」他將正式宣布辭大總統，而薦袁自代。

袁世凱得到孫中山的保證後，即加大逼迫清室的動作，他表示以現有兵力財力無法與革命軍再戰，且云：「人心渙散，如決江河，莫之能御」，建議清廷召集皇族議定應對方案。由清室中的部分成員組成的宗社黨，堅決反對退位，但宗社黨首領良弼為革命黨人彭家珍擲彈炸死後，皇室中無人再持異議。而由段祺瑞為首的湖北前線北洋軍將領四十六人也公開聯名電奏清廷要求「立定共和政體」，否則將率兵入京。這等情勢終迫使清廷宣告退位，並在得到退位後所享有之優待條件後❸，於民國元年（1912 年）二月十二日頒發退位詔書，宣告清朝的終結，也宣告了中國二千餘年的皇帝政治體制的終結。

翌日，孫中山即宣告辭職並薦袁自代，十五日舉袁為臨時大總統。這樣，袁世凱得到了中華民國政府元首的名銜，很順利的攫取了政治權力。

臨時政府北遷

臨時政府設於南京，是各省代表會的決議，而在和議過程中，孫中山頗為堅持臨時政府需設於南京的立場。主因在於他認為如此可使袁離開其權力根據地，擺脫北京列強使節團的特殊勢力。但袁世凱不願置身

---

❷ 參見曹從坡、楊桐主編，《張謇全集》卷一，頁 204。

❸ 其內容主要包括：中華民國政府每年給清帝歲用四百萬元，以外國君主之禮對待，並維持其在紫禁城的統治。

於在他看來革命勢力頗盛的南京。孫中山乃遣特使北上，要求袁南下就任。

不意曹錕所部的第三鎮發動北京兵變，天津、保定等地繼之而起，列強公使則召在華駐軍出動，準備於必要時以武力控制局面。迎袁特使之一的蔡元培即云，兵變後列強頗為激昂，設如再發生，外人恐將自由行動，須速建統一政府於北京。經此，乃同意袁在北京就職，並由袁將擬派任的國務總理及國務員名單電告參議院徵求同意，再由國務總理在南京接收臨時政府。袁即於民國元年三月十日宣誓就任，臨時政府北遷。

至此，孫中山為首的南京臨時政府對袁世凱的限制，就只剩下《臨時約法》了。參議院在袁就任後有電文敦勉云：「《臨時約法》七章五十六條，倫比憲法，其守之維謹。」然則，此後的歷史發展說明了這樣的期望是落空的。

整體來說，辛亥革命以武昌起事為起點，至袁世凱就任臨時大總統後，基本上告一段落，但是此後的政局發展並不盡理想。雖然，在短短四個月中，中國政治體制由君主政體一變而為民主共和國，但究其實際，民主共和體制落實的社會基礎並未建立起來，由革命過程中，許多立憲派人士與舊官僚參與革命事業，乃至掌握政治權力，即可見其一斑。而清帝遜位，亦主要是袁世凱施展權謀後的結果，革命黨人之力量有限，但從各省代表會早即決議袁若「反正」將舉為總統一事即可知之。

是以，辛亥革命之後的局勢發展，顯示了這是一場不夠徹底，未能如孫中山所預期的將三大主義畢其功於一役的革命。

第二節　民初政局之演變

民初的民主經驗

中華民國建立，另起中國的政治傳統的新紀元，民主共和體制向為中國所無，然自此後，各黨群起，民主選舉程序而產生的國會亦告成立，

並有政黨政治的嘗試，其結果雖不盡理想，而已為前此數千年之中國所未體會過的民主經驗。

據統計，自宣統三年到民國二年（1911-1913 年）新出現的，以黨或以會為名的政治組織至少有三百個，而北京、上海二地即佔半數以上。黨派雖多，然成員多為跨黨分子，如黃興名列十一個黨籍，黎元洪有九個黨籍，此多非本人意願而係掛名者，然實可見組黨熱潮。而再具體析論，具有較完整的政治綱領的政黨不過三十餘個，且主張多雷同，例如，同盟會自祕密革命團體改組為公開政黨後，政綱即標舉「完成行政統一，促進地方自治」，統一共和黨之「釐定行政區域，以期中央統一」，與統一黨之「團結全國領土，釐正行政區域」三者主張，實無絕對不同之差別。在現實影響力上，各黨屢經分合，則是由自革命黨勢力為主而改組成的國民黨，以及由立憲派人士為主所漸次形成的進步黨為最重要。

除政黨群起外，民主選舉亦為民主生活重要之內容，而以國會選舉最為重要。當時國會分參議院（各省十名，蒙藏等地及華僑亦有定額）與眾議院（依人口多寡定名額），分別在民國元年（1912 年）十二月起至民國二年（1913 年）一月陸續進行。由於參議員主要係間接選舉（各省省議會選出），僅眾議員為直接選舉，而且有選民資格限制（財產及教育程度達規定之男性），故實際能投票之公民僅為四千二百萬餘人（佔人口總數之百分之十點五左右）。選舉過程頗稱激烈，國民黨代理理事長宋教仁尤為投入。至最後結果揭曉，國民黨在參、眾二院均佔優勢，其他各黨乃在袁世凱授意，梁啟超活動下共組進步黨，擬與國民黨相抗。

國會在民國二年四月八日正式揭幕，即引生爭議：首為宋教仁被刺案，次為袁世凱擅自向外國銀行團借款（善後大借款），而外蒙獨立問題亦起爭執。此時進步黨站在支持袁世凱的立場上，與國民黨相抗，而國民黨籍之議員亦有不少為袁世凱收買，以致國會爭無寧日。及至孫中山發動二次革命倒袁失敗，國民黨與進步黨擬制定憲法以制衡袁世凱，然在袁的多方鼓動及脅迫下，不得已先選之為總統，而後並草擬完成憲法草案。然袁竟以國民黨發動二次革命為由，取消黨籍國會議員資格，達

四百三十餘人，超過國會議員總數之半，國會因而停擺。袁再以政府不能無諮詢機構為由，下令組織政治會議，並以政治會議決議為由，下令停止全體國會議員職務（民國三年，1914 年 1 月 10 日），至此，中國首度的民主政治舞臺即告瓦解。

袁世凱的統治

袁世凱就任臨時大總統後，一意以權力鞏固為視。是以對外可以不斷妥協，以謀列強承認與支持，如蒙古與西藏分別宣告獨立，俄、英各為幕後策動者，袁世凱不能以強硬態度處理；而向列強借款（善後大借款），則一方面未能採取有力行動對抗列強對中國的控制，一方面則成為他藉之擴張軍備鞏固權力的經費來源。對內則權謀不斷，如拉攏梁啟超以組成進步黨，同國民黨在國會中相抗；不能拉攏收買者，如宋教仁，則施以暗殺（民國二年，1913 年 3 月 20 日）；此外且積極擴張軍事力量。

及至袁世凱下令免去國民黨籍的贛督李烈鈞、皖督柏文蔚、粵督胡漢民後，孫中山以宋教仁被刺為袁所指使，證據確鑿，善後大借款未經國會同意等等理由，督促國民黨人起兵討袁。然黃興等頗不以為然，主張以法律途徑解決，經多次商議始於民國二年（1913 年）七月正式舉兵。然步驟分歧，更缺乏響應，袁整軍已久，此回起事竟告失敗，史稱二次革命。事後，孫、黃等遠走日本、南洋，擬謀圖再起。

袁世凱弭平二次革命後，即著手摧毀民主機制至解散國會猶不止。先由其御用的政治會議通過擴大總統權限的《約法》以取代《臨時約法》，又制定《大總統選舉法》，使自己不但成為終身總統，還可指定繼任總統候選人。然袁氏對此猶不滿足，著手帝制，組籌安會及假美、日學者，泡製中國不宜行共和之言論，繼而偽造民意，各種團體「勸進」不已，而後由國民代表大會投票，一千九百九十三名代表一致贊成行君主立憲制以袁為帝。經一番「推讓」、「推戴」鬧劇，袁乃告接受，明令 1916 年（民國五年）為中華帝國洪憲元年，預定元旦「登基」。

袁之帝制，與列強態度有關，日本方從「二十一條」中獲得鉅大利

宋教仁像

蔡鍔像

益，更圖再有斬獲，態度曖昧，英國初表反對後得知日本似有贊成之意，乃表贊同，美國則主要持不干涉立場。大體言，列強之態度是以不傷害並可擴大自身利益為原則的，及至反袁行動群起，他們則逐漸採取了一致的反袁立場，日本的政策轉向尤其明顯。

帝制運動的收場，則是革命黨與立憲派再度攜手下的產物，最具體的表現即是民國四年（1915 年）十二月起於雲南的中華民國護國軍。護國軍是由三方面的力量組成：以雲南將軍唐繼堯為首的雲貴軍人；與梁啟超有師生之誼的前雲南都督蔡鍔，梁從言論上反袁，蔡則為軍事行動之首領；另一為勸說唐繼堯起事的老革命黨人前贛督李烈鈞。護國軍起後各地響應，廣西將軍陸榮廷宣告獨立，粵、浙繼之，以居正為總司令的中華革命軍東北軍亦起於山東。護國軍以武力反對帝制後，袁即未依計畫於 1916 年元旦登基，而至發現北洋軍舊部段祺瑞、馮國璋等杯葛帝制，列強反對態度亦趨明顯，終在是年三月二十二日下令撤銷承認帝制，但仍戀棧總統之位。然護國軍已集各方反袁力量組成護國軍軍務院，非欲袁下臺不可，各省要求袁辭職通電亦紛起。袁世凱尿毒症發，一病而

終（民國五年六月六日）。

軍閥時代

　　袁死後中國政局進入了新的階段，以私人武力自重以爭奪權力為尚的軍閥，躍居政治舞臺。就實際影響觀察，現代中國的軍閥可以分成幾個層級：⑴控制中央政府的軍閥，如民國五年到九年（1916-1920 年）間主要擔任總理的段祺瑞為皖系（因其為安徽人），民國十二年到十三年（1923-1924 年）憑藉賄選而當選總統的曹錕為直系（因其為直隸人），民國十六年到十七年（1927-1928 年）掌控北京自稱中華民國軍政府大元帥的奉系張作霖（其為奉天人）；⑵掌控數省以上的軍閥，如以廣西為基地向湘、粵發展的陸榮廷；自稱浙閩蘇皖贛五省聯軍總司令的孫傳芳；⑶最基本的形態是掌控某省地盤，如山西閻錫山。而如四川，一度曾為七個軍閥分割，則是勢力最小的❹。但不論影響力層級如何，引致中國陷於分裂，政治局勢極不穩定則一。

　　軍閥得以延續，很重要的原因在於兵源充足，以農村經濟破產，人口過剩，成為軍閥招募軍力的泉源。而列強支持也使軍閥勢力得以擴張，例如，日本支持段祺瑞，藉而牟在華利益之擴展，蘇聯亦曾援助馮玉祥，使其不致潰敗。此外，掌控地盤可以擴展軍閥的生存，特別是向民眾榨取租稅，壟斷生產，發行通貨，如民國十三年（1924 年）晚期，估計僅廣西一省就發行了紙幣五十億元，卻毫無發行準備。又如山西的閻錫山控制麵粉、火柴、鹽等生產。此外販毒牟利，更屢見不鮮。至於以軍事行動進行勒索，則更為常例，如湖南督軍張敬堯在潰敗前夕猶勒索商人不已。這些形勢有利於軍閥的延續。

　　總之，軍閥時代能在中國史上存在十餘年（民國五年到十七年，1916-1928 年），是有其社經及外在因素的，而相互為用，引發不同層面的影響。

---

❹　張玉法，《中國現代政治史論》，頁 144-145。

軍閥勢力的演變

袁死後，副總統黎元洪繼位為總統，然實際權力掌握在國務總理段祺瑞手中。黎、段衝突時起，而段主張參加一次世界大戰（歐戰），引起風波。就體制而言，當時中國為責任內閣制，而黎元洪則強勢將段祺瑞免職，政爭乃起。當時支持段的各省督軍以實力為後盾，要脅黎元洪，黎引長江巡閱使兼安徽督軍張勳為助。張勳是個仍效忠清室的復辟派要角，部隊士兵仍留髮辮，號稱「辮子軍」，張勳入京，首即迫黎解散國會，繼而擁清廢帝溥儀登基復辟（民國六年七月一日）。復辟事起，各方聲討。段祺瑞也取得討逆的名義，起兵「再造民國」，張勳兵敗，溥儀再度退位，前後不及半個月。

復辟事平，黎宣告去職，由副總統馮國璋繼任，段祺瑞復任總理。他以民國已因復辟而「亡」等理由，拒絕恢復國會。孫中山於復辟未起國會被解散時，便主張護法，及至此，乃聯合西南地方軍閥唐繼堯等邀國會議員南下廣州，並得海軍總司令程璧光響應，決意另組政府。由於南下國會議員僅百餘人，距法定人數甚遠，稱為國會非常會議，另立中華民國軍政府，舉孫中山為大元帥，唐繼堯、陸榮廷分為元帥（民國六年九月），南北分立政府，最後兵戎相見，而有「護法戰爭」。起初，南方軍政府戰事上頗有斬獲。十二月，段祺瑞誘使直系的曹錕支持其武力統一路線，次年曹錕指揮吳佩孚率第三師兵進湖南，陸續攻佔岳州、長沙、衡陽❺。

然則，南方護法政府迭有爭鬥，唐、陸等並不支持孫中山，以致在民國七年（1918年）五月改組軍政府，改大元帥為七總裁合議制，孫失去實權，只好遠去上海，埋首著述。而北方局勢大體由段主控，他另立國會（民國七年八月），議員絕大多數為由皖系人物徐樹錚等組織之安福俱樂部成員，故稱安福國會。他得到日本支持，力主以武力南向，與馮

---

❺ 但事後曹、吳在中央、地方權力分配上卻一無所得，心生不滿。

國璋頗有衝突。為緩和矛盾，安福國會選徐世昌為總統（民國七年九月），段轉任參戰督辦，居幕後操縱。馮去職後，返鄉經營實業，曹錕成為直系的實力派領袖❻。徐世昌就任後，擬解決南北二政府分裂之局，故有南北議和會議在上海召開（民國八年二月），但並未成功。民國九年（1920年）三月，吳佩孚得廣州軍政府六十萬元之助，率軍自湖南北返。加上張作霖因為皖系徐樹錚在內外蒙古擴張勢力，亦心生不滿，轉而聯合直系。七月十四日直、皖兩系正式開戰，三天後取得奉系支持的直系即已掌握戰局，段祺瑞失勢下野。

　　直系在奉系支持下主導北京政權，然未幾矛盾便生。直皖戰後，吳佩孚力主召開國民大會，制定憲法，張作霖悍然反對未果。民國十年（1921年）底張作霖推薦交通系的梁士詒組閣，引發吳佩孚不滿，批評梁氏親日賣國。次年一月，梁氏請假出京，二月孫中山開始北伐則有配合張作霖等人行動之勢，奉軍也開始派軍增援關內。但廣州方面由於孫中山與陳炯明失和，北伐行動被迫中止，張作霖與皖系聯合與直系抗衡的局面轉為不利。

　　民國十一年（1922年）四月第一次直奉戰爭爆發，奉軍雖然兵力較多，但是孫中山受制於陳炯明，皖系的盧永祥受制於江蘇督軍齊燮元，均不能有效配合，吳佩孚則以反日愛國文宣取得輿論的支持，所部又頗富戰力，張作霖的奉軍遂告失敗，退出山海關。

　　北方軍閥迭興戰事，南方亦同。孫中山所收編粵軍二十營，由陳炯明統率，移駐粵東，於直皖戰爭時入廣州，孫中山乃重返廣州，重建軍政府（民國九年十一月），並再由國會非常會議舉為非常大總統（民國十年五月）。擬揮軍北伐，而陳炯明主張聯省自治，不予支持，並以實際軍事行動反抗（民國十一年六月十六日），孫敗走上海，至民國十二年（1923年）一月始再聯合滇桂等軍逐陳炯明，圖謀再起。

　　第一次直奉戰爭後，直系聲勢大振，以召集舊國會恢復法統為號召，

❻　民國九年馮國璋過世，曹錕成為直系領導人。

迫徐世昌下臺，另擁黎元洪復任（民國十一年六月），孫中山亦為陳炯明所逐，護法號召亦告結束。然曹錕早有總統之志，將及一年，即迫黎去職（民國十二年六月），並賄賂國會議員（據大致估計用費一千三百五十六萬元）而當選總統，於十月十日就任。然直系內部暗潮叢生，吳佩孚獨斷專行，致使部屬馮玉祥、胡景翼等人漸次離心。民國十三年（1924年）九月初，皖系浙督盧永祥控有上海，與直系蘇督齊燮元間矛盾叢生，戰爭爆發，盧敗走日本。而第二次直奉戰爭亦於九月中旬開戰，奉系南下，直系諸軍反擊，不意馮玉祥倒戈，直撲北京，囚曹錕，吳佩孚敗走湖北，直系在北方幾至完全崩解，殘餘勢力主要在長江中下游諸省。

原先，孫中山與張作霖因反直系之故而結為同盟。自第二次直奉戰後，馮玉祥、張作霖共擁段祺瑞出山，任臨時執政，邀請孫中山北上共議國是。段等擬召開善後會議，孫則力主召開國民會議，意見並不一致，但孫北上後未幾即逝（民國十四年三月十二日），善後會議確曾召開，卻無裨軍閥混戰之局的終止：先有直系孫傳芳於長江下游號召討奉，馮玉祥亦不堪奉系排擠而起，吳佩孚僅據有湖北一地卻自稱十四省討賊總司令而起兵反奉，一時之間奉軍竟成公敵。然吳佩孚勢力大非昔比，孫傳芳據有蘇皖後亦不再進逼。馮玉祥得蘇聯之助，十一月再策動駐軍關內的奉軍郭松齡發動兵變，揮師出關，戰事屢有斬獲，十二月攻抵巨流河（瀋陽西南），日本卻出兵助奉軍一臂之力，郭松齡兵敗被殺❼。至同年年底，吳佩孚經英日勸解與張和解，且共同合作，以馮得蘇援，雙方聯合聲言討「赤」，馮部被迫於民國十五年（1926年）夏退綏遠，馮本人遠去蘇聯。

此時國民黨已發動北伐，張作霖集結各派共同抵禦北伐軍，自稱中華民國軍政府大元帥。但已難敵北伐軍，於民國十七年（1928年）五月三十日下令退卻，回師東北，然六月四日卻為日人設計炸毀其專列火車而身亡。孫傳芳、吳佩孚則早已兵敗分別逃匿租界渡其餘生。北洋軍閥

---

❼ 撰寫《巨流河》的齊邦媛之父齊世英也參與郭松齡倒奉行動，倖免於難。

時代，乃告終結。

民國初年的立憲工作

前述民國元年（1912 年）袁世凱當選中華民國第一任大總統之前，參議院、眾議院即共同組織「憲法起草委員會」，七月十九日該委員會選擇以北京天壇祈年殿為會所。袁世凱就任正式大總統後，同年十月三十一日，委員會經過三讀通過了《中華民國憲法草案》，時人稱為「天壇憲法草案」（簡稱「天壇憲草」），也成為中華民國第一部正式的憲法草案。由於袁世凱不欲制憲，民國二年（1913 年）十一月先取消和二次革命有關的國民黨籍國會議員資格，次年一月十日更違法下令停止所有國會議員的職務，使得「天壇憲草」根本無法進行審議。

袁世凱死後，政局不穩，立憲工作幾無進展。民國十二年（1923 年）曹錕賄選總統之際，便「以制憲為詞，以重賄為餌」收編國會議員，其當選大總統後，國會旋即完成《中華民國憲法草案》（又稱「曹錕憲法」）的二讀、三讀程序，並於同年十月十日曹錕就職大總統日公布。由於曹錕賄選的行為備受各方批判，使得這部憲法又被稱為「賄選憲法」，未得到反對派的承認。次年，直系於第二次直奉戰爭中戰敗、曹錕被迫宣布辭職後，此一憲法亦被廢棄。

聯省自治

在軍閥時代，各省兵連禍結，南北分裂，如何解決，有各種主張，其中以「聯省自治」運動最具代表性。自南北政府以護法戰爭為名兵戎相見，湖南受禍尤烈，聯省自治運動在當地發展尤為蓬勃，而其他各省及政治人物、知識分子亦頗有鼓吹。

聯省自治的理論，主要在於以各省自立省憲，再由各省選派代表制定聯省憲法，以達統一。此一主張，於民國九年（1920 年）後達於高潮，湖南尤備。先由在同年六月第三度執掌湘政的譚延闓宣布自治，繼而譚去職，繼任者趙恆惕繼續推動，組織省憲起草委員會，以鼓吹聯省自治

最力的李劍農任主席主持，經起草、審查、投票等程序，於民國十一年（1922年）元旦公布。但在此期間，趙曾出兵湖北，以援助鄂人自治名義助鄂驅其督軍王占元。然直系力量則趁此時擴展至鄂，吳佩孚攻湘，趙大敗，後雖經調停，然於此即可見，所謂聯省自治實係為割據各省之軍閥為維持割據局面，而方始擴大的一種主張。是以如浙、滇、黔、川等各省軍閥均曾響應，甚至第一次直奉戰後敗走東北的奉系張作霖，亦曾有此宣示。

湖南算是唯一具有自治形式之省分，但正如李劍農本人回溯其實況時，亦嘆省憲僅具形式，而於實際政治未生若何良果。

第三節　民初之外交

辛亥革命後列強的反應

武昌起義後，軍政府即以同盟會《革命方略》的對外宣言為藍本向各國駐漢口領事發出照會，聲稱「並無絲毫排外之性質」等項，並要求各國承認革命軍為交戰團體，十月十七日，漢口之英、俄、德、日、法五國領事行文軍政府，承認革命軍為交戰團體，各國將嚴守中立。但爾後英國輪船曾為清軍運送軍火給養，顯示列強表示「中立」是相當曖昧的。

而及南京臨時政府成立，孫中山發布〈告友邦書〉，願與各國人民平等交往，清政府所訂條約，繼續有效至期滿為止，清政府所借外債照舊償還，各國或個人所得權益依舊尊重，希望各國更篤交誼，待民國政府之成，並盼予以承認。然各國大都不予理會，反而支持袁世凱，例如，英國即曾在外交文書中表示「對袁世凱懷著極友好的感情和尊敬」❽。在這樣的局勢下，孫中山本來還曾主張要等到南京政府為各國承認方始辭職，但他的要求卻無法堅持。可見，辛亥革命之後，列強的反應便是

---

❽　孫大總統的宣告，意味著在國際法上中華民國政府繼承大清帝國政府。

以保護己身在中國利益為原則的，他們所支持的是能確保己身利益的政府，而認為孫中山領導的南京政府並不具備這樣的條件。

及至袁世凱就任臨時大總統，為鞏固個人權位及維持政務運作，向英、法、德、美、俄、日六國銀行團進行借款，雖然不免略有波折（如美國退出），貸款條件亦苛，但仍進行得相當順遂，至民國二年（1913 年）四月成立（即善後大借款），即可顯示列強不願支持孫中山而支持袁世凱的態度，而列強更藉此又拓展了對中國的影響力。至袁就任正式大總統後，列強才陸續承認中華民國政府。

邊境之騷擾

中國西北、西南邊境向為列強侵略之對象，蒙、藏民族與漢族間的衝突尤為可利用的工具。於是，在列強的策動下，邊境屢屢釀生事端。

首就蒙古言，俄早就有心染指，蒙族亦有心獨立，終至乘辛亥革命事起，外蒙即於 1911 年 11 月 30 日宣告獨立，並於 1912 年 11 月與俄簽訂《俄蒙協約》及《俄蒙商約》，條約內容實質已使蒙古成為俄國的殖民地。條約公布後，中國政府提出抗議，輿論「征蒙」之論亦屢屢呈顯。袁世凱派使交涉，會談多次，延宕數年，而至民國四年（1915 年）六月簽訂《中俄蒙協約》，外蒙承認中國宗主權，俄國承認外蒙為中國領土，中國承認外蒙自治地位及俄人於《俄蒙協約》中所得一切權利。

及至俄國本身於 1917 年發生革命，情勢有變，俄國影響力稍減；民國八年（1919 年）徐樹錚受命為西北籌邊使，進駐庫倫，強令外蒙撤銷自治。然而徐樹錚在民國九年（1920 年）回中國參與直皖戰爭戰敗後，俄國白軍即犯庫倫，至民國十年（1921 年）二月陷城，旋即，外蒙活佛再度宣告外蒙獨立，而蘇聯紅軍於同年七月驅白軍，佔庫倫，成立蒙古人民革命政府，仍奉活佛為元首。十一月，外蒙與蘇聯訂定友好條約，互相承認，並將為紅軍所佔之唐努烏梁海另立為獨立國，改稱唐奴拓跋（Tannu Tova）。1924 年活佛圓寂，外蒙改稱蒙古人民共和國，成為世界上第二個共產國家。

　　西藏方面，則為英國久欲染指之地。當辛亥革命事起，駐藏清軍譁變，搶掠寺廟及藏民，漢藏衝突大起，達賴十三世即在英國支持下宣布西藏獨立，且進兵西康，勢脅川滇。民國元年（1912 年）四月，袁世凱命川滇軍進軍，然英國干預，抗議中國進軍，並要求不得干涉藏政，否則將不承認中華民國政府。袁被迫妥協，且以蒙事亦需處理，皆望商議解決。然 1913 年 1 月蒙、藏卻訂立協約，互相承認為獨立國。至同年 11 月，中、英、藏三方於印度西姆拉 (Simla) 召開會議，依英國代表之議，於 1914 年 4 月暫訂草約，分西藏為內外二部，青海南部及四川西部為內藏，其以南以西為外藏，劃為自治區，中國不在西藏駐兵、設官、殖民，僅可於拉薩派一大員、英國派一商務委員，各置衛隊，達賴由中國授以封號。中國政府表示對此不能承認，然英、藏間則逕於七月簽約換文，是後藏軍屢屢東出，西康幾盡為所陷，事實上等於脫離中國。

對日交涉

　　日本為二十世紀時對中國造成最重傷害的國家。早在 1907（光緒三十三年）、1910（宣統二年）及 1912 年（民國元年），三度與俄簽訂密約，各自劃分在中國的利益範圍，東北、蒙古為主要區域。而日本更屢屢利用中國內部問題，不斷擴張，所得尤多。如利用袁世凱與國民黨的鬥爭，在 1913 年（民國二年）5 月，與袁世凱訂立《滿鮮國境通商稅約》，使日本在南滿貿易居於絕對優越地位；又脅迫袁訂立《滿蒙鐵路借款預約辦法大綱》，盡佔該區鐵路利權。

　　至第一次世界大戰爆發，即趁機奪取德國在東亞（尤其是中國）之權益，乃以對德宣戰之名，進犯久為德國勢力範圍的山東。中國政府之抗議與要求日本撤軍均置之不理，同時並利用大戰的機會，加緊對中國的侵略，於是有「二十一條」的提出。

　　1915 年（民國四年）1 月 18 日，日本駐華公使日置益向袁世凱提出「二十一條」：

　　第一號為關於山東者，中國允許日本承繼德國在山東一切權利，山

東省內及其沿海土地島嶼不得讓與或租與他國；煙臺或龍口至膠州鐵路，由日本建造；開山東省內主要城市為商埠。

第二號為關於南滿、東蒙者，中國承認日本在該地的優越地位；旅順、大連租借期及南滿、安奉兩鐵路管理期展至九十九年；日本得在南滿、東蒙享有土地租借權、所有權，為蓋造商工業房廠及耕作之用，自由居住往來，經營商工礦業；中國如允他國在南滿、東蒙建造鐵路或向他國借款建造鐵路，或將稅課作抵向他國貸款，或聘用政治、軍事、財政顧問、教習，皆須得日本同意，吉長鐵路歸日本管理。

第三號為漢冶萍公司作為中日合辦，屬於該公司各礦的附近礦山，不准他人開採。

第四號為中國沿海港灣、島嶼，概不讓與或租與他國。

第五號為關於全部中國者，中國政府須聘用日人充政治、軍事、財政顧問；中國警察作為中日合辦，或聘用多數日人；中國所需軍械的半數以上，向日本採辦，或中日合辦軍械廠；中國允給內地所設醫院、寺院、學校以土地所有權；中國允由日本建造武昌至九江、南昌至杭州、南昌至潮州鐵路；日本對於福建籌辦鐵路、礦山、整頓海口（船廠在內），有優先投資權。

由於「二十一條」為嚴重傷害中國主權的要求，袁世凱嘗試以各種方式來延宕日本的要求，例如將部分內容外洩，激起中國輿論的反對，亦且日本的要求確也引起列強的不滿，一時之間似有轉寰餘地。然日本旋即改變可能干涉其他國家利權的要求，如放棄在長江流域修築鐵路要求即使英國改變態度。因而，袁世凱以個人進行帝制需獲日本支持，列強干涉之希望亦明顯落空等因素下，終於在五月九日提出復文，除對第五號各項內容表示容日後協商外，其餘各號「即行允諾」。消息傳出中國群情大譁，各種反日行動風湧而起。當袁死後，歷屆北洋政府對「二十一條」始終採取不承認的態度，在各式和會上均要求改訂甚至廢除，且從國際法觀點看，「二十一條」是日本片面強加於中國的單方面條約，是不能成立的，從事實上來看也未能執行。

　　但「二十一條」在當時引起的效應是巨大的，袁世凱藉此更強化其推動帝制運動的心意，而日本屢屢以「二十一條」為口實發動要求擴大其在中國權益的行動，實為此後日本在中國勢力凌駕列強之上的起點。

從參加世界大戰到巴黎和會

　　袁世凱的帝制運動與列強無意積極干涉有密切關係，但及至反袁行動有可能影響彼等之利益，乃漸持反對，而日本尤望在中國內部動亂之際攫取更多利益，除鼓動中國內部各種反袁力量外，並聯絡列強表示反對，終至帝制運動草草收場。

　　及至北洋政府改換領導班子，段祺瑞任國務總理，與梁啟超相結，於世界大戰戰局擴大，美國加入戰局的態勢下，亦決意參戰。由於中國國內對參戰問題意見不一，引發國內政局不安，溥儀復辟即是因此而起，亦是列強力量角力，德國自是力圖阻止，美國也曾三度反對，日本則擬假此強化對北京政府控制藉而牟利，英、法則支持日本以抵制美國。而至段祺瑞弭平復辟，日本加強了對他的支持。特別是孫中山以護法為名，發動護法戰爭，段亦以武力相向，經日相寺內正毅之親信西原龜三為主要經手人，向日本大量借款（通稱西原借款），自民國六年到七年（1917–1918 年）所借日款約二億六千餘萬日元，半數用以償還內外債，餘均用於對南方發動戰爭。日本借款之用意在支持段統一中國，並得向長江流域擴展利益。及至段因軍閥內戰而下臺，仍不斷支持與其利益相合的軍閥。

　　雖然參戰問題引發中國內部動亂，但中國仍於民國六年（1917 年）八月宣告參加世界大戰，但未派兵而係提供物資及勞工。至大戰結束，於民國八年（1919 年）一月於巴黎召開和會，中國既為參戰國乃由南北政府合組代表團出席。但中國提出之要求：收回山東利權及廢除「二十一條」等，在和會中皆未成功。主因在於段祺瑞早於民國七年（1918 年）與日本就山東利權條款換文，表示對日本承繼並擴大德國在山東之利權「欣然同意」，日本更對此堅持之至，甚至一度以退出和會為要脅，英、

美、法等國終為其所屈，答應於《對德和約》中訂明德國前在山東一切利權悉讓於日本。消息傳出，引發中國五四愛國運動，終使中國代表團拒絕在《對德和約》中簽字。雖然，中國仍受屈辱，但拒絕簽字仍多少顯示民族主義情緒對中國自主外交的影響。換言之，雖然之前中國政府曾承諾願意讓渡利權，列強也傾向支持日本的要求，但是，中國代表拒絕簽署正式的和約，此一和約對中國的相關利權並無國際法上條約的拘束力，為後來的進一步外交解決埋下伏筆。

華盛頓會議

第一次世界大戰期間，歐洲列強對中國影響漸小，而日、美則乘機崛起。自民國三年到七年（1914–1918 年），歐洲列強對中國輸出普遍下降，日、美則迅速上升，在中國輸入總額中，日本所佔比例由百分之二十點七猛增至百分之三十八點九，美國由百分之八點八增至百分之十三，雙方都力求加強在中國的財經影響力。所以美國也曾對中國進行大量借款，如民國五年（1916 年）北京政府即先後擬與美國資本家商借總數至少二千六百萬美元，日本自是竭力破壞。雙方即就此暫時妥協，由美國國務卿藍辛 (R. Lansing) 與日本特使石井菊次郎於民國六年（1917 年）十一月達成協議，「兩國政府對於中國政策的指導原則，達成了相互間的諒解」。

而至一次戰後的巴黎和會，中國政府代表既然拒絕簽署和約，日本無法取得其繼承德國在山東利權的國際法依據，山東問題成為中、日兩國及世界列強間懸而未決的重大問題，尤以美、英二國對日本之擴張更感威脅，於是經英、美協議，由美國出面，邀集有關國家在華盛頓召開國際會議，討論列強軍備限制及太平洋遠東問題，期約束日本，補救巴黎和會未決之爭議問題。與會的國家有美、英、日、法、義、荷、比、葡及中國九國。

會議於民國十年（1921 年）十一月十二日揭幕，分限制軍備委員會（由英、美、日、法、義組成），太平洋與遠東委員會（九國組成）。中

國對此次會議甚表重視，希望藉此得稍制裁日本侵略，甚而廢除或修改不平等條約，除官方代表外，亦有民間代表，代表團人數超過一百三十人。會中，中國代表提出十項原則，經美國代表羅脫 (E. Root) 改併為四條，於十二月一日通過，主要內容為尊重中國主權獨立及領土完整，保障各國在華商務、實業機會均等，不得利用中國現狀取得特別權利等。民國十一年（1922 年）二月，訂立《九國公約》，允遵守以上四項原則內容。

　　但中國其他要求並未圓滿解決，山東問題亦未於會中討論，而係另做會外協商，英、美兩國則允從旁協助。而後終於民國十一年二月達成協議，中國收回膠州灣，出資贖回膠濟鐵路，日本放棄建築濟順及高徐鐵路之權。但其他有關中日爭議事項，日本拒絕討論。

　　華盛頓會議解決了若干延宕多年的山東問題等爭議，《九國公約》亦大體為列強對華利益均勢下的某種保障。但中國內部問題重重，軍閥混戰曾無已時，列強對中國之特權依然如故，中國內部的反帝國主義、反軍閥的行動因之益趨蓬勃。

習　題

一、說明孫中山將中華民國臨時大總統職位讓予袁世凱的原因。

二、評估辛亥革命的歷史意義。

三、解析袁世凱逐漸走向推動帝制的過程。

四、分析民初軍閥對中國的影響。

五、說明帝國主義力量對中國歷史的影響。

六、評估日本對中國近現代歷史的影響。

第五章　中國的啟蒙運動「五四」

五四運動是一個複雜而多樣的運動，它包括新思潮、文學革命、學生愛國運動、工商界的罷市罷工、抵制日貨，以及當時所提倡的各種政治改革、社會改革，這連串的活動彼此牽連，相互影響。在廣義上，一般對這個運動的用法是同時隱含學生愛國運動和新文化運動的。

第一節　五四運動之時代背景

民國建立之後，國事依然多艱，內外政局依舊不安，尤以民主共和體制未能落實，頗令有心之士失望不已。然於失望之外，仍嘗試就失敗之原由，痛加檢討，並謀出路，而終覺悟，以為過去的失敗原因，在於僅在形式上的工作，並未及於中國深層文化傳統結構之改造。於是即有新路向之開展，嘗試批判傳統的、保守的思維觀念，建設時代所需、進步的思想觀念。一般習稱之「新文化運動」從此發動。而在運動開展的過程中，又以處理第一次世界大戰終局的巴黎和會，對中國利權做出不公平的處置，引發學生青年的抗議，進而席捲全國，社會各階層予以熱烈之回應，迫使政府當局改變內政外交政策。此後，新文化運動之發展越形蓬勃，然以同現實政治勢力漸次結合，竟致文化思想改造之工作漸趨中止，轉向現實政治之活動，捲起（國民）革命之浪潮。雖然文化思想層面之工作未竟全功，亦且於運動開展期間不免過於激烈地批判中國傳統，但影響卻及於政治、社會、文化各個領域，為此後國史發展另開新局。

內在環境之省思

自清季起，民主共和體制成為國人所追求之政治體制後，於民國成

立之際，得到初步落實的機會。但先經袁世凱帝制運動的衝擊，再而軍閥恣睢，以軍事實力強弱與戰爭勝負決定政權的主導權歸屬，期間並有擁戴前清遜帝溥儀復位之舉，政局之動盪，較清季更甚。有心之士對此反省原因所在，即以為乃係民主共和體制缺乏社會基礎，國民未曾覺醒，以致政局紊亂。新文化運動的領袖人物之一的陳獨秀即有此一反省，他說：

> 所謂立憲政體，所謂國民政治，果能實現與否，純然以多數國民能否對于政治，自覺其居于主人的主動的地位為唯一根本之條件。

他認為民國以來，

> 所謂共和、所謂立憲者，乃少數政黨之主張，多數國民不見有若何切身利害之感而有所取舍也。蓋多數人之覺悟，少數人可為先導，不可為代庖。共和立憲之大業，少數人可主張，而未可實現。

陳獨秀像

是以，陳獨秀呼籲國民自覺，自動地以國家主人的身分參與民主共和體制落實的行列。

　　而且，他更以為傳統中國思想與專制體制關係密切，特別是儒家的綱常名教，在維護別貴賤尊卑的階級制度，與以獨立、平等、自由為原則之共和立憲政治絕不相容。是以，批判傳統思想與社會體制，不遺餘力。此外如魯迅（周樹人）以小說表達帝制傾覆，民國成立，卻不曾為廣大中國農民所與聞的觀點，亦且也在作品裡抨擊中國傳統為「吃人的禮教」，率皆呈顯出這些知識分子對中國內在環境不符期待的想法。

魯迅像

外在局勢之反抗

自民國成立之後，帝國主義對中國之政治、經濟壓迫，未曾稍減，而尤以日本之野心為甚。民國四年（1915 年）提出之「二十一條」要求，影響層面最大。此後更日甚一日，不斷伺機擴大在中國之特殊利益。

日人之舉措，激起中國各階層人士的反抗。如民國四年五月時，漢口商民即曾因排斥日貨而與日人發生衝突，各地排日風潮亦陸續興起；上海商界亦於同年四月組織「中華救國儲金團」，各地亦有救國儲金團組織，皆顯示商界愛國抗日的情緒。在美的中國留學生也曾號召採實際行動抵抗日本。雖然，反日行動並未匯為持續不斷之洪流，但確實已為此後民族主義思潮及行動的勃興埋下種子。

伴隨國內反帝國主義思潮、行動而出現的，則是國際局勢及世界思潮之變化。尤以美國總統威爾遜 (W. Wilson) 於第一次世界大戰期間揭櫫之國際新秩序的理想，廢除祕密外交、主張民族自決等主張，都頗為中國知識分子所讚賞。是以在第一次世界大戰結束之際，中國各界熱烈慶祝，全國學校放假三日，舉行慶祝勝利大會，旌旗滿街，鼓樂喧天，盛況空前，其原因殆在於認為此後國際局勢將轉為對中國處境較為有利。不意列強於巴黎和會上對中國山東問題所做之處置，亦主張在對德和約中明訂日本繼承德國過往在山東所享之利權。消息傳來，不啻當頭一棒，冷水澆背，失望激憤莫可名狀。中國輿情既痛恨列強暴橫依舊，復以處理對日交涉之官員犧牲本國利權，罪極可誅，民族主義情緒達於極點，終藉由群眾行動宣洩表達，而民國八年（1919 年）五月四日北京各大專學生集會示威遊行則正是中國群眾表達愛國意志的起點。

思想媒介的出現

知識分子面對中國內外局勢之危急，反思頗眾，而主要藉由傳播媒體表達出來。清季各式報刊，宣揚革命及改革理念，已著有成效，至新文化運動時期，宣傳新思潮、批評舊傳統的報刊，更陸續出現，蔚為大觀。在這方面，則以《新青年》為開路先鋒。

李大釗像　　　　　　胡適像

　　《新青年》是陳獨秀創辦的月刊，原名《青年》，第一號於民國四年（1915年）九月在上海出版；至第二卷起（民國五年九月）改稱《新青年》；而後在第六卷第一號起（民國八年一月）成立編委會，由陳獨秀、錢玄同、高一涵、胡適、李大釗、沈尹默等六人每期輪流主編，成為知識分子集中心力共同鼓吹新思潮的主要陣地。《新青年》創刊伊始，即宣稱要盡心灌輸「各國事情、學術思潮」，此後即成為宣揚「文學革命」、「思想解放」的論壇，並揭櫫要擁護「德莫克拉西先生」（democracy，即民主），擁護「賽因斯先生」（science，即科學）的旗幟，以為只有德先生、賽先生「可以救治中國政治上道德上學術上思想上一切的黑暗」。新文化運動時期的《新青年》很受歡迎，最高銷售份額達一萬五、六千份，是新一代知識青年認識新思潮的重要憑藉。

　　除此之外，如由北大學生傅斯年、羅家倫等共同創辦的學生刊物《新潮》，以北京中國大學學生王光祈、留日歸國學生曾琦等為核心籌組而成的少年中國學會創辦《少年中國》月刊，由郭沫若、郁達夫等留日學生為主成立的創造社創辦《創造》等刊物，乃至於全中國各省的知識青年亦陸續編印各種刊物，都先後出版，頗受矚目，各自產生了不同的影響。

　　除了新報刊的出現做為傳布新思潮的媒介外，學校（尤其是大學）
與社團也是重要的媒介。

　　在學校而言，蔡元培為校長的北京大學實為帶動新思潮勃興的最重
要媒介。蔡元培綜理北大校務，主張大學為研究高深學問之機關，對各
種學說，本學術自由原則，採兼容並收政策，故聘請之教師，思想多元，
見解互異，激盪琢磨，學風丕變。同時蔡元培鼓勵教師及學生組織各式
社團，進德修業，宗旨不一。率皆對此後中國教育學術發展樹立了楷模。
其他各級學校亦頗有興革，都成為新一代的知識分子的孕育場所。

　　而各種社會團體亦在此際相繼組成。如以「振作少年精神」、「研究
真實學術」、「發展社會事業」、「轉移末世風氣」為宗旨的少年中國學會，
於民國七年（1918 年）在北京成立；以「介紹西洋近代思潮，批評中國
現代學術上、社會上各問題為職司」的新潮社，於民國七年成立；而以
「革新學術，砥礪品行，改良人心風俗為宗旨」的新民學會在同年於湖
南成立等。這些社會團體，率皆由新一代知識青年主動組成，參與分子
大多有同學關係（如新潮社成員為北大學生，新民學會會員多為湖南第
一師範學生），活動時間長短不一（如少年中國學會至民國十四年底始停
止活動，是其中存在時間最長久的社團），未必有深厚長久的社會影響力，
但他們志趣相結，論學議事，進行思想文化宣傳，社會改造活動，正是
新一代知識分子躍上歷史舞臺的重要表徵。

　　宣傳新文化、新思潮報刊的出版，新學風的蘊積，知識青年社團的
出現，可以說為新文化運動的推動產生了積極的作用。

第二節　五四運動之經過

文學革命的倡導與發展

　　在清末以來，不少有識之士有感於類似義和團的「抗洋」行動，乃
是「無知愚民」而招致的，於是紛紛投身於「開民智」的活動，企盼啟

蒙凡夫百姓。與此同時，即有各式白話文報刊的出現。經此積蘊，後隨新文化運動的開展，掀起了以白話文學為主題的「文學革命」。為什麼要提倡文學革命？首先標舉文學革命口號的陳獨秀即表示，中國雖已歷經政治革命，但黑暗未嘗稍減，主因在於「盤踞吾人精神界根深蒂固之倫理、道德、文學、藝術諸端，莫不黑幕層張，垢污深積」，所以「今欲革新政治，勢不得不革新盤踞於運用此政治者精神界之文學」。也就是說文學革命帶有強烈的精神改造、思想解放的意涵。

至於文學革命的理論，以「首舉義旗之急先鋒」的胡適，於民國六年（1917年）在《新青年》發表的〈文學改革芻議〉之後，漸有發展，論議迭出。如以寫散文知名的周作人，發表〈人的文學〉，主張以「人道主義為本，對於人生諸問題，加以記錄研究」；又如由茅盾、鄭振鐸等作家組成了文學研究會，主張文學是「人生的鏡子」，是「人生的自然的呼聲」；而如創造社則反對把文學、藝術當成工具，呈顯出文學史上浪漫主義思潮的觀點。文學革命的提倡者或響應者，理論觀點不盡一致，卻都顯示了新思潮趨向的涵義。

至於在具體的成就方面，則以小說、新詩與散文等體裁留下了豐富的精神遺產。

如魯迅的小說《阿Q正傳》，以農村流浪漢為主角，深刻地體現了中國農民的精神狀態，他的《狂人日記》則更企圖暴露傳統中國家族制度與禮教的弊害；而如郁達夫的小說《沉淪》則抒寫了青年知識分子面對人生諸問題的苦悶心境，各自產生了不同的迴響。

新詩方面，胡適的《嘗試集》是最早出版的個人詩集，頗受矚目，而後如郭沫若的〈女神〉，充分反映了當時力求突破時代的「狂飆精神」；俞平伯、康白情、徐志摩等人的詩作也很受讀者歡迎。散文方面，則呈顯出多種風格，魯迅以短小精悍的雜文抨斥時弊；周作人以淡雅清逸的筆調寫作小品文，朱自清則採譬喻比擬手法描寫景致；徐志摩、許地山等人的散文也各有特色。

女作家的出現，則更值得重視。她們不再是傳統閨秀文學式的作家，

而更以女性的敏感對各種問題抒感寫懷，如冰心的散文集《寄小讀者》，陳衡哲的小說《小雨點》，在當時都引起熱烈的反應。

引介新思潮

在文學革命之發展過程中，即曾引介西方的文學理論與創作，這種向外引取借鏡的作法，乃是新文化運動的重要內容。也因此，各式西方思潮陸續地在這個階段中引介到中國來，各有不同的影響。胡適曾指出當時各期刊報紙引介的西方思潮，如：

> 《新青年》的「易卜生號」「馬克思號」，《民鐸》的「現代思潮號」，《新教育》的「杜威號」，《建設》的「全民政治」的學理⋯⋯等等雜誌報紙介紹的種種西洋新學說。

可見當時引介傳布思潮內容之廣泛。同時並邀請西方思想家來華講學。首先是美國哲學家杜威 (John Dewey) 於民國八年（1919 年）五月抵華，至十年（1921 年）七月始離，先後在十一省講學或演講，內容以關於教育、哲學及政治思想為主。其次是英國哲學家羅素 (Bertrand Russell) 於民國九年（1920 年）十月來華，停留近十個月。在華期間，在上海、長沙、北京等地發表了十八場演講，主題廣泛，涉及哲學、社會乃至共產主義問題等。此後又曾有德國哲學家杜里舒 (H. Driesch) 等人來華講學。這些西方思想家來華講學的文稿，並陸續譯成中文發布在各報刊，也有不少介紹他們思想的文章，在中國知識界都造成一時轟動。

而在此時引介到中國思想界，造成最大影響力的則是廣義的社會主義思潮。社會主義思想內容龐雜，而在此際的中國知識界，則各有信仰者。如北大學生黃凌霜等組成實社，即奉無政府主義 (anarchism) 為宗；而如張東蓀則曾竭力宣傳基爾特社會主義 (guild socialism)；至於陳獨秀、李大釗等歷經思想轉向，成為馬克思主義者與中國共產黨早期的領袖人物，也是這個階段發生的事。

　　總觀新文化運動時期對各式新思潮的引介雖然繁多，但既無系統，亦缺乏對思潮內容的真確理解，即令曾呈顯出百家爭鳴的思想自由氣氛，然以基礎未固，終而未盡思想啟蒙之所望。

批判舊傳統

　　在引介新思潮的同時，並也出現以新思惟評判中國傳統文化的言論。在當時知識分子看來，傳統文化的各個面向都妨礙了中國的進步與發展，不但該被批判，還得打倒，即如胡適與陳獨秀所論：「舊文學、舊政治、舊倫理，本是一家眷屬，固不得去此而取彼。」居中國傳統主流地位的儒家思想與倫理觀點，更成眾矢之的，抨擊尤為猛烈。

　　如被胡適譽為「打倒孔家店的老英雄」的北大教授吳虞❶，曾說：

　　　　儒教不革命，儒學不轉輪，吾國遂無新思想、新學術，何以造新
　　　　國民？

他又說：

　　　　儒家教孝，所以教忠，也就是教一般人恭恭順順地聽他們一千在
　　　　上的人愚弄，不要犯上作亂，把中國弄成一個製造順民的大工廠。

可以說，儒家「為二千年來專制政治、家族制度聯結之根幹」，「儒教與家族制度倘不改革」，「容能得真共和耶？」此外更有對傳統儒家「三綱五倫」禮教的批判，如吳虞、魯迅都曾有「非孝」之論，反對孝道是倫理的根本；亦且對女子「三從」之說亦大加抨擊，倡言婦女解放，求取獨立自主之人格。凡此儒家思想及倫理觀點，皆受批判，一時之間，「打倒吃人的禮教」、「打倒孔家店」的言論紛呈並現。

---

❶　參見周昌龍，〈吳虞與中國近代的反儒運動〉，《新思潮與傳統》，頁 291–293。

而中國歷史文化的其他面向，一樣普受訾議與評判。如吳稚暉認為要把孔孟老墨之書，「丟到毛廁裡三十年」，魯迅主張不要再讀「線裝書」，皆顯示對傳統文化遺產的鄙夷。即令如胡適曾有「整理國故」的主張，但卻也表示整理國故是在「捉妖」、「打鬼」。在此一時代背景下，疑古風氣大盛，歷史研究領域中即出現以顧頡剛為代表人物的「古史辨」學派，批評「中國古史全是一篇糊塗帳」，是「二千餘年來隨口編造」的產物，批判傳統立基於經典及傳說的古史。

整體而言，這個階段對於中國傳統的批判，固然滌清不少傳統陳腐之處，但「破」而難立。其後「中國本位文化」，及「全盤西化」相繼提出，在在顯示現代中國思想意識改造工作仍未完成。

五四學生愛國運動

在民國八年（1919 年）五月四日北京大學等十三所大專學校三千餘名學生，持「還我青島」、「保我主權」等標語，高呼「收回山東權利」、「拒絕巴黎和會簽字」等口號，在北京街頭展開遊行示威，現代中國史上最具象徵意義的五四學生愛國運動於焉開展。這場學生運動以北京為開端，先後波及於上海、南京等各大城市，此後並引發工人罷工、商人罷市的社會效應，終於迫使北京政府屈服，更鼓動了新世代知識分子。

在五月四日當天，示威學生先赴北京使館區抗議，再赴負責與日交涉之交通總長曹汝霖宅聲討，在群情激憤下，乃搗毀曹宅，房屋起火，參與學生三十二人因之被捕。翌日，為聲援被捕學生，實行罷課；六日，北京中等以上學校學生聯合會成立，成為學生正式議事之組織。但北京政府以蠻橫態度因應，風潮漸次擴大，如蔡元培被迫辭去北大校長，政府明令禁止學生再度集會，亦不接受學生要求懲治對日交涉之曹汝霖、駐日公使章宗祥等人，益激學生憤慨。而致五月十九日學生再有罷課之舉，日本公使亦向北京政府提出禁制學生運動之要求，日本軍艦更群集天津、上海等地，消息傳出，如火上加油；學生成立演講團向百姓宣講的行動，也被軍警驅散，政府並限令學生返校上課，嚴格取締學生活動。

然而學生並不畏懼，仍集會、宣講不輟，而致有六月三日、四日政府大舉逮捕學生，總數達千餘人之局。如是更激起其他社會階層之響應，六月五日，上海首先罷市、罷工，各地陸續繼之而起，終迫使北京當局釋放學生，而後並於十日宣告免曹、章等人之職。然學生又成立全國性組織，於六月十六日在上海成立全國學生聯合會，以政府仍未允諾不在巴黎和約簽字，繼續罷課。而至二十八日，巴黎和會代表拒絕在對德和約簽字，並聲明保留中國政府對德約最後之權。至此，事態漸息，七月二十二日，全國學生聯合宣言結束罷課，學生的訴求得到勝利，運動至此告一段落。

這場運動是現代史上學生首度以群眾力量迫使政府改變政策而產生作用的運動，影響至為深遠。參與之學生多受新思潮感染，經此之後更成為新文化運動之生力軍，日後於不同領域內各有表現。亦且還產生了社會效應，鼓動其他階層人士益發關注國事，為此後歷史開展了新的契機。

捲入現實政治

經五四學生愛國運動之勝利，新思潮之傳布，固然益形蓬勃，但也致使各式反軍閥、反帝國主義運動得此鼓舞而陸續出現。如山東於民國八年（1919 年）七月即發生學生發動罷市，阻止運糧給日軍的行動，以致濟南戒嚴，軍警逮捕參與運動之學生，風潮至翌年仍未停止。民國九年（1920 年），直隸學生干涉商店販賣日貨而被捕，警方並封禁學生組織；湖南方面，亦在同年十二月發生學生排斥日貨為軍隊鎮壓，引發長沙學生聯合會發動驅逐湘督張敬堯的行動。凡此，皆顯示學生除思想層面外，亦欲於現實有所作為。

亦且，即呈顯出新文化運動的領導者與參與者決心參加實際政治行動的景狀。如陳獨秀曾散布打倒軍閥政府之傳單而入獄；而胡適曾與北大教授同仁等發表〈爭自由的宣言〉，表示：「我們本不願意談實際的政治，但是實際的政治，卻沒有一時一刻不來妨害我們。」都說明他們深刻

北京各大學學生在北京街頭示威遊行

體認文化思想事業很難擺脫現實政治環境的影響。

　　但如胡適等知識分子，雖認識到現實政治之羈絆與妨礙，卻主要以發表政論文章，抨擊時政為取向，並未實際投身政治活動。而如陳獨秀、李大釗等知識分子，則採取親身參與政治活動的做法，既領導了中共的黨務活動，同時亦與打算把革命事業從頭做起的孫中山聯合，共同進行打倒軍閥、傾覆帝國主義勢力的國民革命工作。而又如參與五四學生愛國運動的北大學生張國燾、高君宇等人，選擇加入了中共，從事於工人運動；另一批北大學生如羅家倫、段錫朋等人則加入了國民黨，實際從事黨務工作。至於如文學研究會成員茅盾、創造社成員郭沫若等，亦分別在日後投身於反帝、反軍閥的宣傳工作。凡此等等，都顯示新文化運動之成員捲入實際政治領域的景況。

　　在與現實政治發生瓜葛之後，新文化運動的內容就不免有所改變。如《新青年》原先是引介新思潮的重要陣地，至民國九年九月之後，隨陳獨秀個人思想之轉向，性質丕變，成為宣傳共產主義思想的刊物，專門介紹馬克思主義、報導工人運動情況；如此轉變，與早先的方向已大有不同了。而胡適開始發表政論文字後，亦頗不為一些友朋所諒，勸他應專注於思想文化工作，他日後更感於論政無裨現實，一度「封筆」。

　　是以，當新文化運動開始與現實政治牽扯在一起之後，趨向與作用已大不相同；而更伴隨著 1920 年代外在環境的重大變遷，謀求以思想文化改造的努力，一時之間戛然而止，留下許多讓後人應再繼續承續發展之空間。

第三節　五四運動之廣大影響

思想的解放與思潮的澎湃

　　五四新文化運動雖然受到政治勢力的牽絆，而未盡全功，但是其影響之深遠，卻眾所公認。由於參與者為新世代的知識分子，他們在此後

在各別的領域中扮演不同的角色，更匯集成歷史發展的新趨向。他們身受新思潮的洗禮，又對傳統文化習俗的意義與價值進行過思考、批判的工作，思想活潑、自由、各有己見、不人云亦云，所論所議雖未必意涵深遠，然而確實呈顯了思想解放、百家爭鳴的景象。

　　各式思潮澎湃起伏，相互爭勝，對問題的思考與認知，各有不同，也各據理以爭，引發論戰，又將思想解放帶入新的高潮。

　　例如，民國八年（1919 年）七月起出現的「問題與主義論戰」，胡適即主張「多研究些問題，少談些主義」，而李大釗則認為主義與問題有不可分離的關係，一方面固然要研究實際問題，一方面也要宣傳理想的主義。論戰期間雖然不長，但已顯示知識分子各就己見抒論的景狀了。

　　而後，各式論戰陸續出現。如社會主義的論戰，在民國九年底爆發，持基爾特社會主義立場的，無政府主義者與馬克思主義者之間，針對社會主義之意義，社會主義與中國的關係與實踐前景等問題，各有批駁。在民國十二年（1923 年）又有「科學與玄學（形上學）」的論戰（或稱「科學與人生觀論戰」），如張君勱主張，無論科學如何發達，不能解決人生觀問題，而受丁文江等人的批評，認為科學可以概括一切，應把科學方法應用於人生問題。此外，在歷史研究的領域中也有論戰，如顧頡剛對中國古史的解釋，受到批評，各方意見後來匯集成《古史辨》這套大書，成為古史研究的重要參考資料；而郭沫若在民國十九年（1930 年）發表《中國古代社會研究》一書，以馬克思主義觀點解釋中國歷史發展過程，也為其他知識分子批評，以《讀書雜誌》這份期刊為主戰場，掀起了「中國社會史論戰」，對中國歷史發展階段、中國社會性質等課題，各發論議。

　　所以，從這些文化思想學術領域的論戰不斷發生的景況來看，已說明中國思想界各式思潮的蓬勃現象，而這正是思想解放，引介新思潮，反思舊傳統的產物。

傳統的挫折與復興

　　儘管新思想解放與新思潮如此蓬勃，但也由於當時對中國傳統進行了嚴厲的批判，所呈現的文化意識危機是相當嚴重的。日後，在 1930 年代有陳序經提倡「全盤西化論」，以為中國傳統皆無可取，唯有全心全意的「西化」，便顯示出知識分子將「傳統」與「現代」區分成截然對立的思惟。

　　然則，當新文化運動方始開展之際，也有知識分子對於運動開展之內向與意涵，提出不同的意見，其中以「學衡派」最具代表性。「學衡派」指的是以《學衡》雜誌為中心集結的一批知識分子，成員之一的梅光迪，早與胡適就白話文學問題有所爭論。而後，以《學衡》為主要言論機關，呈顯了另一種思惟。他們對白話文學表示不能同意，他們認為「無論文言白話，皆須精心結撰，凝鍊修飾，方有可觀」，對獨尊白話，鄙棄文言的主張也有嚴厲的批駁。而關於西方文化思想的提倡引介，學衡派主張，要先徹底研究西方文化的內容，加以明確的評判採擇，但不能因為引介西潮而以鹵莽滅裂的態度宣揚偏激的主張，一昧否定中國傳統文化思想。他們嘗試融貫中西，轉化傳統的主張與看法，在那個普遍爭隨西潮而去的時代中，實具有文化上的民族主義涵義。

　　此外，特立獨行的梁漱溟，也在此時開展對於中西文化的哲學進行比較思考的路向，並提倡鄉村建設運動以為改造中國基礎。他的思考與行動，也引起一定的迴響，揭示對中國傳統文化思想進行再改造的契機所在。

　　中國傳統在新文化運動時雖普受抨擊，但學衡派與梁漱溟等人的反省工作，卻也喻示了未來要求復興傳統文化的面向。

政治社會變遷的動力

　　雖然，五四新文化運動標舉的「民主」、「科學」兩大目標並未完全落實，但對新世代知識青年的啟蒙卻有很大的作用。他們不願受傳統家

庭權威與倫理的無條件支配，嘗試建構新的社會倫理；而婦女的地位也
大獲提升，不少女性突破傳統的束縛，有的更得到接受高等教育的機會，
她們的成績更頗受肯定。各式社團的活躍，女權團體與鼓吹女權報刊的
出現都是具體的例證。

　　同時，也由於五四愛國學生運動的成功，使學生自覺，參與現實改
造的工作是可能的，也陸續出現了學生從事政治、社會改造的行動，也
為此後各種政治、社會運動的興起提供了社會基礎，不少新世代的知識
分子參加了 1920 年代的反帝國主義行動與北伐軍事行動。在在顯示這群
知識青年是中國現代史上政治社會變遷的動力之一。

國民革命開展的起點

　　由於五四新文化運動後期的發展，捲入了政治勢力，使文化思想改
造工作未能盡其全功，中國思想界竟陷入了空前的混亂狀態。然則，身
受新思潮洗禮的新世代青年在參與政治活動之後，則成為現實改造的生
力軍。從他們對於外在世界的認知，即可略見一斑。例如，在民國十二
年（1923 年）十二月北京大學二十五週年紀念日曾做過一次民意測驗，
其內容測試很可以反映他們的看法。有一題題目是：「下列各種方法，你
以為那種可以救國？」結果，回答國民革命的有七百二十五票，而其他選
項的票數不足三十票；另一題題目是要參加測試的人列舉心目中的國內
領袖，回答孫中山的有四百七十三票，而陳獨秀得一百七十三票，北大
校長蔡元培一百五十三票。這項測驗，可能不是普遍民意的反映，但卻
代表新世代青年的認知所在。

　　當時正在努力將革命事業從頭做起的孫中山，也深切體會時代變化
的趨向。他曾說：

　　　　此種新文化運動，在我國今日，誠思想界空前之大變動。

是以，

> 吾黨欲收革命之成功，必有賴於思想之變化，兵法攻心，語曰革心，皆此之故，故此種新文化運動，實為最有價值之事❷。

這裡的評價，反映了他的態度。而他指示革命黨人胡漢民、汪精衛、廖仲愷、朱執信等人創刊《建設》雜誌，宣示「以鼓吹建設之思潮，展明建設之原理，冀廣為吾黨建設之主義成為國民之常識」，更顯示與新文化運動合流的努力。

因而，1920 年代蓬勃發展的反軍閥、反帝國主義行動，在青年思想趨向的改變，革命黨人有意相結合的態勢下，迅速的開展，寫下此後歷史的新頁。

習　題

一、評估五四新文化運動的外在環境影響。

二、分析五四新文化運動的內部思想因素。

三、評估五四新文化運動時期批判中國傳統的歷史意涵。

四、評估五四新文化運動時期引介西方思潮的歷史意涵。

五、說明五四新文化運動對現代中國思想的影響。

六、整體分析五四新文化運動的「得」與「失」。

---

❷ 《國父全集》第三冊，頁 670。

第六章　北伐統一與抗日戰爭

第一節　黃埔建軍與國民革命軍之組成

中國國民黨改組的經過

　　孫中山為了討袁的需要，成立了中華革命黨以後，如前所述，黃興、李烈鈞等革命元勳都因故未參加，使得原有的革命陣營產生分化，力量也不能集中。因此，民國六年（1917 年）孫中山便已決定捨棄中華革命黨的名稱，再以國民黨改組通告各支部。民國八年（1919 年）五四運動發生，孫中山對於學生愛國行動有相當的感觸，對黨組織的改造更為積極。同年十月，他再次發出通知，並確定以中國國民黨為黨名，以示與民初的國民黨有所不同。

　　而民國十一年（1922 年），支持孫中山領導的陳炯明，因為主張以聯省自治的方式解決所謂中國統一問題（不過仍擁戴孫氏擔任國家元首），而與孫中山武力北伐政策發生嚴重摩擦。當時，一些革命黨重要幹部雖也曾希望調停雙方，但是，雙方歧見已深，終至陳炯明所部於六月十六日發動兵變，砲轟觀音山。此一事件使孫中山更加意識到組織改組的迫切與重要，開始進行改組事宜，並指派丁惟汾等人負責草擬中國國民黨的改組計畫。而除了黨的改組外，他也認為為了推展革命，有成立黨軍的必要。次年一月一日，孫中山正式發表〈中國國民黨宣言〉，並於十一月發表〈中國國民黨改組宣言〉❶。十月二十五日，他又指派中國

---

❶　參見胡春惠、林能士，《中國現代史》，頁 158。此一宣言從民族、民權、民生三方面提出中國國民黨對時局的政策及主張。

共產黨跨黨黨員李大釗、譚平山在內的十四人組成臨時中央執行委員會❷，並以鮑羅廷 (M. Borodin) 為顧問，準備召開全國代表大會，進行改組工作。

民國十三年（1924 年）一月二十日，中國國民黨第一次全國代表大會在廣州召開，決定建立國民政府，以求在既有的北京中華民國政府之外，另建法統，發表具有時代意義的全國代表大會宣言，並完成黨的改組。

聯俄容共的背景

中國國民黨的改組過程中，聯俄容共政策的形成，是一個重要變數。它不但影響了改組的結果，而且對於其後中國現代史的發展，影響極為深遠。

1917 年俄國大革命，在列寧 (N. Lenin) 主導下成立了蘇聯。但是，列強不但拒絕承認，而且更出兵協助白俄，希望能消滅共產黨政權。其後，蘇聯雖然擊敗對其政權的挑戰，國際情勢依然對其不利，因此蘇聯也積極爭取國際的同情。

民國七年（1918 年），蘇聯宣布放棄帝俄在東北的掠奪品及在華特權，受到中國知識界的歡迎。次年，五四運動發生，加拉罕 (L. Karakhan) 乘機發表對華宣言，這對剛在巴黎和會遭遇嚴重挫折的中國而言，自然越發感覺友好。而蘇聯發表宣言的目的，則在於爭取中國對其之承認。

民國十年（1921 年），在蘇聯主導的第三國際運動下，原本左傾的陳獨秀、李大釗等人成立了中國共產黨，但建黨之初成員不多，並不具備取得政權所需的實力。因此，蘇聯方面另外也曾與吳佩孚等人接觸，但終告失敗。

當時孫中山在廣東組成的政府，為了革命的需要，也努力尋求列強的支持，不過成效不彰。民國十年的華盛頓會議，列強只承認北京的中

❷ 參見李雲漢，《從容共到清黨》，頁 175。內含九名臨時中央執行委員及五名候補中央執行委員，其中李大釗是候補中央執行委員。

華民國政府，拒絕南方政府派代表與會。當時積極表現對華親善的蘇聯，自然給孫中山相當深刻的印象。同年年底，第三國際代表馬林 (G. Maring) 會見孫中山，孫氏雖對共產主義有所保留，不過卻為後來的合作奠定良好的基礎。在孫中山的善意支持下，與共產黨關係密切的全國勞動大會及其他相類會議，才得以在廣州舉行。

　　此後，蘇聯一方面要求中共改變策略，積極為與中國國民黨的合作預做準備，一方面也積極與孫中山接觸。而孫中山衡量蘇聯的態度與國際現勢，也頗有善意的回應。前述民國十二年（1923 年）元旦發表的改組宣言中，誠如郭廷以所指出的，雖與共產黨的主張仍有距離，卻已具有反帝國主義和社會革命的意義。此後中共黨員也積極參加中國國民黨各級黨部的工作❸。同年一月二十六日，孫中山與蘇聯代表越飛 (A. Joffe) 發表聯合宣言，即是中國國民黨公開其聯俄主張的行動。

一全大會的歷史意義

　　在中國國民黨第一次全國代表大會開會之前，大部分的中共黨員根據黨的決議，及孫中山與越飛等人的協商結果，民國十一年（1922 年）起即紛紛以個人身分加入中國國民黨。陳獨秀更被孫中山邀請，參加中國國民黨的黨務改革工作。一全大會對此不僅加以追認，中共的黨員單單在中央執行委員中，即佔了四分之一。

　　而由廖仲愷、胡漢民、汪精衛、瞿秋白（中共黨員）及鮑羅廷等人起草的一全大會宣言中，以反抗帝國主義為中心，主張國民革命必須有農民、工人參加，才能取得最後勝利。在政綱方面，則對外力爭廢除不平等條約，對內則要求人民的自由平等權，力圖改善農民工人生活。同時，並借重蘇聯的經驗，進行黨組織的改組。此時，中國國民黨左傾之色彩十分明顯，而黨的體制也呈現由孫中山意志主導的特色。

---

❸　參見郭廷以，《近代中國史綱》，頁 536。

黃埔軍校成立緣起

早在孫中山與越飛會面之初，就曾經要求蘇聯派遣軍事人員協助，其後，廖仲愷更進而與越飛討論創辦軍校事宜。而就在一全大會前後，民國十三年（1924年）一月，蘇聯的顧問團便已成立，由高和羅夫（Govoroff 即 P. A. Pavlov）擔任主任。孫中山此時有自任軍校校長之意，而任命蔣中正（介石）為陸軍軍官學校籌備委員會委員長。當時，並未成為一全大會代表的蔣中正本來拒絕此一任命，而在戴季陶遊說後才接任。

同年五月，孫中山才正式派蔣中正為位於黃埔的陸軍軍官學校校長，而由廖仲愷擔任黨代表。黃埔軍校第一期修業六個月，以政治訓練為主，政治教官除了胡漢民、汪精衛之外，中共黨員周恩來、陳毅、聶榮臻也曾擔任此職。同年七月後，在蘇聯顧問協助下，黃埔軍校教導團成立，黃埔軍校正式成軍。

孫中山逝世與權力的轉移

民國十三年（1924年）底，第二次直奉戰爭的結果，以曹錕、吳佩孚為核心的直系主力，因為馮玉祥的倒戈，遭到嚴重的挫敗。孫中山則應段祺瑞、馮玉祥等人之邀，北上商討善後事宜，旋病逝北京。

其後，中國國民黨內部以胡漢民、汪精衛、廖仲愷等人為核心，組成了過渡時期的領導班底。而他們之間的互動關係，也影響了以後中國國民黨內部權力的轉移，最後以黃埔軍校作為基礎的蔣中正，先取得軍事的領導權，而後成為中國國民黨最具實力的領導人。

第一次東征

早在孫中山北上以後，東江的陳炯明部乘機意圖重回廣州。當時黃埔軍校第一、二期學生加上教導團成員已有數千人，即是所謂的黃埔軍校校軍。因此，實際上以許崇智所部的粵軍與校軍作為主力，由蔣中正校長擔任前敵總指揮，擊敗陳炯明手下洪兆麟等部。至於劉震寰的桂軍

及楊希閔的滇軍則不僅未依計畫投入戰局，反而與陳炯明方面有所勾結。

國民政府的成立及國民革命軍之組成

孫中山逝世以後，楊、劉兩人不服命令的現象更為明顯，因此，代理大元帥的胡漢民遂下令討伐，以武力加以解決。民國十四年（1925 年）七月一日，國民政府正式在廣州成立，所轄的軍隊則改編為國民革命軍，分為六個軍，黃埔校軍是第一軍的主體。原建國湘軍改為第二軍，由譚延闓擔任軍長；朱培德統率的建國滇軍，則改為國民革命軍第三軍；許崇智所屬的建國粵軍則改為第四軍，由其擔任軍長；福軍則為第五軍，由李福林擔任軍長；李濟琛則擔任國民革命軍第六軍軍長。九月，蔣中正軍長擔任東征軍總指揮，展開第二次東征，十月解決東江陳炯明所部的粵軍。

其後，廣東各地未納編的武力，亦陸續被國民革命軍消滅。而廣西的李宗仁、黃紹竑、白崇禧亦肅清廣西的敵對武力，其部隊則整編為國民革命軍第七軍。

革命陣營的分裂

國民政府剛成立，從八月廖仲愷被暗殺，隨即引發一連串的政爭。首先，由於廖仲愷被刺，胡漢民的堂弟胡毅生在廖案涉有重嫌，胡氏因而被拘禁在黃埔，粵軍將領被拘捕者亦有數十人。而因為此一事件，由汪精衛、許崇智、蔣中正組成特別委員會，蔣中正開始進入決策圈。

九月十七日，軍事委員會通過蔣中正的提議，將粵軍縮編，由蔣氏全權負責。粵軍領導人許崇智隨即被迫離粵，而胡漢民亦被派往蘇聯。而李濟琛則擔任第四軍軍長乙職。此後，蔣中正成為國民政府軍事部門的領導者。

十一月下旬離開廣東的中國國民黨反共領袖，包括張繼、林森、居正、鄒魯等人在北京西山孫中山靈前召開第一屆中央執行委員會第四次全體會議，決定取消共黨加入國民黨者的黨籍，解除鮑羅廷顧問之職，

懲戒汪精衛。雖然西山會議之舉，無異於不承認廣州的黨中央，別立法統。廣州方面則不予承認，斥為非法，但他們仍另自行設中央黨部於上海。這一批決議分共的國民黨人，通稱為「西山會議派」，中國國民黨正式分裂。

民國十五年（1926年）三月十九日，蔣中正懷疑中山艦有異常行動，似有挾持其至蘇聯的企圖。因此，次日斷然下令戒嚴，逮捕代理海軍局長兼中山艦艦長李之龍及國民革命軍各軍的黨代表，是為中山艦事件。其後，事件的發展出現逆轉，原本被捕的李之龍等人被釋放，反而反共的吳鐵城失去原有的職權。

時任國民政府主席的汪精衛，對於蔣中正主導處理的中山艦事件並不滿意，又無法解決，因此隨即稱病請假，暫時退出權力核心。至此，蔣中正成為廣東最重要的實際領導者。

第二節　北伐與統一

北伐前的局勢與北伐的展開

在北伐之前，北洋軍閥中以奉系張作霖、新直系孫傳芳及直系吳佩孚三人最具實力。張氏據有東北及河北、山東；孫傳芳則控有江蘇、浙江等東南五省；至於東山再起的吳佩孚，則以兩湖、河南、陝西為勢力範圍，但所部最精銳的北洋第三師，則在第二次直奉戰爭中潰散，實力並不如前。而直到國民革命軍開始北伐，吳佩孚的主力仍在北方進攻第二次直奉戰爭倒戈的馮玉祥部隊，未積極針對國民革命軍的北伐行動進行部署。

而北伐的發動，則以原湘軍師長唐生智投向國民革命軍陣營之舉為導火線。民國十五年（1926年）六月二日，唐生智就任國民革命軍第八軍軍長兼前敵總指揮。李濟琛所部的第四軍及李宗仁的第七軍則分途北進協助唐部，北伐已實質展開。六月五日，中國國民黨中央執行委員會

任命蔣中正為國民革命軍總司令，七月九日，才正式誓師北伐。

北伐吳佩孚的戰役，以第四、七、八軍為主力，而直到國民革命軍攻進湖北，吳佩孚才緊急率主力南下。八月下旬，雙方於汀泗橋、賀勝橋發生激戰多日，國民革命軍才告獲勝，吳佩孚至此一蹶不振。而孫傳芳在國民革命軍「打倒吳佩孚，聯絡孫傳芳，不理張作霖」的口號下，則先抱持坐收漁人之利的觀望態度。

國民革命軍擊敗吳佩孚後，正式進兵江西與孫傳芳開戰。戰況慘烈不下於兩湖，單單南昌一地即發生三次激烈的攻防戰，孫傳芳所部才受到重創，國民革命軍才控制江西。其後孫傳芳所部在福建、浙江作戰亦告失利，並頗有投向國民革命軍陣營者，孫氏雖向張作霖求援，國民革命軍仍然順利底定東南。

寧漢分裂

國民革命軍北伐以後，共黨乘機在黨、政、軍擴張其影響力。武漢克復後，蔣總司令主張國民政府及中央黨部遷往，但是卻直到其率軍至江西作戰後，在鮑羅廷主導下，十二月才在武漢成立了國民政府，並在中央黨部成立了「聯席會議」，掌握大權。面對此發展，蔣中正希望國民政府及中央黨部暫留南昌。而後經過國民政府主席譚延闓調停，國民政府及中央黨部正式遷往武漢，民國十六年（1927 年）三月，並在漢口召開二屆三中全會。但是，情勢反而更趨緊張，尤其是上海收復前後，武漢方面的指令與蔣總司令的主張更是難以配合。

四月十二日，蔣總司令毅然以武力解除上海工人糾察隊的武裝，清黨工作正式展開。十八日，胡漢民出任南京國民政府主席，雙方對立加劇。武漢方面下令東征，但是中共奪取革命主導權的意圖亦逐漸明顯，因此而有武漢方面「分共」之舉。（詳見第七章第二節）

最後，成立中央特別委員會來解決當時中國國民黨的分裂之局，蔣中正、汪精衛、胡漢民皆暫時退出政治核心。民國十七年（1928 年）一月，原為解決分裂之局下野的蔣中正復任國民革命軍總司令，二月，中

國國民黨召開二屆四中全會，完成形式上的復合。

北伐的完成

　　同時國民革命軍正式改編為四個集團軍，分別由蔣中正、馮玉祥、閻錫山、李宗仁出任集團軍總司令，而在蔣總司令領導下進行北伐。民國十七年（1928 年）五月初，奉軍所轄的直魯軍因戰敗，有被國民革命軍圍殲之危，遂全線退出山東。而日本不願中國統一，遂以護僑為名，四月中即出兵山東，更在國民革命軍佔領濟南之後，於五月三日射擊中國軍民，慘殺交涉員蔡公時，造成濟南事件（習稱五三慘案）。

　　國民革命軍以北伐為念，為免日方阻撓，遂繞道進兵。張作霖則在

蔣總司令與北伐軍各集團軍總司令在北平
西山碧雲寺祭告孫中山靈

保定失守以後，以避免「同室操戈，喋血京畿」為由，不願再以主力與國民革命軍對決，而不顧日本方面的勸阻，毅然從北京出關。

五月三十日，奉軍展開總退卻，六月八日，國民革命軍和平進入北京，十一日進入天津。國民政府下令直隸省改為河北省，北京則易名北平，北京的中華民國政府消滅，南京國民政府成為中國唯一的政府。

而日本軍方則在皇姑屯炸死乘火車離開北京的張作霖，企圖製造東北混亂。張作霖之子張學良先解決奉系內部的親日力量，安定內部，而後再經與國民政府接洽，於十二月底宣布東北及熱河服從國民政府，卸下民國成立以來的國旗──五色旗，改懸國民政府制定的青天白日滿地紅旗。北伐至此告一段落，中國分裂之局在形式上已然終結。

裁軍與內部分裂

本來北伐之初，全中國的兵力約一百四十萬人，北伐完成時則因為招降納叛及部隊擴編的關係，增加近一百萬，達到兩百三十萬人。當時，國家的財源幾乎完全必須應付軍費的需求，沒有財力可以投入建設。因此，當國民革命軍攻克北京以後，蔣總司令倡議裁軍，實乃勢在必行之事。但是，召開編遣會議固然是共識，會議的結果卻出乎原本的期望之外。

除蔣中正領導的第一集團軍之外，當時針對裁軍也有人提出以北伐戰功作為標準，留下有戰績的部隊，而裁撤沒有戰功的部隊，但不為蔣所接受。根據蔣中正主導的編遣會議決議，在裁軍之時卻另外成立屬於中央的二十萬憲兵部隊。本來第一集團軍約有五十萬人，第二集團軍約有四十萬人，第三、四集團軍則約有二十萬人。裁軍的結果馮玉祥的兵力減至與閻錫山所部相等，而中央政府直轄的憲兵加上第一集團軍總兵力則與其他三個集團軍總和相近。而在第二階段北伐馮玉祥戰功最大，卻僅得一個不完整的山東省，而軍隊又將裁去近半，李宗仁、李濟琛對此結果亦不滿意。

此起彼落的動亂

民國十八年（1929 年）二月，桂系李宗仁主掌的武漢政治分會撤換服從中央的湖南省主席魯滌平，並出兵攻擊親中央的軍隊。國民政府蔣中正主席遂於三月派軍發動攻勢，同時利用政治手段，使桂系先陷於孤立，再拉攏桂系內部失勢的俞作柏等人。最後在中央優勢的兵力下，順利解決第四集團軍的反叛。

同年三月，國民政府因為不願意馮玉祥控制整個山東，因此另行派兵接收濰縣以東，不允許山東省主席孫良誠接收膠濟鐵路及青島。馮玉祥不滿加劇，遂決定以武力相向。國民政府則先以政治手段，使馮系韓復榘、石友三宣布服從中央，繼而以武力壓制不服從的宋哲元、孫良誠部。

而在馮玉祥的第二集團軍反叛之時，在北伐汀泗橋之役著有戰功的張發奎，又先後與桂系俞作柏及李宗仁、白崇禧合作反對中央，中央軍雖暫時加以壓制，問題仍未解決。

除了這些反叛行動外，唐生智也曾與石友三相互呼應，通電反對中央，直到民國十九年（1930 年）初，在國民政府軍隊的攻擊下，兩人才又宣告歸順中央。

中原大戰

國民政府蔣中正主席雖然運用軍事及政治手段，壓制了此起彼落的軍事反叛行動，但是更大規模的軍事、政治對抗行動則從民國十九年（1930 年）二月開始展開。

這一次的行動，在軍事系統方面閻錫山系、馮玉祥系及李宗仁系，再結合親汪精衛的張發奎等部，一致對抗中央。而在黨務方面，則反共的西山會議派結合汪精衛領導的改組派，質疑南京的中國國民黨的正統性。

結果，四月一日閻錫山先在軍事上就任中華民國海陸軍總司令，蔣

主席則在五月一日誓師討伐。繼而黨務部分則於七月十三日在北平召開擴大會議，批評南京國民政府，要求將整個黨還給黨員，而統一的國家則必須還給國民。九月一日，北平的國民政府宣告成立，在黨、政、軍三方面與南京中央全面對抗。

此一大規模的軍事對抗中，雙方動員一百多萬人，傷亡則達二十五萬人左右，人民生命財產的損失更不計其數。此一國民黨北伐後內部分裂最大規模的武裝對抗，是民國建立以後最嚴重的一次。最後，南京中央策動張學良於九月中率東北軍進入山海關，原本戰事已趨不利的北平國民政府遂告結束。而東北軍入關更使東北的兵力出現空虛，成為日後東北淪陷於日本關東軍的原因之一。

制定約法與湯山事件

擴大會議在軍事上雖然失敗，但是其政治訴求包括召開國民會議，制定約法，則頗受輿論歡迎，也符合孫中山的遺教。

因此，民國十九年（1930 年）十月三日蔣中正主席遂在開封通電主張召開國民會議，制定約法。由於這是汪精衛及擴大會議的訴求，蔣主席的主張又在未先得到南京中央支持的狀況下提出，爭端又起。由於南京中央不通過蔣中正提出召開國民會議並制定約法的政策，引發蔣的不滿。最後，在蔣中正的主導下，反對此政策最力的胡漢民於民國二十年（1931 年）二月失去職務及自由，被幽禁在南京的湯山。

胡漢民在近似政變的狀況下遭到拘禁，又造成廣東及廣西聯合反對中央，另組中央黨部和政府。適逢九一八事件發生，蔣中正下野，孫科率十九路軍北上，擔任行政院長，危機才暫告解決。

「訓政體制」的成立

北伐告一段落後，以軍事行動完成中國統一的國民黨，在理論上依據總理遺教作為建設國家政治體制的依據。孫中山的基本觀點是，中國國民缺乏知識與政治能力，因此必須創造一個「過渡時期為之補救」，「行

約法之治以訓導人民」，強調國民必須在具備一定的條件後，才能採行西方的民主體制。國民黨即依之為據，創制立法，建立起「訓政體制」。

此一觀點早在民國十四年（1925年）制定時，即落實於政府體制設計中。根據《國民政府組織法》，「國民政府受中國國民黨的監督指導，掌理全國政務」。民國十七年（1928年）十月三日，國民黨中央通過〈訓政綱領〉，規定「中華民國於訓政期間，由中國國民黨全國代表大會代表國民大會領導國民，行使政權」，「中國國民黨全國代表大會閉會時，以政權託付中國國民黨中央執行委員會執行之」，「指導監督國民政府重大國務之施行，由中國國民黨中央執行委員會政治會議行之」；民國十八年（1929年）三月二十一日，國民黨第三次全國代表大會通過〈確定訓政時期黨政府人民行使政權治權之分際及方略案〉，劃分黨、政府與人民的權限及實現方略，規定「中華民國人民，須服從擁護中國國民黨，誓行三民主義，接受四權使用之訓練，努力地方自治之完成，始得享受中華民國國民之權利」，還規定國民黨最高權力機關，「於必要時，得就人民之集會、結社、言論、出版等自由權，在法律範圍內加以限制」。民國十八年六月，國民黨中央執行委員會三屆二中全會決議，訓政期限為六年，擬於民國二十四年（1935年）結束，然則這項決議於民國二十四年屆期時，並未實現。

雖然「訓政體制」的政治與法律架構已基本建立起來，但是無法得到廣泛的支持，國民黨第三次全國代表大會決議以總理遺教做為「訓政時期中華民國最高之根本法」，頗受各界非議。此一體制不僅與民主憲政的原則大相逕庭，也與孫中山明白主張的憲政時期法制有相當出入，包括國民黨的元老在內，也紛紛表達批評之意。前述汪精衛及擴大會議的政治訴求即為一例。

最後，在蔣中正主導下，南京國民政府即在民國二十年（1931年）五月召開「國民會議」，會中通過《中華民國訓政時期約法》，為「訓政體制」建立進一步的政治特色與法律基礎，但並未改變「以黨治國」的實質，而「人治」的色彩也相當濃厚，「依法行政」(rule by law) 往往都

無法落實，更遑論「法治」(rule of law)。至於制度為領導者量身而變動，連根本大法也無法避免。約法制定不到一年，時任國民政府主席的蔣中正因為「九一八事變」再度下野。而因應此一人事變動，國民黨當局則修改《國民政府組織法》，使國民政府主席成為虛位國家元首。由於《國民政府組織法》直接抵觸上位階的《中華民國訓政時期約法》，也代表作為訓政時期最高位階實定法的《中華民國訓政時期約法》，並沒有實質的拘束力。

對國民政府「訓政體制」的批評

不論國民政府「訓政體制」依據的理論為何，究其實質，乃是一個由單獨一黨壟斷政治權力的政治體制。亦且，「訓政體制」依據的理論是孫中山的學說，他的學說是否為放諸四海皆準的真理，頗有商榷餘地，胡適就說：「上帝我們尚且可以批評，何況國民黨與孫中山？」而國民政府亦藉由法律鞏固其權力，試圖建立其政治主張，壟斷未來政治發展的合法性，打壓政治異議分子，箝制言論自由，壓制不同政治主張。如民國十七年（1928 年）三月公布《暫行反革命治罪法》，規定「宣傳與三民主義不相容之主義及不利於國民革命之主張者，處二等至四等有期徒刑」，以箝制言論自由與政治自由。一般堅持民主立場的知識分子、與國民政府主張不同的政治人物，對這樣的政治體制及其作為，曾嚴詞批判。而在約法制定前，知識分子及其他黨派頗多要求必須制定根本大法（憲法、約法）、保障人權；約法制定後，則多要求保障人權，實施憲政。

知識分子方面，如胡適即曾抨擊國民黨內部某一提案：凡中國國民黨黨部以書面證明為「反革命」的人，司法機關必須以「反革命罪」處其罪刑，對於這個明顯以政黨力量干涉司法、與人權理念大相衝突的提案，胡適撰文批評，並想通過新聞媒介，向社會傳達他的抗議聲音。沒想到，他發出去的抗議稿件竟被扣留，不准發布。胡適也和倫敦政經學院政治學博士羅隆基等人在《新月》雜誌撰文，對「訓政體制」與「人權」問題，多所議論，結果《新月》因此被扣留在郵局，無法外寄。可

以想見，「訓政體制」下的知識分子雖然有不同的意見，但未必能掌握向社會大眾傳播意見的管道，言論自由受到一定程度的限制。

知識分子關心國是，提筆撰文，自身未必即欲涉足政壇。政治人物則不同，他們提出政見，致力於政治實踐，企盼能創造理想的政治體制。當時活躍的政治人物眾多，各有主張與立場。民國十二年（1923年）成立的中國青年黨，向來主張「國家主義」，除了不斷申言反對「荒謬的共產主義」，堅決反共外，也喊出「打倒一黨專政的中國國民黨」的口號，批評「訓政體制」。又如以鄧演達為首的「第三黨」（原稱為中華革命黨，民國十七年春成立，後改稱中國國民黨臨時行動委員會），主張實行「平民革命」，建立「平民政權」。此外，張君勱亦結合孫東蓀等人，於民國二十一年（1932年）在北平發起籌備「中國國家社會黨」，批評在國民黨一黨專政下，應該統一的軍政、中央行政「不能統一，不知所以統一」，對於思想言論與政治主張，「不應統一，不能統一，而硬欲統一」，此外，更進一步地主張「集中心力之國家民主政治」。而張君勱與李璜合作的《新路》雜誌，創刊於民國十七年北伐完成之前，是當時強力批判「一黨訓政」的代表性政論雜誌。

綜合而論，對「訓政體制」的批評，一方面顯示了人們對民主、法治、人權等理念的共同關懷，深化了中國民主思想的深度，一方面則能啟蒙群眾、爭取國民、參與政治，在當時的時空背景下實具有重要的意義。

第三節　從九一八到七七及抗戰的經過

九一八事變與其後日本的侵略行動

日本對於東北夙有領土野心，中、蘇中東鐵路之爭起，關東軍參謀阪垣征四郎大佐、石原莞爾中佐即力主佔領滿蒙，被日本政府制止。民國二十年（1931年）七月，藉口萬寶山韓僑與農民的衝突，以及日本間

謀中村被殺，軍方的態度更為積極。日本昭和天皇雖曾特別下詔整飭關東軍軍紀，阪垣、石原等佐（校）級參謀則決定發動事變。九月十八日關東軍自行炸壞柳條溝的鐵軌，並以此為由兵進瀋陽北大營，九一八事變發生。

中國方面以準備尚未完成，以及政策的考量，未考慮直接以武力對抗，而決定向國際聯盟請求國際介入。而日本內閣亦請天皇制止事變擴大。但是，關東軍卻聲稱如果天皇強行約束行動，將在滿洲獨立。至此，日本文人政府固已無法有效約束軍隊，甚至連高級將領亦難以完全掌握中下級軍官的行動。

中國東北各地的官員或義勇軍雖曾主動抵抗，九月底國際聯盟也曾要求日本退兵，日本則挾其軍事的優勢繼續擴張，並於次年初佔領整個東北，進而則扶植溥儀在東北建立「滿洲國」。

日本軍方在九一八事變以後的發展，並未遭到國內外的有力約制，中國方面又無有力抵抗，遂於民國二十一年（1932年）再發動上海一二八事變。而南京國民政府則與處理九一八事變的態度不同，十九路軍等部隊亦積極抵抗。日軍屢攻不下，又受到國際壓力，遂與中國簽訂《淞滬停戰協定》，退出上海。

次年，日本關東軍又出兵佔領熱河，進而發動長城戰役。宋哲元等部雖然奮力抵抗，日軍仍然兵進山海關，威脅平、津地區。國民政府為了爭取時間，遂忍辱與日本簽訂《塘沽協定》，而日本侵略的步伐則已跨入河北，並積極圖謀控制華北，直到盧溝橋事變發生，中日戰爭遂告爆發。

其他外患

北伐完成以後，蘇聯即積極圖謀介入東北及新疆。民國十八年（1929年），蘇聯即欲完全掌控中東鐵路，其駐東北外交人員並涉及介入中國內政。張學良因此強制接管中東鐵路，逮捕涉案的俄僑。

蘇聯則先於七月十七日宣布對中國斷交，展開邊境的侵擾行動，進

而分兩路進兵，東路佔領同江、富錦，西路則攻陷札蘭諾爾及滿洲里。其後因怕過度刺激日本，未有進一步的軍事行動。這也是國民政府北伐完成後，在日本武裝侵略之前，首次面對的外國武裝侵略。

而在新疆方面，蘇聯則從民國二十年（1931年）起，先後與金樹仁、盛世才締結協定，並協助新疆當局對抗以甘肅馬仲英為首的回族軍隊。最後到民國二十五年（1936年）初，蘇聯甚至與盛世才締結具有同盟性質的軍事協定，中國主權嚴重受損，而蘇聯則在新疆擁有實際的控制權。

兩廣事變及後續發展

民國二十五年（1936年）胡漢民去世，陳濟棠、李宗仁再度通電反對中央，並宣告出兵北上。而後，由於面對中央軍強勢的兵力，廣東的空軍又歸順中央，事件便告一段落。

但是，事實上直到抗戰發生之前，兩廣仍然處於半獨立狀態。從民國十七年（1928年）北伐成功以後，將近十年的時間，單單中國國民黨內部，即處於持續的分裂狀態，內部的整合及統一都面臨考驗。

中共的坐大與剿共

中共在北伐期間，面對中國國民黨的清黨與分共，又為謀擴大自我勢力，遂到處以武裝行動建立所謂的蘇區。中國國民黨內部的分裂及武裝對抗，加上外患不斷，使其得到進一步擴張的良機。

南京的國民政府面對中共勢力的擴大，則先後對江西蘇區發動五次圍剿。民國二十三年（1934年）初，國軍以碉堡政策，逐步向前進逼，進行封鎖。中共反封鎖的戰術則告失敗，最後選擇突圍，踏上其所謂長征之途。

在追剿的過程中，由於各地實力軍人多心存觀望，遂讓中共的紅軍得以流竄至陝北。最後，國民政府則命令張學良在陝西負責剿共的工作。在途中，中共於民國二十四年（1935年）召開遵義會議，周恩來因為戰略不當交出軍權，毛澤東由此逐漸建立其領導地位。

西安事變及其影響

　　中共竄抵陝北後，民國二十四年（1935 年）張學良及其所部的東北軍成為剿共的主力。但是，東北軍因為日本佔領東北，以及因為東北淪陷以後的待遇與中央軍有別，國仇家恨之餘，對抗日的宣傳，頗有所感。

　　而中共則自同年發表〈八一宣言〉，強調抗日救國，以爭取同情後，所謂抗日成為其宣傳的主調。次年四、五月間，中共更發布〈共赴國難宣言〉和〈一致抗日宣言〉。這對於東北軍軍心固然頗有影響，對本有左傾意向的楊虎城影響更不待言。其後，中共更加緊對東北軍展開宣傳活動，結果，連張學良本人亦告動搖。

　　張學良所率東北軍在「九一八事變」後，歸鄉無期，兼以與共軍戰，未能盡獲勝利，而且軍心渙散，意志動搖，認為與其為剿共而犧牲，反不如為抗日而捐軀。中共亦派代表多方說動張學良，終至事變發生。

　　蔣中正委員長對張學良本寄厚望，決定親至西安告諭先安內後攘外政策，張學良、楊虎城見蔣心意堅定，十二月十二日，乃行「兵諫」，劫持蔣委員長，並通電各方，提出包括改組南京政府，停止一切內戰，釋放一切政治犯等八項主張，史稱「西安事變」。事發後，引起中外震驚。連史達林得知以後，都向中共明白表達不支持的立場。

　　張學良在劫持蔣之後，電請中共派代表會商。周恩來代表中共赴西安，主張和平解決，並隨張見蔣，說明中共決無不利於蔣之意圖，願擁蔣為領袖，共同團結禦侮。而張學良態度亦趨緩和，至蔣夫人宋美齡抵西安，對張表示，願代蔣承擔一切，蔣亦答應改組政府，停止剿共。而在蔣宋美齡等人的奔走，及全國各界的指責下，張學良取得國民政府將變更原本先「安內」的剿共政策的承諾後，不僅決定釋放蔣中正，至二十五日，更不顧勸阻，離開所部東北軍的防區，親送蔣委員長回南京，表示一切由己身擔當之意。此後張氏先被軍事審判，繼而在蔣委員長指示下，長期失去自由，退出政治舞臺。而透過此一事件，蔣委員長的領袖地位則得到強化。此後，政府的政策便告改變，剿共行動中止，中共

的壓力亦暫告解除。全民對日抗戰的呼聲，日益高昂。

七七事變

　　民國二十六年（1937 年）七月七日，日軍藉口在盧溝橋附近演習時失蹤一名士兵，要求進入宛平縣城搜查，被拒。遂於次日凌晨發動攻擊，被守軍吉星文團擊退，是為盧溝橋事變。七月十七日，蔣委員長在盧山發表談話，宣示必要時抗戰到底的決心。

　　而宋哲元本來希望和平解決，但是日軍大量入關，且佔領平津附近的戰略要地，戰爭已難避免。七月底，中國軍隊退出平、津。

淞滬戰役

　　日軍佔領平、津以後，中國仍不屈服，因此，有意將戰場轉移至華東，希望利用地形及國防線能阻止日軍前進。而日本也希望在華東開闢第二戰場，藉此向國民政府施壓，因此八月十三日遂在上海展開戰鬥。結果日方固然一再增援，國民政府也投入德國訓練的精銳兵力，直到十一月九日才退出上海。由於作戰時間達三個月，日本「三月亡華」的口號，遂告破滅。

　　國軍的精銳部隊在上海固然損失慘重，但是抵抗三個月的例證，卻提振了抗戰的士氣，爭取物資轉運的時間，也使國際重新評估中國的戰力。

南京大屠殺

　　上海淪陷後，國民政府遷都重慶，宣示長期抗戰的決心，而政軍中心則在武漢。十二月，日軍攻下南京，軍隊軍紀廢弛，在南京城內肆行搶掠、屠殺、姦淫、破壞。雖然確切受害的軍民數目仍有爭議，但是，在南京對無抵抗能力的平民進行殘酷的大屠殺，則是歷史的事實。

　　而南京慘酷的大屠殺，並沒有使中國人就此屈服，抗戰仍然持續。甚至在一定的程度上，更激發中國人的仇恨感，使抗日的情緒產生加強

的效果。基本上，南京大屠殺對於日本
的侵華戰爭而言，除了留下歷史的污點
之外，並無重要的效果。這與日方認為
佔領平、津或佔領南京，國民政府便會
放棄抵抗而妥協的想法，相距十分遙遠。

日軍在南京大屠殺

抗戰的經過與最後的勝利

就八年抗戰的歷史來看，從七七事
變一直到民國二十七年（1938 年）十月
武漢失守，大體上是日本軍事的得勢時
期。而從武漢失守到民國三十年（1941
年）十二月太平洋戰爭爆發為止，由於
戰線拉長，加上在淪陷區內，日軍往往
只能控制點與線，使得日軍的軍事優勢面對考驗，呈現對峙之局。太平
洋戰爭爆發後，原本中國對日抗戰，一變而為世界大戰的一環，戰爭的
性質丕變，而外來的援助，也成為戰爭未來發展的重要因素。

縱使在日本軍事的得勢時期，國軍也不無佳作表現，民國二十七年
三月底爆發的臺兒莊之役，即是對日抗戰以來，日本軍隊第一次遭到重
大的挫折。而在對峙階段，日軍進展有限，且又必須面對淪陷區的游擊
隊，優勢已然喪失。至於最後階段，國際情勢雖已好轉，但是日軍最後
的進攻，卻造成前所未有的威脅。民國三十三年（1944 年），日軍由湖
南進入廣西，進而佔領貴州獨山。中國抗戰基地四川，亦告震動。幸好
日軍已成強弩之末，國軍乘機反攻。最後，日本在原子彈的威力下，宣
布無條件投降，八年抗戰終以勝利結束。

抗戰時期的非常體制

國民政府在抗戰期間，除了既有的訓政體制法規之外，更以因應非
常時期及戰時經濟統制為由，制定《非常時期農礦工商管理條例》、《國

家總動員法》、《非常時期人民團體組織法》、《懲治盜匪條例》等等法令，其影響更延續至民國七十、八十年代（1980、1990 年代）的臺灣。

就國家總動員體制而言，《國家總動員法》乃是一套含括範圍廣泛的經貿管制法規體系，源頭可以追溯到民國二十七年（1938 年）十月二十六日國民政府制定公布《非常時期農礦工商管理條例》❹，籠統地授權行政部門管制戰時物資，因應變局。民國三十一年（1942 年）五月五日，國民政府公布範圍更廣的《國家總動員法》，除納入原先在《非常時期農礦工商管理條例》已有的戰爭後勤支援經濟管制之外，並增加金融管制及更明確的進出口管理；此外，又增加與政治控制有關聯的管制項目，如對新聞、言論、出版、通訊、集會、結社等自由權利的限制，使得《國家總動員法》成為「具實質意義的戰時憲法」。

習　題

一、國民革命軍組成之初，各軍的組成為何？試說明之。
二、北伐以後，中國內憂不斷，其中兩廣脫離中央的主要原因為何？
三、西安事變前，東北軍為何會容易被中共宣傳所打動，試說明之。

---

❹　依當時《法規制定標準法》的規範，當時的「條例」與行憲以後不同，並非法律，而是行政命令。

第七章　行憲與大陸失守

第一節　憲法之制定與實施

政治協商原則的確立

在全民抗日期間，事實上國共雙方的爭議並沒有完全中止，而國共兩黨之外的所謂民主黨派成員也逐漸結合成民主同盟，主張以政治協商解決中國內部的爭端。多年戰爭既已結束，民間要求和平的意見又高漲，面對國內外情勢的發展，國共雙方歷經周折，終於展開正式會談。並在會談以後，由雙方代表發表簽署的〈雙十會談紀要〉。

其中關於中國如何達成政治民主化的問題方面，雙方「一致認為應迅速結束訓政，實施憲政，並應先採必要步驟，由國民政府召開政治協商會議，邀集各黨派代表及社會賢達協商國是，討論和平建國方案，及召開國民大會各項問題。」如此，雙方正式「合意」，由國民政府召開政治協商會議。

政治協商會議的召開與決議

雖然決定召開政治協商會議，不過，由於民主同盟所分到的名額不足，使盟內各黨派分配困難，以致原定會期無法召開。而後，美國杜魯門總統 (H. Truman) 的特使馬歇爾 (G. Marshall) 抵達重慶，即建議國民政府，速行召開政治協商會議。而中共將兩個名額讓予民盟，才解決了名額分配的困難。加上馬歇爾的調停，軍事問題也暫告解決。因而最後在馬氏主催下，政治協商會議才得以改期在民國三十五年（1946 年）一月

十日召開。

依據〈國民政府召開政治協商會議辦法〉，政治協商會議由中國國民黨、共產黨、民主同盟、青年黨及無黨無派的社會賢達三十八位代表組成，分為改組政府組、施政綱領組、軍事組、國民大會組、憲法草案組五組進行討論，直到一月三十一日舉行第十次會議達成五項決議後閉幕。

政治協商會議的重要成果

如果根據政治協商會議的會議規則來看，前述五項決議的達成並不容易。因為如果與會代表對議案內容有異議時，必須採取絕對多數決，在此情形下只要任何一個主要黨派抱持杯葛的態度，決議就不可能通過。因此，當時政治協商會議的五項決議，事實上必須得到各黨各派及社會賢達代表幾乎完全一致的支持才達成的。其主要內容如下：

一、政府改組的原則：(1)國民政府委員四十人，中國國民黨委員二十人，另外二十人則由中國國民黨黨外人士出任；(2)國民政府若涉及變更施政綱領的議案，必須得到出席委員三分之二同意，才能通過。

二、和平施政綱領：(1)遵奉三民主義為建國最高原則；(2)確認政治民主化、軍隊國家化與各黨派合法化及地位平等，為達成和平建國目標的方法。

三、軍事問題：(1)軍隊國家化；(2)軍黨分立、軍民分治，並不得以軍隊為政爭工具。

四、制憲國民大會代表來源：(1)民國二十六年（1937年）以前產生的一千二百名國民大會代表仍屬有效；(2)新增臺灣、東北及職業團體代表一百五十名；(3)各政黨新推派的代表，其中中國國民黨二百二十名，中國共產黨一百九十名，中國青年黨一百名，民主同盟代表一百二十名，社會賢達七十名。

五、通過憲草十二項修改原則，組織憲草審議委員會，研擬憲法草案。

政治協商的失敗

從內容來看，政治協商會議的決議，對於如何從中國國民黨主導的訓政體制，過渡到民主憲政體制有一整體的安排。但是，由於執政黨與中國共產黨之間缺乏互信，導致政治協商功敗垂成。

其中形式上的導火線，主要在於國民政府改組及憲法草案內容的爭執。在政府改組方面，在各方達成共識的情況下，國民黨在改組後的國民政府中擁有一半國民政府委員的席次。換言之，只要不變更政治協商會議通過的「和平施政綱領」，國民黨可以繼續主導國民政府的施政方向。但是，中國共產黨及民主同盟為了擁有對變更和平施政綱領的實質否決權，要求加上其所推薦的社會賢達在內，必須有十四席國民政府委員的席次。而中國國民黨為了保有變更施政綱領的決定權，則堅持不肯讓步。因此，國民政府改組的工作便遲遲難以展開。

由於根據政治協商會議的決議，必須先進行政府改組，再召開制憲國民大會。因此，當國民政府於民國三十五年（1946 年）七月宣布為了早日完成制憲工作，預訂於十一月十二日召開國民大會時，中國共產黨及民主同盟便引用政治協商的決議，批評此一行動是中國國民黨單方面的決定。

憲法體制設計的一波三折

除了前述形式的理由之外，中國共產黨也引用政治協商會議通過的憲草十二項修改原則，批評整個憲政體制的設計。表面上中國共產黨的理由似乎很充足，但是，其中許多對政協十二項修改原則的修正，事實上卻是中國共產黨的代表周恩來所支持的。因而中國共產黨態度的轉變，在這一方面甚至也沒有得到民主同盟的支持。

至於會發生修正政治協商會議決議的問題，導致憲法體制的設計產生爭議，則主要是因為中國國民黨的六屆二中全會中，出現許多對政治協商代表張群、王世杰及孫科等的批評，而且決議修改政協原本設計的

憲政體制所致。

原本的十二項原則中，最引起中國國民黨黨內人士反彈的，主要有三點：一是十二項原則中，希望未來能由全體公（選）民共同組成國民大會，而在未實施總統普選以前，則由縣級、省級及中央議會合組總統選舉機關的「無形國大」。二是十二項原則中規定立法院可以對行政院全體提不信任案，行政院長也可以提請總統解散立法院，所謂「責任內閣制」的味道太濃，總統的權限太小。三是省可以制定省憲法（此點後來未有爭議）。

不過，對於這種「責任內閣制」味道很濃的設計，原憲法草案主草人、在野黨派的領袖張君勱則早已提出與一般看法迥異的觀點。張君勱認為基於國情不同，也為了使總統有「用人權」，與一般「責任內閣制」不同的是，行政院長及各部會首長毋需由國會議員（立法委員）出任。他並且公開表示這個體制實際運作的結果，將是「總統有權，內閣有責」制。

但是，作為執政黨的中國國民黨，既然堅持恢復有形的國民大會，並修改立法院的倒閣權和行政院的提請解散立法院權，則在野人士也有折衝、讓步的準備。結果各方代表從民國三十五年（1946年）四月開始，便以前述中國國民黨的堅持和政治協商會議通過的其他條款為基礎，進行政協憲法草案逐條的研擬，而且在四月底初步完成憲法草案條文的討論。其中最富爭議的行政院對立法院負責的問題，則採用王世杰的建議，仿行美國總統制的設計。對於立法院要求變更重大政策的決議，以及通過的法律案、預算案、條約案，行政院可以提請總統核可，移請立法院覆議。若是出席委員三分之二維持原決議，則行政院院長必須接受該決議或辭職。結果，卻因為中國共產黨代表李維漢堅持推翻周恩來過去的承諾，使得協商完全破裂。不過，主要根據政協十二項修改原則擬訂的「政協憲草」，後來仍然成為以後中華民國憲法體制的主要依據。

制憲與「政協憲草」的復活

本來協商既已破裂，「政協憲草」的實現可能受到嚴重的挫折。等到國民政府決定召開制憲國民大會以後，「政協憲草」的命運才在峰迴路轉後有了新的轉變。因為制憲國民大會維持由民國二十六年（1937 年）以前選出的代表為主體，雖然透過政治協商以政黨分配的方式增加若干名額，但整體代表性仍有爭議。因此，透過政黨協商，通過各方有共識的草案，是建構憲法正當性的重要因素❶。然而，中國共產黨和民主同盟以違反政治協商會議通過的制憲程序為由，強硬抵制制憲國民大會的態度，使得除了中國國民黨以外，如何使其他各黨派的代表共同來參加制憲，成為關鍵的問題。當時身兼中國國民黨總裁及國民政府主席的蔣中正，並不願意見到一黨制憲的局面，便透過各種管道希望各黨派能夠參加制憲大業以強化制憲國民大會的正當性。當時在中國國民黨黨內，主要負責聯絡的人則是雷震。

由於強烈反共的立場，中國青年黨首先表示願意參加制憲國民大會。不過，中國青年黨的參加是有條件的，除非有其他黨派參加，否則他們仍將抱持保留的態度。因此，如何勸說「政協憲草」主草人張君勱領導的中國民主社會黨也參加制憲國民大會，便成為避免出現一黨制憲之局的關鍵。為此，蔣中正總裁與張君勱互換函件，保證「政協憲草」體制將在制憲國民大會通過，而取得中國民主社會黨的支持，共同制憲。

制憲國民大會開會期間，雖然蔣中正主席也曾致詞公開表示支持送到制憲國民大會的「政協憲草」，不贊成民國二十五年由中國國民黨一黨主導的「五五憲草」。不過，由於中國國民黨黨籍的國大代表佔了絕大多數，也傾向國民大會擁有實權，且合乎孫中山遺教的「五五憲草」，會議討論、表決的結果，「政協憲草」體制幾乎完全被推翻。此舉引起中國民

❶　由於主要代表皆在民國二十六年由中國國民黨主導選出，至此時代表性已受質疑。惟以政治協商會議決議之「政協憲草」作為制憲國民大會制憲的藍圖，則宣示了未來的憲法為各黨派的共識。

主社會黨強烈的不滿，抨擊中國國民黨未守承諾，揚言將退出制憲國民大會。最後，由於蔣中正總裁重申信守維持「政協憲草」體制的承諾，孫科又當眾批評引用「國父遺教」主張「五五憲草」體制的不當後，從民國三十五年（1946年）十二月十四日到二十日，制憲國民大會以覆議的方式，才大致恢復「政協憲草」的格局。十二月二十五日大會正式通過了現行的《中華民國憲法》，並決定於民國三十六年（1947年）一月一日公布，十二月二十五日正式實施。不過，杯葛制憲的中共及民主同盟，則仍然抱持反對與抨擊的立場。

行憲前的法規檢討

民國三十五年（1946年）一月，在政治協商會議討論已有具體成果之際，國民政府主席蔣中正交由孫科擔任主席的最高國防委員會，討論「現行法令中對於人民身體、信仰、言論出版、集會結社之自由等有關法令之廢止及修正事項」。並分為身體自由、言論出版及集會結社三個範疇，分別列出應該廢止及修訂的法規。會議決議應該廢止的包括〈國家總動員法〉、〈危害民國緊急治罪法〉等；決議必須修改的包括〈非常時期人民團體組織法〉、〈出版法〉及〈出版法施行細則〉等。其中必須廢止及修正的法令各有數十種，但是卻未能落實。

其後，為了在法制上完成從訓政體制到憲政體制的過渡，民國三十五年十二月二十四日制憲國民大會更制定了〈憲法實施之準備程序〉，規定「自憲法公布之日起現行法令之與憲法相牴觸者，國民政府應迅速分別予以修改或廢止，並應於依照本憲法所產生之國民大會集會以前，完成此項工作。」但是，直到民國三十七年（1948年）第一屆立法院開議後，包括〈國家總動員法〉、〈非常時期人民團體組織法〉、〈出版法〉在當時全部沒有廢止或是修正，而〈危害民國緊急治罪法〉雖在民國三十五年即行廢止，有關該法的判例卻在行憲後被繼續引用。

動員戡亂與憲法的實施

民國三十六年（1947 年）四月，國民政府及行政院均進行改組，並增加立法委員、監察委員及國民參政員的名額，以便在正式行憲之前，使中國青年黨、中國民主社會黨及無黨無派有更多政治參與的空間。但是中國大陸的政治情勢卻出現重大的變化。同年七月，國共衝突加劇，國民政府下令總動員以戡平共黨的叛亂。此後國民政府以《總動員法》為依據，對經濟物資、交通工具進行管制，限制反動集會宣傳，禁止罷工。不過，此時基本上仍不是憲政體制下，而是訓政體制下的動員戡亂。必須等到行憲後國民大會召開，才在憲政體制下，建構動員戡亂的憲法基礎。

而在同年十一月開始舉行第一屆國民大會代表選舉，翌年一月則開始選舉監察委員（間接選舉產生）及立法委員。本來三黨針對中央民意代表各黨的名額，乃至在某選區由何黨代表參選都有協議，結果實際選舉結果與協議名單大有出入，引起了許多的紛擾。最後，透過協調、退讓，才平息了部分的爭議。而在許多中國共產黨控制的區域，則由於根本無法辦理選舉，雖然根據《國民大會代表、立法委員補充條例》可以在鄰近區域或指定處所辦理選舉，實際選出的名額仍然較法定總額少。

在國民大會代表選舉產生後，第一屆國民大會於民國三十七年（1948年）三月二十九日召開，四月十八日通過《動員戡亂臨時條款》，四月三十日更決議通過〈全國動員戡亂案〉。換句話說，當行憲之後的第一任總統尚未選出，中華民國政府還沒有根據憲法組成之前，國民大會已完成憲政體制進入《臨時條款》時代的準備工作（五月十日公布施行）。《臨時條款》根據憲法修正的程序制定，由於標舉了動員戡亂時期，也使「動員戡亂」在某種意義上取得憲政體制形式上的依據。而《臨時條款》制定之初對於憲政體制的修正，乃是在緊急命令法未立法的狀況下，憲法的緊急命令無法行使，而以《臨時條款》提供緊急處分的依據。基本上《臨時條款》除了在緊急處分的要件及緊急處分的程序比原來的憲政體

制寬鬆外，也簡化了戒嚴的程序，但是仍然必須以行政院的院會通過作為要件。因此，在《臨時條款》制定之初，總統在原本憲政體制的運作規則之外並未擁有其他擴權的途徑。不過，從民國四十九年（1960年）開始修改《臨時條款》使總統連任不受憲法限制後，總統在體制內開始擴權，並透過其後的修改，大幅更張體制，尤其是透過國家安全會議（有太上行政院之稱），取得主導國家權利的「憲法」依據。

民國三十七年四月十九日蔣中正順利當選中華民國行憲後第一任總統。副總統由於有六人參選，競爭十分激烈，歷經四次投票，四月二十九日李宗仁才擊敗孫科當選副總統。蔣中正總統就任以後，提名翁文灝擔任行政院長，獲得立法院同意，行憲後的行政機關也告成立。而在行憲以後，國民政府的時代正式宣告結束，由中華民國政府接掌政府的職權，中華民國的歷史進入一個新的階段。

中華民國行憲後第一任總統、副總統及文武官員合影

第二節　從容共清黨到和談協調

中共的成立

自從 1917 年俄國共產主義政權建立之後，不少中國知識分子對俄國的情勢一直保持著高度的興趣。而俄國共產政權的創建者列寧 (N. Lenin) 在其企劃發動全世界「無產階級革命」的綱領中，也相當注意中國問題。此後，即有蘇俄使節來華企圖在中國建立共產黨組織。在中國知識分子對俄國頗有興趣與好感，以及蘇俄使節的協助下，中國共產黨於民國十年（1921 年）七月二十日起在上海召開了第一次全國代表大會，這標誌著共產主義運動在中國揭開序幕。

但是中共早期的活動範圍甚為狹小，雖設立「勞動組合書記部」主持工人運動，然影響有限；而在理論宣傳及引介工作上亦呈顯對共產主義（馬克思主義）認識仍頗多誤失之處，但卻已確實引起知識青年的興趣，如馬克思、恩格斯合著之《共產黨宣言》由陳望道譯成中文出版後，一時之間竟有供不應求之勢。

孫中山與聯俄容共政策的形成

中共之成立與蘇俄有密切的關係，因之，在民國十一年（1922 年）七月中共第二次全國代表大會中即決議正式加入由蘇俄一手支配的共產國際，竟致此後中共之決策幾操諸蘇俄及共產國際之手，難能有自主意志。以中共與中國國民黨關係論，中共「二大」曾決議與中國國民黨組織聯合戰線，然共產國際代表馬林來華，要求中共中央改變與中國國民黨關係的定位，提議中共黨員個別加入中國國民黨，中共領導者陳獨秀等咸表反對，以為加入中國國民黨則喪失己身立場，但以馬林要求中共服從共產國際決議，遂通過加入中國國民黨議案，而後此議案並經中共在民國十二年（1923 年）的第三次全國代表大會追認。

中共第一次全國代表大會會址（上海）

　　而孫中山革命事業屢遭挫折，找尋革命盟友不遺餘力，尤以民國十一年時向為孫中山所倚重的陳炯明起兵逐孫，孫被迫離開廣州，考慮此後動向，認為需要廣聯各方勢力，是以當馬林來見，要求孫准許中共黨員以個人資格加入中國國民黨。乃於同年八月下旬首准陳獨秀、李大釗加入中國國民黨，九月孫中山設置中國國民黨改進委員會及改進方案起草委員會，陳獨秀即列名其中。至此，中國國民黨乃展開改組，而中共成員亦陸續加入中國國民黨，並負責組織工作，如李大釗任北京總幹事，周恩來任中國國民黨駐歐支部總務主任等。此外，蘇聯另遣越飛與孫中

山見面，共謀合作，終至民國十二年一月二十六日，孫、越發表聯合宣言，雖謂雙方共認蘇維埃制不適用於中國，然卻也表示蘇聯願贊助中國完成統一，故此一宣言無異於中國國民黨聯俄政策的公開。而後至蘇聯遣鮑羅廷來華，與孫見面，會談中首先同意孫的軍事物資援助要求，並云，蘇聯革命成功，得力於黨組織，中國國民黨亦應改組，注重宣傳，動員民眾，推行軍中政治工作，以謀國家統一及民族獨立。孫深贊其言，即於同年十月十九日命廖仲愷、汪精衛、張繼、戴傳賢及李大釗五人為中國國民黨改組委員❷，負責本部改組事宜，聘鮑羅廷為臨時中央執行委員會顧問，甚而請他起草中國國民黨黨章，由孫中山認可。

　　民國十三年（1924 年）一月二十日，中國國民黨第一次全國代表大會在廣州召開，會中通過允中共黨員正式加入中國國民黨，且中共成員並於中央執行委員中居四分之一，此外掌握組織、工人、農民各部實權，勢力於中國國民黨內漸次坐大。

國共衝突的起點

　　中國國民黨聯俄容共政策方始提出，即有黨員表示異議，而中共黨員對中國國民黨亦頗有暗中打擊、公開譏評之舉。為調處意見衝突，而有政治會議（中央政治委員會）及聯合部（國際聯合委員會）之設置，政治會議並以鮑羅廷為高等顧問。然共黨勢力坐大甚快，並滲入國民黨各部門。

　　如成立黃埔軍官學校，建立黨軍，成立之始，代理政治部主任包惠僧、軍法處長周恩來、教授部副主任葉劍英等皆為共黨；組織部長譚平山本即共產黨人，故派往各地發展組織者多為共黨，如無適合共黨分子，竟寧願不派。農民部亦受共黨控制，如設農民講習所，招生時則非共產黨員皆不錄取。凡此種種，皆引致中國國民黨員不滿，終至中國國民黨中央監察委員張繼、謝持、鄧澤如等正式提案彈劾共黨在中國國民黨內

---

❷　參見李雲漢，《從容共到清黨》，頁 175。

以黨團作用擅自擴張勢力等舉，然此案未有具體成果，也使持反共立場的中國國民黨員漸次離心。

當孫中山逝世後，黨政領導繼承問題產生，原先在中國國民黨內資望僅次於孫中山，又為現任代理大元帥的胡漢民，竟遭排擠。於民國十四年（1925年）七月一日組織的國民政府，採委員制，以汪精衛為主席，設軍事委員八人，汪亦任主席。此一結果全係鮑羅廷策劃所致。此後國共雙方衝突越烈，全力支持孫中山聯俄容共政策，並屢屢縱容中共的廖仲愷，竟被暗殺，掀起政潮，以刺廖案在發生後，胡漢民堂弟胡毅生被指為有重大嫌疑，胡漢民因為廖案，失去自由；而反共派則另組中央。而在中國國民黨分裂之際，蔣中正則漸崛起，也成為共黨攻擊目標，經前述中山艦事件後，汪精衛稱病不出，蔣全局在握，乃擬發動北伐。

共黨受中山艦事變後一連串政治打擊，不若以前囂張，甚而一度擬退出中國國民黨，而鮑羅廷等反對，並謂「現在是中共應當為國民黨當苦力的時代」，暫時退出中國國民黨上層，集中全力從事於基層農運、工運發展工作。

「清黨」的爆發

北伐戰爭展開後，半年之內擊潰了吳佩孚與孫傳芳兩大軍閥，國民政府的統治區域由兩廣擴大到湘、鄂、贛、閩四省，名義上及於川、黔，聲勢空前。軍事上雖大有所獲，然國民政府內部卻漸呈權力爭奪以致逼近分裂之局。首先是黨權的爭奪。當中國國民黨中央政治會議決議國民政府遷至武漢後，鮑羅廷即於民國十五年（1926年）十二月十三日糾合部分中央人員，宣布成立「中國國民黨中央執行委員暨國民政府委員臨時聯席會議」，行使最高職權。蔣中正擬將中央黨部及國民政府暫駐南昌，要求停止中央聯席會議，由中央執行委員會第三次全體會議解決。武漢方面拒絕，並提出「提高黨權」、「打倒新軍閥」等口號，公開反蔣。至民國十六年（1927年）三月，中央執行委員會第三次會議於漢口舉行，會中改組黨權力機構及成員，共黨及中國國民黨親共的左派佔據要津，

且一切聽命於鮑羅廷，黨權鬥爭結果，蔣居劣勢。

復次對於上海的控制權方面，爭奪尤為激烈。當北伐軍初克上海之時，局勢混亂，中共建立「上海市市民政府」，而武漢方面亦聲言不准蔣過問上海外交財政，局勢甚為緊急。在得到中國國民黨內元老吳敬恆、蔡元培、張人傑等人提出護黨救國案的支持，並且得到上海商人經濟支援的情況下，蔣中正決定發動清黨。於民國十六年四月十二日，上海駐軍強制收繳為中共控制的上海總工會糾察隊武器，清黨行動開展。十八日，南京國民政府成立，以胡漢民為主席，通緝鮑羅廷及中共首要一百九十餘人。二十六日，中央清黨委員會成立，旋公布《清黨條例》，共黨組織遭受重大打擊。

武漢方面，則下令以軍事行動反擊，然以共黨所為激烈過甚，引起內部紛爭。湖南農民運動以農民協會為機關，推動打倒「土豪劣紳」行動，而工人運動亦動輒罷工、遊行，整體而論，社會秩序蕩然。而中共於民國十六年四月在漢口召開第五次全國代表大會，議決將採全力向封建勢力鬥爭，變國民革命為土地革命等。此舉激起各方反共勢力的抬頭，如第十四師師長夏斗寅通電討共，移兵東攻武漢；第三十五軍團長許克祥在長沙封閉湖南總工會及農民協會。至六月二十八日，第三十五軍軍長何鍵亦要求當時主持武漢政權的汪精衛等「明令與共黨分離」，汪乃決定實行名義上的和平分共；中共於七月十三日退出國民政府，並於八月一日舉行南昌暴動，武漢政府亦下令討伐，和平分共竟致成為武力反共。從此國共兩黨全面破裂，兵戎相見。

共黨割據

南昌暴動失敗後，中共陸續在兩湖、廣東海陸豐地區及廣州發動暴動，先後均告失敗。此後中共在城市發動工人運動成為不可能，乃轉向鄉村發展，建立根據地。其中以毛澤東在民國十六年（1927 年）十月於江西寧岡縣井崗山為首，而後與朱德合流，共組「中國工農紅軍第四軍」，朱任軍長、毛任黨代表，民國十七年（1928 年）十二月瑞金建立「中央

根據地」，此外亦分別有「閩浙贛根據地」、「湘鄂贛根據地」、「左、右根據地」的建立。民國二十年（1931年）十一月七日起，更在瑞金召開了中華蘇維埃第一次全國代表大會，成立中華蘇維埃共和國，以毛澤東為中央執行委員會主席，別立政權。

中共割據勢力漸次擴大，國民政府乃自民國十九年（1930年）十二月起展開肅清共黨割據勢力的軍事圍剿行動，前後五次，至民國二十三年（1934年）十月取得決定性勝利，共軍西奔，展開「長征」，經過年餘，到民國二十四年（1935年）十月抵陝北保安，另建基地。而在「長征」中，在民國二十四年一月經貴州遵義時，召開遵義會議，毛澤東歷經多次在中共黨內浮沉，在此次會議中，終被舉為中共中央軍委主席，並被選為政治局常委，至此毛掌握了中共中央，躍居領導者地位。

抵陝北後的中共，仍受國民政府軍隊層層進逼，基地漸次縮小。然以日軍屢次入侵，國民政府未能一氣肅清，以致中共在改變策略，全力推展「抗日統一戰線」後，而能圖謀再起。

西安事變與抗日統一戰線的形成

中共不斷發出共赴國難，一致抗日宣言，影響了負責西北剿共的軍隊和將領，以致在民國二十五年（1936年）十二月十二日有西安事變的發生。（詳見第六章第三節）

此後，國民政府即於民國二十六年（1937年）一月五日首先裁撤西北剿匪總司令部；二月，中共致電中國國民黨，賀西安事變和平解決，及國內將行統一，希望將以下五事定為國策：

一、停止一切內戰，集中國力，一致對外。

二、言論、集會、結社自由，釋放一切政治犯。

三、召集各黨各派，各界代表會議，集中全國人才，共同努力救國。

四、迅速完成對日抗戰準備工作。

五、改善人民生活。

同時亦提出四項保證：

「長征」到達陝北的紅軍殘部

一、停止推翻國民政府之武裝暴動方針。

二、蘇維埃政府改名為中華民國特區政府，紅軍改名為國民革命軍，直接受南京政府及軍事委員會指導。

三、在特區內實施普選的民主制度。

四、停止沒收土地政策，執行抗日民族統一戰線共同綱領。

而國民黨的回應是，在同年二月召開的五屆三中全會上以「共產黨人輸誠受命」，通過〈根絕赤禍案〉：

一、徹底取消紅軍及其假借名目之武力，統一軍令、編制。

二、徹底取消蘇維埃政府及一切破壞統一之組織，統一政權。

三、根本停止赤化宣傳。

四、根本停止階級鬥爭。

毛等人以為，此案雖頗使中共難堪，但為求紅軍生存，只有忍耐承認，以待時機。

戰時國共關係

對日抗戰展開之後，國民政府以為大敵當前，中共力量有限，必將從此就範；中共則以為良機已至，可在戰爭期間，伺機而動，大肆發展。在抗戰初始之際，國民政府軍事委員會下令收編共軍為八路軍，以朱德為總指揮。而中共又大肆擴張勢力，民國二十六年（1937年）十一月七日，建立了晉察冀邊區政府，此後又建立晉豫魯邊區等根據地。至民國二十九年（1940年），中共實際上已經控制晉、冀、魯三省大部及察、豫、蘇三省部分地區，八路軍兵力更已發展到四十萬人以上。

中共勢力漸次擴大，與國民政府衝突在所難免，其中以「新四軍事件」最為劇烈。國民政府擬將駐紮在皖、蘇的新四軍北調，而新四軍不服調令，並不斷擴充，至民國三十年（1941年）一月，國民政府決意解散新四軍，軍長葉挺以下五千人被俘，副軍長項英被殺，番號撤消。中共自行任命陳毅為軍長，擴編新四軍，雙方衝突正式表面化。直到民國三十二年（1943年）三月兩黨才重開談判，但以中共要求合法地位，共軍編為四軍十二師，陝甘寧邊區改為行政區等要求；蔣中正委員長於六月告知中共，如中共放棄邊區政府與軍隊即予以合法地位，談判不成。然後因多方因素，如美國、蘇聯對此事引起之政治後果表示關懷等，由於新四軍事件導致的國共決裂局勢暫告緩和。

鑑於國共衝突將會影響中國抗日戰局，美國開始介入。故有赫爾利(P. J. Hurley) 於民國三十三年（1944年）之來華調停。赫爾利赴延安，與毛澤東見面，議決五項原則：國民政府改組為聯合政府，軍事委員會改組為聯合軍事委員會；聯合政府一本三民主義，創設一民治、民享、民有的政府，提倡進步與民主，保障人民的各種自由權；聯合政府及聯合軍事委員會承認一切抗日軍隊，軍隊應服從聯合政府及聯合軍事委員會命令；所有友邦支援應公平分配，聯合政府承認國民黨、中共及所有抗日政黨的合法地位。但此五點要求卻為蔣所拒，另提三項對案：整編共軍，列為正規國軍；承認中共為合法政黨，中共應全力擁護國民政府

抗戰及戰後建國，並將所有軍隊轉交軍事委員會統轄，中共將領得參加軍事委員會；保障人民自由。中共對此大表不滿，談判代表周恩來離重慶。而後談判時起時輟，始終沒有具體成果。

重慶談判到馬歇爾來華

日本投降，國共關係進入一個新階段，而民國三十四年（1945年）八月二十八日毛澤東抵重慶，展開重慶談判為一個新起點。毛以廣結善緣的姿態，甚而在公開場合高呼蔣委員長萬歲、三民主義萬歲，贏得普遍好感。

會談進行到十月十日簽訂「會談紀要」，主要內容為二：關於建國問題，雙方同意以和平民主團結為基礎，在蔣主席領導下，長期合作，堅決避免內戰，以為政治民主化、軍隊國家化及黨派平等合法為和平建國之途。關於政治民主化，一致認為應迅速結束訓政，召開政治協商會議，邀集各黨派代表及社會賢達參加，討論和平建國方案及召開國民大會問題。而關於軍隊國家化方面，解放區地方政府方面，以及受降方面，雙方各有主張與堅持，仍待商議。大體言，其結果並未曾解決關鍵具體問題，國民政府立場為軍事、政令的統一，其他則可寬容，中樞可讓，地方不讓，政治可讓，軍事不讓。中共方針則為中樞要爭，地方及軍事更要爭。毛離重慶返延安後即在黨內云：「已達成的協議，只是紙上的東西」，可見其態度於一斑。

是以，重慶談判後，國共軍事衝突猶不時而起。而俄軍長驅直入東北，掠奪工業物資，軍事裝備，總價達二十億美元，且以一切藉口阻止國軍進入東北。而當宣示撤退時，則不通知國軍接防，故意予共軍佔領之便。俟俄軍於民國三十五年（1946年）五月終於撤離時，中共在東北的勢力已告形成。

國共軍事衝突愈甚，和平建國之景愈無希望。美國此際更為積極介入，乃遣馬歇爾 (G. C. Marshall) 為特使來華調停，時在民國三十四年十二月。馬歇爾抵華後，與政府代表張群、中共代表周恩來組成三人小組，

調停國共衝突之三人小組：（左起）張群、
馬歇爾、周恩來

商討停止衝突、恢復交通辦法，翌年一月十日，議定停戰協議，由政府
與中共分別下達停戰令，一切戰鬥行動立即停止；除另行規定外，軍事
調動亦一律停止；破壞與阻礙交通線之行動必須停止，阻礙交通之障礙
物應即拆除；為實行停戰令，應即在北平設調處執行部，由國民政府代
表、中共代表及美國代表各一人組成，所有必要訓令及命令，應由三委
員一致同意，以中華民國國民政府主席名義經軍事調處執行部發布。以
上命令，規定在一月十三日晚十二時起生效，不分地區，一律實行。此
後，大體上，雙方確實暫停戰爭；而以馬歇爾為中心的軍事三人小組自
二月十四日起召開會議，議定〈關於軍隊整編及統編中共部隊為國軍之
基本方案〉，國軍與共軍保持五對一的比例。馬歇爾並組織「和平觀察團」
飛往北平等地了解實際狀況。經此，他對調解國共衝突，信心滿滿，於
三月十一日返美。

　　不意，共軍仍於三月下旬起挑起東北戰事，連下齊齊哈爾、哈爾濱
等地，國軍即行反攻。馬歇爾於四月十八日再度蒞華，企圖再行調解，
於六月六日再頒停戰令，然翌日起共軍便兵分四路發動攻勢，雙方軍事
衝突再起。

　　而當國民政府宣示召開國民大會後，中共以國民政府委員名額分配不符所望，遲不提交參加國大名單；而在十一月十二日國大召開前夕，國民政府蔣中正主席於八日頒布全國性的第三次停戰令，希望中共參加國大，但仍遭杯葛，至國大開幕，立即決議延會三天，以待中共及民主同盟代表參加，亦無結果，乃於十五日召開，至十二月二十五日通過憲法，大會閉幕。中共方面宣稱此一國大「非法」，並仍不斷擴展軍事行動。

　　在此段期間，各地「反美」運動並陸續展開。如九月二十三日起上海等地舉行美軍退出中國運動週，十二月二十四日北平發生美兵姦污北大女學生疑案（即「沈崇案」），數千學生罷課示威，部分教授提出抗議，滬、津、杭等地學生繼起響應，組織「全國學生抗暴聯合會」，並有「為敦促美國政府改變對華政策全國學生簽名運動」、「抵制美貨運動」等風潮，致在民國三十六年（1947 年）一月八日，馬歇爾在一片反美聲中離華。同月二十九日，美國駐華大使司徒雷登 (J. L. Stuart) 聲明，終止美國政府與軍事三人小組及軍事調處執行部的關係。美國介入國共衝突的調停徹底失敗。

　　此後，民社黨、青年黨亦曾介入調解，亦無作用。至民國三十六年六月底，國民政府放棄與中共談判，同月二十八日，下令通緝毛澤東等。七月四日國民政府第六次國務會議通過〈拯救匪區人民，保障民族生存，鞏固國家統一，勵（原文如此）行全國總動員，以戡平共匪叛亂，掃除民主障礙，如期實施憲政，貫徹和平建國方針案〉，七月十八日國務會議再通過行政院提出的〈動員戡亂完成憲政實施綱要案〉，此案明白表示是根據前述的〈厲（原文如此）行全國總動員以戡平共匪叛亂如期實現憲政案〉及《國家總動員法》之規定制定，此後中華民國即進入動員戡亂時期，同時正式宣告國民政府以《國家總動員法》為主要依據，針對經濟物資的統制、徵收物資的方式、交通工具之管制加以規範、限制。同日，下令取消中共國大代表及國民政府委員名額。而長期影響臺灣政治、社會發展的動員戡亂時期，也在此時正式展開。國共軍事衝突進入一個新的階段。

第三節　戰局逆轉與大陸撤守

蘇聯接收東北與中共的擴張

　　民國三十四年（1945 年）二月，美國總統羅斯福 (F. Roosevelt)、英國首相邱吉爾 (W. Churchill) 和蘇聯領導人史達林 (J. Stalin) 簽訂國際法效力迄今仍有爭議的《雅爾達密約》。其內容嚴重傷害中國在外蒙古的主權，以及在東北的權益。而國民政府蔣中正主席直到五月才透過美國大使赫爾利 (P. Hurley) 的密告，知悉其內容。但是，所謂的《雅爾達密約》既無當事國中國政府的簽署，因此並無國際法的效力。為了解決後續的問題，並希望取得蘇聯對國民政府善意的回應，歷經折衝，於八月十四日在蔣中正主席的同意下，國民政府與蘇聯簽署《中蘇友好同盟條約》，並納入《雅爾達密約》的主要內容，滿足之前蘇聯的要求❸。

　　而早在條約簽訂之前，蘇聯已經對日宣戰，並向內蒙古及東北進軍。日本投降以後，蘇聯不僅取得了東北大量的工礦機器設備，也掌握了日本關東軍龐大的軍備。其後，蘇聯不僅未依約於十一月撤出東北，反而多方阻撓國軍接收，並在民國三十五年（1946 年）五月軍隊撤出前，既協助林彪的軍隊控制東北部分地區，更先後將二十萬人的裝備轉移給中共軍隊。這對中共勢力在東北地區的鞏固與擴張，有關鍵性的幫助。而此一發展也鼓舞了毛澤東，促使他在政治解決方面採取更強硬的立場。

接收的問題

　　蘇聯在東北的行動，對於國民政府在東北的接收造成了相當大的困擾。不過，在日本「中國派遣軍」日軍總司令岡村寧次的配合下，除了東北以外，國民政府的接收工作並未受到其他太大的阻撓。然而，由於

---

❸　根據此一條約，外蒙古透過公投獨立，並得到國民政府的承認。

接收的政策及行政措施，卻對國民政府造成若干不利的影響。

　　對於一般淪陷區的人民而言，其中因為貨幣的兌換問題，即使其在勝利之後立刻感受到嚴重的經濟損失。其中最顯著的例子，便是要求人民以二百比一的比率，將汪精衛政權發行的貨幣兌換成國民政府發行的法幣。而全然不考慮汪政權的「偽幣」實際上的幣值高於法幣的現實，加上之前在日本支持的汪精衛政權的命令下，人民才被迫以二比一的比率將法幣兌換成所謂的「偽幣」。一來一去之間，人民財產遭到嚴重損失。

　　此一政策對淪陷區的人民十分不利，甚至也有懲罰淪陷區人民的味道，自然也引起他們對國民政府的反感。而事實上此一政策也並非孤立的事件，相對而言，國民政府對留在淪陷區的人民，並未能體認其處境。因此，例如一些留在淪陷區服務的教授與醫生，便遭到許多困擾，政府不承認其資格者，亦有所聞。至於偽軍因未被政府收編而投共者，亦相當可觀，這對日後的剿共而言，實為不利的因素之一。

戰局的逆轉

　　本來民國三十五年（1946年）中以後，國民政府在打打停停之間大體上維持軍事的優勢。次年三月胡宗南攻下延安，當時更被視為是關鍵性的勝利。

　　但是，隨著收復地區的擴大，國軍為了派軍防衛新收復的地區，直接可參加戰鬥的軍力則相對減少。同年五月，中共與蘇聯簽訂《哈爾濱協定》，蘇聯大力援助中共。十一月美國雖然也恢復對國民政府的援助，但直接用於軍事者卻不多。而也從民國三十六年（1947年）六、七月，各地的中共軍隊採取攻勢。國民政府則在民社黨、青年黨及民主同盟等「第三方面」調停失敗後，宣布全國總動員戡亂。

　　不過，情勢對國民政府已經轉趨不利，特別是民國三十六年底、民國三十七年（1948年）初，東北的戰局遭到重挫，國軍僅能控制瀋陽、長春與錦州的三角地帶，後來甚至連三個主要據點之間的連繫都被切斷。但是基於政治的考量，國民政府蔣中正主席拒絕美國顧問的建議，而未

將四十萬的精銳部隊撤離，反而在後勤補給不易的狀況下，被各個擊破。最後在民國三十七年底，林彪的部隊控制了整個東北，除了少數及時撤出的部隊外，東北的國軍幾乎完全損失。

就在東北戰局不利之時，中共在山西、山東都取得優勢。東北淪陷之前，華北國軍駐守的重要據點，也僅剩北平、天津和太原。而就在東北最後決戰之時，關係中國大陸政局轉移最後的大戰役——徐蚌會戰——亦正式展開。而由於嚴重的雨雪導致機械化部隊行動困難，國軍制空的優勢亦大打折扣，最後，在補給困難及中共人海戰術的攻擊下，民國三十八年（1949 年）一月徐蚌會戰結束，國軍又告失利。同時，平津一帶國軍的統帥傅作義，也在一月投降。四月，太原也告失守，自山西省代主席梁敦厚以下多名文武官員集體自殺，是為「太原五百完人」❹。

蔣中正總統的引退

在民國三十七年（1948 年）底戰局轉趨對政府不利之際，行政院長孫科即明白表示，用兵的目的乃為追求和平。而手握重兵的華中剿匪總司令白崇禧及湖南省主席程潛通電主張和談，政府幾乎已無再戰的可能。因此，蔣中正總統便於民國三十八年（1949 年）的元旦文告中，向中共提出和平的呼籲。而一月十九日美、蘇、英、法各國拒絕政府希望斡旋和局的要求，行政院同日決議：願與中共雙方先無條件停火，以進行和平談判。次日，中國國民黨中央政治會議通過行政院的決議，和談成為正式政策。而蔣中正總統則於二十一日宣布引退，由李宗仁任代總統。

在引退之前，蔣中正總統對於和談便沒有信心，他之所以表示願意和談與其後的下野，多少是迫於外在情勢。因此，在下野之前他便進行新的人事布署，以一九四九年一月十八日發布的人事安排來看，蔣中正總統即任命湯恩伯為京滬杭警備總司令，朱紹良任福州綏靖公署主任，余漢謀任廣州綏靖公署主任，臺灣省主席陳誠兼臺灣警備總司令；長江

❹ 事後經過史家研究，此事宣傳意味濃厚，自殺的約百餘人，且死亡時間和原因與過去的宣傳也不盡相同。

中上游，除武漢地區的華中剿總以外，以張群為重慶綏靖公署主任，積極經營東南沿海及西南的四川。不過由於中國大陸其他據點陸續失守，因此，最後發揮實際作用的，則是在民國三十七年十二月二十九日任命時在臺灣養病的陳誠出任省主席。而在下野前後，他也積極推動將中央銀行的現金、黃金轉移到臺灣。由於下野以後，他仍以中國國民黨總裁的身分對政府決策擁有相當大的影響力，李宗仁代總統亦無法改變蔣中正的決策，將該批財物運回中國大陸。而這些財物對於民國三十八年新臺幣改革及政府遷臺初期為了安置一百多萬來臺的軍民等財務的支出，有相當的幫助。

和談的失敗

但是在局勢轉趨對中共有利之時，中共方面根本無意於平等的和談。民國三十七年（1948 年）十二月二十五日新華社首先公布了以蔣中正總統為首的四十三名戰犯名單。民國三十八年（1949 年）一月十四日，更提出包括懲辦戰犯在內的所謂和談八項條件。而縱使李宗仁代總統表示同意以此一逼降的八項條件作為和談的基礎後，中共方面則先於二月三日拒絕中華民國政府代表團赴北平，七日、八日連李宗仁委曲地派所謂的私人代表赴北平商談的建議，亦拒絕接受。

最後，李宗仁請與毛澤東有私誼的顏惠慶、章士釗以民間和平使者身分北上，於河北石家莊會見毛澤東以後，中共才表示願意和談。而當四月和談在北平展開之時，中共方面再三宣稱一定「要解放全國」。而在四月十三日正式會議中，周恩來提出和平協議草案，要求中共軍隊開始接收政府既有的轄區。並在稍加修改後，即要求政府的代表接受。此種幾近投降的和議，連當初大力主和的白崇禧，都強力要求李宗仁拒絕。在此情況，李宗仁便下令召回代表團，而代表團成員則集體於北平投共。

戰況持續失利與政府遷臺

和談破裂後，民國三十八年（1949 年）四月二十一日中共人民解放

軍分別於安徽荻港、江蘇江陰渡江，此後國軍節節敗退，人民解放軍則於二十三日入南京，五月三日進入杭州，十六日佔領武漢，十九日佔領九江，二十一日再佔南昌，二十七日佔領上海。此後情勢越趨不利，八月三日長沙綏靖公署主任程潛投降，美國則於八月五日發表「對華白皮書」，民心士氣再受重挫。而在西北方面，人民解放軍在五月二十日佔領西安，六月擊敗試圖反攻的政府軍，七月至十月間，消滅甘肅、寧夏、青海的回軍，進而佔領迪化，控制整個西北。

而從七月起，已經下野的蔣中正則以國民黨總裁的身分，試圖調兵遣將希望能守住西南。其中除調動陝西南部的胡宗南部進入四川外，也要求湖南南部的白崇禧率所部進入貴州，而白崇禧則率部南下希望守住廣西。十月一日，中共宣布中華人民共和國成立，人民解放軍於十月十五日佔領廣州，十一月下旬在粵桂之交擊潰白崇禧部，次月佔領廣西。而中華民國政府則從廣州遷往重慶，再遷成都，而於十二月七日宣布遷到臺灣。十二月九日四川、西康、雲南的鄧錫侯、劉文輝、盧漢投共，蔣中正則赴臺北。而在民國三十九年（1950 年）三月二十七日，中華民國政府在大陸最後的軍事據點西康西昌易手，自渡過長江，十一個月間，中共軍隊佔領了整個中國大陸。其間，中華民國國軍只有在十月二十四日到二十六日的金門古寧頭戰役中，在原日軍軍官擔任顧問的協助下，擊敗人民解放軍，守住了金門❺。

中國大陸撤守的其他原因

前面已經從接收問題、國際情勢、軍事各方面分析了國共雙方力量消長的原因。在此，則擬進一步分析其他導致此一結果的重要原因。

首先，是政府的部分領導官員，心理上過分依賴美援。因此，為了取得美援，政府的政策並不穩定。而在美援久盼不來，尤其是「對華白皮書」發表以後，更是感覺失去依恃。此一心理對於整個剿共戰爭的發

---

❺ 參見胡春惠、林能士，《中國現代史》，頁 409–410；郭廷以，《近代中國史綱》，頁 788–790。

展，是一個不利的心理因素。

　　而更重要的心理因素，則是歷經八年抗戰以後，民心固然渴望和平，許多將領及軍隊亦欠缺再戰的心理動員，對這戰局的持續，自是不利的因素。相對於此，中共則在八年抗戰期間居於第二線，又乘機擴大實力，戰爭結束之時，並無久戰厭戰的問題，有利於其戰事的進行。

　　其次，經濟問題也是政府失利的重要原因。政府領導階層由於一開始對戰事發展十分樂觀，加上認為中國大陸大抵上是農村經濟，具有較佳的通貨膨脹承受力。但是，戰事的拉長，加上因為作戰急速增加的政府支出，使情勢的惡化遠超過原本的預期。結果從民國三十四（1945 年）到三十七年（1948 年），平均每個月物價上漲百分之三十。民國三十七年八月的金圓券改革，每三百萬法幣對一元金圓券，卻在幾個月內宣告失敗。其後在廣州的銀行券的改革，亦乏成效。

　　而從民國三十七年八月到次年四月，單單紙鈔的發行便增加四千多倍，而上海的物價指數更飛升了十三萬多倍。通貨膨脹及財政政策的失當，使人民的生計大受影響，更嚴重傷害了人民對政府的信心，此點特別在城市及薪水階級中尤為明顯。

習　題

一、《中華民國憲法》的制定過程中，以「政協憲草」為藍本通過的主
　　要原因為何？試說明之。
二、分析中共形成及漸次壯大的原因。
三、評估「國共鬥爭」的歷史涵義。
四、試述李宗仁與中共和談何以破裂。

第八章　臺灣海峽兩岸從對峙到交流

第一節　臺灣經驗的歷程

國民政府的接收

　　民國三十二年底（1943 年），中、美、英三國領袖蔣中正、羅斯福、邱吉爾舉行開羅會議，國民政府取得美國的支持，聲明戰後臺、澎將復歸中國。〈開羅宣言〉並非正式的條約，因此欠缺國際法上的效力。不過，此一宣言基本上代表當時參與國政府的意向，特別是對美國及中華民國而言。因此，次年國民政府便在中央設計局內設立臺灣調查委員會，由陳儀擔任主任委員，進行接收臺灣的準備工作。日本投降後，美國也根據開羅會議及雅爾達會議的決定，透過聯合國最高統帥劃分各國的接收區域時，劃定由蘇聯接收中國東北，國民政府接收臺灣。

　　民國三十四年（1945 年）八月十五日，日本宣布無條件投降，國民政府任命陳儀擔任臺灣行政長官，臺灣省設行政長官公署。行政長官除主管行政外，並有權制定「臺灣省單行法規」，兼任臺灣省警備總司令的陳儀，因而集臺灣的行政、軍事大權於一身❶。陳儀認為臺灣當時的建設已相當現代化，其施政重點為如何恢復與發展。

---

❶　由於地方行政法規與日本統治時期臺灣總督頒布的律令不同，並未具有法律位階的效力，因此此處未用「立法」權。至於各級法院也隸屬中央，並未歸行政長官公署指揮。

　　十月二十五日，以聯合國最高統帥麥克阿瑟將軍的「第一號命令」為依據，在臺北舉行中國戰區臺灣省受降典禮，國民政府正式接收臺灣，宣布臺灣「光復」。此後，雖然有國際法上的爭議，中華民國則以國內法統治臺灣。當時大部分的臺灣人民，期待回歸祖國可以脫離過去殖民地的陰影。

　　民國三十五年（1946 年）一月二十日，臺灣省行政長官公署根據一月十二日行政院的命令，公告臺灣省省民自民國三十四年十月二十五日以後回復中國國籍。根據國際法，領土的轉移，並不只是以接收、佔領為其合法之要件，而必須根據一個正式的國際條約，由於當時對日和約尚未簽訂、生效，當國民政府進行此一國籍的宣告之時，便引起英、美等國的抗議，時任外交部長的王世杰更為此與臺籍民意代表黃國書有書信討論❷。而英國外交部更致函中華民國駐英大使館：「關於臺灣島之移轉中國事，英國政府以為仍應按照 1943 年 12 月 1 日之〈開羅宣言〉。同盟國該項宣言之意不能自身將臺灣主權由日本移轉中國，應候與日本訂立和平條約，或其他之正式外交手續而後可。因此，臺灣雖已為中國政府統治，英國政府歉難同意臺灣人民業已恢復中國國籍。」❸值得注意的是，國民政府前述回復臺灣人民中國國籍的命令，只是針對臺灣島內的臺灣人（具有日本國籍），對於旅居在外的臺灣人並不適用，而認為後者有國籍選擇權。

行政長官公署的「失政」

　　陳儀主政下的臺灣行政長官公署，在政治、經濟、社會文化各方面

---

❷　陳誠就任臺灣省主席之初，對外宣稱，「臺灣是剿共最後的堡壘與民族復興之基地」。蔣中正則以中華民國總統的身分，連續發電報指示陳誠治臺的方針，特別批評前述陳誠的說法是不對的，因為「臺灣在對日和約未成立前，不過是我國一託管地帶性質」，要求陳誠改正，陳誠並將蔣中正的指示記入日記。

❸　參見林滿紅，〈界定臺灣主權歸屬的國際法——簽訂於五十年前的「中日和約」〉，《近代中國》第一四八期，頁64。

的政策及施政表現，與臺灣人民的期待落差甚大，甚至南轅北轍，引發臺灣社會的不滿與批評。

在政治方面，行政長官的權限與日本總督相類，早為臺人所詬病，在陳儀主政下，更是弊案頻傳。在用人政策上，長官公署的一級主管全屬大陸籍。根據統計，當時擔任公職的臺籍人士只有日治時期的百分之二十一。加上大陸籍官員的牽親引戚，導致冗員充斥；「同工不同酬」的薪給制度，尤與臺灣本地菁英原有的期望落差太大。而由中國大陸來臺的公務人員，又常以勝利者、統治者自居，視臺人為被統治者。

經濟方面，陳儀將日本官民在臺灣的龐大資產，接收為省（國）有財產，沿襲日治時期的統制經濟，採取專賣制度，打壓私人企業。陳儀的經濟統制政策，無法有效促成經濟復甦，加上公營企業經營不善，以及大量物資運往中國大陸，導致物價上漲嚴重。

社會文化方面，臺灣歷經日本五十一年的統治，部分來臺官員不滿臺灣人生活、文化受到日本影響，批評臺灣人有奴化思想，亟思加以改變。但在日本殖民統治下的臺灣人民，無論人民的就學率或識字率，都屬亞洲的先進地區，又因為語言的隔閡，造成文化的摩擦。加上軍警人員紀律欠佳，甚至強買勒借，大失民心。

二二八事件

民國三十六年（1947 年）二月二十七日的查緝私煙事件，由於查緝員打傷賣煙婦人林江邁，引起圍觀群眾不滿，衝突中查緝員開槍，流彈擊死一名旁觀民眾，遂引發群眾事件。翌日，行政官員無法安撫民眾情緒，行政長官公署衛兵槍擊請願民眾。戰後累積的官民矛盾隨之爆發，遂引發全臺性的動亂。

事件發生後，以民意代表、地方士紳為骨幹，各地紛紛組成處理委員會，一方面試圖匯整民間的意見，另一方面則嘗試與官方溝通解決辦法。其中以在臺北市「二二八事件處理委員會」提出的〈三十二條處理大綱〉（一說後在混亂中又追加十條）最具代表性，內容主要以日治時期

以來臺籍菁英要求的臺灣高度自治為核心訴求。三月八日，中央軍抵達基隆展開武裝鎮壓。十日，陳儀解散各地「二二八處理委員會」，全面展開肅清工作。在鎮壓過程中，以基隆、嘉義、高雄等地的死傷最為慘重。

動亂大致平息後，警備總部於三月二十九日開始進行清鄉行動，造成許多臺灣菁英與民眾的傷亡，社會充滿恐怖氣氛，雖然中央政府與陳儀均下令嚴禁報復，卻時有未將人犯移送法辦逕自行刑的情形。在低沉的政治氣壓下，二二八事件成為禁忌，長期影響臺灣的政治生態及人民的心理。

二二八事件中，軍法審判的問題也曾引發爭議。陳儀在國民政府派軍來臺後，又下令戒嚴。而部分受難者被逮捕後，也被移送軍法審判。但是，根據《戒嚴法》，陳儀的戒嚴令並未將臺灣劃入戒嚴的「接戰」區域，當時的參謀總長陳誠便和支持軍法審判的國防部長白崇禧意見不同，曾質疑軍法審判的適法性，但不為蔣中正所採。

陳誠治臺的歷史意義

民國三十八年初（1949 年）蔣中正總統引退前，陳誠接掌臺灣省政府是其重要的人事安排之一。陳誠任內確立了日後臺灣發展的重要方向，並奠定中華民國政府遷臺之後的統治基礎。但是，並非陳誠對臺灣的所有看法，皆能得到蔣中正的支持。陳誠就職後對外宣稱：「臺灣是剿共最後的堡壘與民族復興之基地」，便遭到蔣中正的批評（參見註 2）。陳誠擔任臺灣省主席期間，其施政對臺灣政治、經濟、社會都有相當深遠的影響。其中影響臺灣政治發展最重大的，是五月二十日開始實施的戒嚴，臺灣從此進入長達三十八年的戒嚴時期。戒嚴成為戰後臺灣憲政體制的最主要特色，限制了臺灣政治的發展。

為了避免農村的租佃關係惡化，給予共產黨活動的空間，陳誠於三十八年二月四日宣布「三七五減租」，規定佃租不得超過農地收成的百分之三十七點五。民國四十一年（1952 年），陳誠在行政院長任內通過《實施耕者有其田條例》，除了解決農村租佃問題外，同時削弱以土地為基礎

的士紳力量，政府在取得農民支持後，鞏固其統治基礎。

為了解決臺灣的惡性通貨膨脹，陳誠在民國三十八年六月進行幣制改革，以中央政府歸還臺灣省代墊款的八十萬兩黃金作發行準備，發行新臺幣，並一元新臺幣兌換舊臺幣四萬元（兌換美元兩角）。另一方面，由於戰後中國大陸財經情勢急遽惡化，之前法幣及金圓券幣值被中央高估，與（舊）臺幣兌換，是造成臺灣嚴重通貨膨脹的主因。為了維持臺灣經濟情勢的安定，陳誠同時下令停止與中國大陸的匯兌往來，以避免新臺幣的幣值受到衝擊，正式切斷臺海兩岸的財經連繫管道。

陳誠任內之所以能有效推動前述政策，與其所擁有的權力有相當的關係。他擔任臺灣省主席之外，也兼任臺灣省警備總司令，並奉命節制中央駐臺各單位。而在蔣經國尚未來臺擔任國民黨省黨部主任委員的狀況下，他奉命接任省黨部主任委員，掌握臺灣的黨、政、軍大權。東南軍政長官公署成立後，他更出任軍政長官一職，權力更為擴大，利於政策的落實。

戒嚴體制的確立

前述提及根據《動員戡亂時期臨時條款》戒嚴的程序已經和《戒嚴法》的規定不同，但是，地方最高司令官宣布戒嚴仍必須按級呈報核准。民國三十七年（1948 年）十二月十日，蔣中正總統根據《臨時條款》之規定，經行政院會議決議後，宣告除「新疆、西康、青海、臺灣四省及西藏外」，全國戒嚴。民國三十八年（1949 年）五月十九日陳誠下令臺灣戒嚴，未完成法定的程序。八月十六日，陳誠擔任長官的東南軍政長官公署，以「三十八年署檢亥冬電」呈行政院，要求將臺灣納入民國三十七年的全國戒嚴令，並劃為接戰區域。行政院則於十一月二日決議通過。由於代總統李宗仁並未到中央政府所在地，因此當時並未公布。中華民國政府遷臺後，代行總統職權的行政院長閻錫山，於民國三十八年十一月二十二日以〈卅八渝二字第三八六號〉咨請立法院「查照」。十二月二十八日遷臺北辦公的行政院再通知臺灣省政府，同意將臺灣省劃歸

接戰區域，而臺灣省政府在民國三十九年（1950年）一月六日公告並通知各單位，東南軍政長官公署也正式對外公告，完成《臨時條款》規定的程序。

但是，立法院對於戒嚴的查照案，則於民國三十九年三月十四日第五會期第六次會議根據《戒嚴法》規定的程序審查，議決「予以追認」，並由代院長劉健群咨請行政院及「復行視事」的蔣中正總統查照。行政院在收到立法院的咨文後，即「令知」國防部、司法行政部及臺灣省政府等機關，臺灣省政府接獲命令後，也再次公告此一戒嚴令的變更。

中華民國政府遷臺

民國三十八年（1949年）四月，李宗仁代總統派代表與中共談判，周恩來提出中共人民解放軍開始接收政府轄區，這種幾近要求投降的條件，導致和談破裂。中共軍隊於四月二十一日渡過長江，快速佔領南京、上海。此後情勢對中華民國政府越趨不利，而美國於八月五日發表「對華白皮書」，更是雪上加霜。十月一日，中共宣布中華人民共和國成立，中華民國政府則由廣州遷往重慶，再遷成都，於十二月七日宣布遷到臺灣，九日行政院開始在臺北辦公。

臺灣海峽中立化

民國三十九年（1950年）韓戰爆發，美國總統杜魯門於六月二十七日下令美軍第七艦隊進入臺灣海峽，遏止中共政權對臺灣的任何攻擊，並且要求中華民國政府不要攻擊中國大陸，使臺灣海峽中立化。杜魯門此一政策宣布，基本上使臺灣得以解除來自中華人民共和國強力的軍事威脅，臺灣的安全問題暫時性得到解決。由於杜魯門係根據《聯合國憲章》派遣第七艦隊進入臺灣海峽，若將臺灣與中國大陸的關係視為一個國家的內政問題，便會引發美國干涉他國內政的爭議❹。因此，美方乃

❹ 《聯合國憲章》第二條第七項明文規定，聯合國不能干涉「本質上屬於任何國家內管轄之事件」。

以國際法為依據，認為臺灣的國家地位與歸屬問題仍未解決，將臺灣地位未定論作為前提，建立其介入的正當性。

　　然而此一說法使中華民國擁有臺灣的合法性基礎受到質疑，因此，六月二十八日中華民國外交部長葉公超特別針對此一問題，發表聲明。宣告：中華民國政府原則上接受美國政府協防臺灣的建議，並強調在對日和約未訂定前，美國政府對於臺灣之保衛自可與中華民國政府共同負擔責任，但是，臺灣是中國領土的一部分，美國在臺海提出的備忘錄對於臺灣「未來地位之決定」並不具影響力，自也不影響中國對臺灣的主權。這也是當時中華民國政府一方面期待美國防衛臺灣，另一方面又反對臺灣地位未定論所作的官方回應❺。

中國國民黨的改造

　　在民國三十八年（1949 年）以前，蔣中正總裁雖然是黨、政、軍實質的領袖，但在中國國民黨的權力結構中依然有 C.C. 派、政學系及黃埔系等派系。各個派系之間利益雖不一致，但卻都對蔣中正總裁效忠，而鞏固了他的領導地位。但是，面對中共強力挑戰，中國國民黨內部步調不一，加上在中國大陸的失利，使得蔣中正總裁對於原有的黨及運作方式的信心大減，而提出中國國民黨改造的主張。

　　本來民國三十八年七月中國國民黨中央常務委員會即已通過改造案，但是為了怕此舉會立即造成黨的分裂，而決定先不實施。次年七月二十二日，在美國於韓戰爆發後介入臺灣海峽，實施所謂「中立化」政

---

❺　民國四十年（1951 年），由於中國代表權的爭議，中華民國無法參加舊金山和會。根據《舊金山和約》，日本雖在和約第二條放棄臺灣、澎湖的「一切權利、權利名義與要求」，卻未提及讓與何國，此乃國際法層面的「臺灣地位未定論」之起源。次年在美國支持下，中華民國與日本國簽署《中華民國與日本國間和平條約》，並重述前者的規定。目前支持臺灣屬於中華民國的學者，有部分認為日本放棄臺灣、澎湖的領有權後，中華民國政府統治臺灣的現實並未受到挑戰，因此可以依照國際法上的「先佔」原則，合法領有臺灣。

策，臺灣直接面對中共政權武力的危機暫告解除的歷史背景下，中央常務委員會才又通過〈中國國民黨改造方案〉。蔣中正總裁在安排改造人事時，遴選了陳誠、蔣經國等十六人為中央改造委員會委員。這是蔣中正總裁直接建立其對黨的領導權，而蔣經國則透過幹部組訓工作，奠定其日後接掌黨的重要基礎。

結果，直到民國四十一年（1952 年），黨的改造工作大體完成，原本派系林立的黨組織，轉化成以組織為核心的「革命民主政黨」，並貫徹「以黨領政」、「以黨領軍」的精神。這成為以蔣中正總裁作為領袖，建立強人威權體制的基礎。而蔣經國透過主控前述的幹部組訓工作，負責情治單位的整編、統合，以及軍中政戰體制的建立與救國團的成立，逐漸有接班的準備。陳誠去世以後，他的接班態勢已經相當明顯。

而整個黨的改造，則奠定了日後蔣中正總裁、蔣經國相繼領導的中國國民黨在臺灣的主政地位，和臺灣基本的政治格局。雖然對此的歷史評價，未來仍有進一步研究斟酌的空間，不過，此一行動對於臺灣政治的長期穩定而言，確實有相當正面的功能。

穩固而安定的政治體系

就在進行中國國民黨的改造工作之前，李宗仁代總統逕自赴美，中央政務勉由行政院長閻錫山主持，已經下野的蔣中正總裁，面對臺灣瀕臨中共武力犯臺的危險，中樞無主的狀況，便在民意機關的敦請下，於民國三十九年（1950 年）三月宣布復職行使總統職權。此後，蔣中正總統便一直擔任總統一職，直到民國六十四年（1975 年）去世為止。

蔣中正總統復職後，外在的國際情勢亦轉趨有利，先是民國三十九年六月北韓南侵，韓戰爆發，使美國逐漸放棄對臺灣海峽兩岸事務的「袖手旁觀」（hand-off）政策。中共政權出兵朝鮮，使得美國對其更為不滿。其後，民國四十三年（1954 年）十二月三日《中美共同防禦條約》的簽字，便使臺灣正式被納入由美國支持的防禦系統，這是雙方關係更趨密切而穩固的里程碑，臺灣也成為美國圍堵政策的一環。不過，《共同防禦

條約》的簽訂，對於志在反攻中國大陸的中華民國政府而言，由於條約的內容蘊涵沒有美國同意，不能以武力反攻的意義，因此亦有若干不利的影響。但是，大體而言，對於中華民國主政的臺灣各方面發展，則提供了安定（全）的條件。

由於國際環境轉趨有利，以中國國民黨的改造為基礎，強人威權體制亦逐漸建構完成。本來為了尋求美國支持而任用具有自由派色彩的孫立人、吳國楨，因為軍中政戰制度與救國團制度和中國國民黨的政策發生牴觸，並與蔣經國直接衝突。結果民國四十二年（1953年）四月吳國楨辭去省主席的職位，隨即赴美，發表言論攻擊政府的領導人及政策。孫立人則先調任總統府參軍長，繼而在民國四十四年（1955年）八月正式被指控涉及軍事政變及匪諜案而失去自由。至於扮演蔣中正總統與自由派知識分子之間重要橋樑角色的總統府祕書長王世杰，也在民國四十二年十一月被免職。除此之外，早在同年的四月，中國國民黨黨中央亦已決定，黨籍立法委員的提案必須先取得黨部同意，否則便有違紀之虞。

至於鞏固中國國民黨主政基盤的另一個要件，則是由第一屆中央民意代表構成的「萬年國會」。大法官會議於民國四十三年一月通過釋字第三十一號解釋，使第一屆立法委員、監察委員不必定期改選，而能繼續行使職權。至於國民大會則以第二屆國民大會未召開為由，由行政部門認定再由蔣中正同意，視為任期未屆滿，「萬年國會」正式成形。民國六十一年（1972年）又以國民大會修憲的方式，通過《動員戡亂臨時條款》第六項，中央民意代表不必改選再度取得形式上合法性的基礎。

中華民國政府在臺灣統治的正當性基礎，主要建立在兩個面向：在國際上代表中國的正統性，以及在臺灣透過選舉取得一定程度的民意基礎。隨著中華民國政府做為中國唯一合法政府的「一個中國」論述在國際間日漸薄弱，「漢賊不兩立」乃演變至「賊立漢不立」，中華人民共和國政府逐漸被視為中國唯一合法政府。在國際情勢日趨不利的狀況下，國民黨當局採取開放部分中央政治參與的管道以補強其統治基礎。先在民國五十八年（1969年）舉行唯一一次當選者任期比照資深中央民意代

表的中央民意代表增補選；在中華民國政府失去聯合國中國代表權後，更於民國六十一年開始定期改選的增額中央民意代表選舉。透過這種有限度的政治改革和民意參與，雖然多少有補進具有民意基礎的中央民意代表，補強中國國民黨執政的合法性基礎，但整體而言，人數相當有限。由於中國國民黨在中央民意代表中本來就有絕大多數的優勢，既然資深中央民意代表不必改選，則無論其他選舉的結果如何，中國國民黨穩定的執政狀態都不致發生變動。

「白色恐怖」的鎮壓

至於在社會控制方面，則採取高壓的「白色恐怖」。「白色恐怖」相關的法律，除了原有《刑法》第一百條的規定外，民國三十八年（1949年）、三十九年（1950年）先後制定了《懲治叛亂條例》、《檢肅匪諜條例》等特別刑法，加強對內控制。其中加入中共組織者，固為法不容，但冤假錯案亦復不少。依據法條內容來看，只要是言論、主張，即可構成叛亂要件，所謂的叛亂案多屬於言論及結社層次❻。而「保密防諜，人人有責」，也有其法律根據，凡知匪不告，依法課以刑責。在言論叛亂的「白色恐怖」時期，政治異議者除了因為言論觸法外，也可能因為捲入假匪諜事件而遭判刑。而且在戒嚴期間，違反《懲治叛亂條例》的案件一律送軍法審判，由於軍法系統的特殊性，涉案人的人權較一般司法系統欠缺保障。

由於韓戰爆發後，美國派第七艦隊進入臺灣海峽實施臺灣海峽中立化政策，其後更正式協防臺灣，臺灣事實上免於中華人民共和國的武力威脅，在此狀況下，實施長期的戒嚴及「白色恐怖」的壓制有其必要性。

地方自治的發展

在中央民意代表未能選舉之前，省議員及縣市級的地方選舉是臺灣

---

❻ 縱使行為沒有明顯觸法，情治單位仍可以情節輕微之由交付感化。

民意展現的主要舞臺。透過舉行地方選舉，一方面可以呈現中華民國「自由中國」的形象，另一方面則透過地方選舉的勝利，提供國民黨統治一定的「正當性」基礎。而在野人士除了以言論要求政治改革外，也透過地方選舉參與政治。其中最為著名者，乃是活躍於民國四十、五十年代（1950、1960 年代）的郭國基、郭雨新、李萬居、吳三連、李源棧，以及許世賢等六人，合稱省議會「五龍一鳳」。

　　民國三十九年（1950 年）四月〈臺灣省各縣市實施地方自治綱要〉正式公布，八月臺灣各縣市行政區域調整，由八縣九省轄市重劃為十六縣五省轄市，臺灣地方政治進入新的階段，各縣市首長及議員第一次由直接民選產生。至於省的層級，不但省主席依然官派，（臨時）省議員也由縣、市議會選舉產生。而至民國四十三年（1954 年），省議員改為直接民選產生。此後，所謂臺灣地方自治的基本格局已然確定。

　　但是，地方選舉固然已經舉行，《中華民國憲法》對於地方自治的設計與保障，卻因為行政部門不願通過憲法明定的《省縣自治通則》，加上立法院配合擱置法案的三讀，使得臺灣的地方自治根本沒有法律依據，而是以行政命令的方式運作。如此一來，地方自治的權限與依據，便只好以上級行政機關為依歸。自治的權限與憲政體制原先的規劃固然不能等量齊觀，省長民選也成了憲法上的形式規定而已。

　　民國八十三年（1994 年），立法院通過直轄市及省、市的自治法規，雖然與憲法的本來設計仍有相當的距離，但是依據法律進行的選舉，以及產生的地方政府，則是臺灣歷史上空前的記錄。同時，以法律為依據地方政府的權限更具「自主」(autonomy)，而有了直接的民意作為正當性的基礎，地方首長的地位已有所轉變，過去中央政府一條鞭式的行政體制，也面臨調整的需要。

　　但是臺灣省與中央政府轄區的嚴重重疊，形成一定程度的權限衝突問題，隨著省長民選之後日漸嚴重。另一方面，省自治地位確立後，臺灣四級政府的狀態，以及不同層級政府所制定法規，彼此產生職權的衝突問題，不僅沒有較過去改善，反而因地方自治的法制化而產生更加嚴

重的制度性矛盾。因此透過憲法增修條文的改變，民國八十七年（1998年）凍結臺灣省級的選舉，省長及省議會民選的時代也隨之終結，臺灣的地方自治又進入一個嶄新的時代。不過中央與地方權限及資源的分配，仍然爭議不斷，特別是攸關地方自治的財源的劃分問題，仍待制度性的解決。

臺灣住民論的自決、改革主張

臺灣內部最早提出住民自決者，為臺灣大學教授彭明敏與其學生謝聰敏、魏廷朝。他們意識到當時國民黨當局所抱持的「一個中國」立場，不僅對國民黨政權不利，也將影響臺灣的生存，遂於民國五十三年（1964年）起草〈臺灣人民自救宣言〉。〈自救宣言〉中，明白以「一個中國、一個臺灣」的「一中一臺」主張作為解決臺灣國際定位問題的訴求，並公開要求：以臺灣一千二百萬人民自由選舉產生的政府，取代蔣中正總統所領導的政權。在此宣言中，更以前述的主張為基礎，建構對外確立主權，對內追求民主憲政的基本目標。

民國六十年（1971年）聯合國大會通過阿爾巴尼亞提出的〈二七五八號決議案〉，此後中華人民共和國繼承中華民國成為聯合國的中國代表，國際上所謂的「一個中國」即是中華人民共和國，臺灣的生存空間遭到嚴重的擠壓。

為求取臺灣自由民主改革，避免中華人民共和國以「一個中國」架構併吞臺灣，住民自決的主張乃有進一步的發展。民國六十年十二月十六日，臺灣基督長老教會總會通過〈對國是的聲明與建議〉，反對任何國家罔顧臺灣地區一千五百萬人民（當時的人口）的人權意志，作出任何違反人權的決定，並強調臺灣人民有權利決定自己的命運。此聲明發表後，震驚海內外，隨即獲得海外關心臺灣前途的臺灣鄉親熱烈的迴響，掀起海外的「臺灣人民自決運動」。

除了長老教會之外，戰後自由主義重要代表人物雷震，亦向蔣中正總統及蔣經國等五位國民黨當局的權力核心人士提出具體的主張——

〈救亡圖存獻議〉。指出為避免臺灣被中華人民共和國併吞，除了必須改國號為「中華臺灣民主國」外，並應制定新憲法，作為一個合乎「權力分立」原則的民主憲政國家。

民國六十六年（1977 年），臺灣基督長老教會發表〈人權宣言〉。呼籲美國在與中華人民共和國發展關係之際，能注意臺灣住民的權利。主張「臺灣的將來應由一千七百萬住民（當時的人口）決定」，並促請政府採取有效措施，使臺灣成為「新而獨立的國家」。這種臺灣住民自決的要求，在民國六十年代（1970 年代）末期影響了黨外運動的主張。

黨外運動的發展

在主要國際舞臺失去中國代表的地位後，國民黨當局推動「革新保臺」路線，舉行增額中央民意代表的定期改選。而選舉則成為臺灣在野菁英宣傳民主理念的重要場合，「黨外」人士逐漸形成。

民國六十六年（1977 年）五項地方公職人員選舉，因作票爭議引發「中壢事件」，黨外公職席次則有相當成長。次年十二月，因美國宣布即將與中華人民共和國建交，蔣經國總統根據《臨時條款》，停止增額中央民意代表選舉。民國六十八年（1979 年）以《美麗島》雜誌為代表的黨外人士，由於失去選舉舞臺，以群眾集會的方式，希望擴張影響力，而與保守派之間出現緊張的對立情勢。十二月十日在高雄爆發了「美麗島事件」，許多黨外菁英遭到逮捕。

民國六十九年（1980 年）舉行的軍法審判，透過大眾媒體的相關報導，美麗島事件涉案人的政治主張得到傳播的機會，也取得了部分人民的支持。此後，黨外人士透過選舉，繼續爭取民意支持，並先後以「選舉後援會」、「黨外公共政策研究會」，嘗試組織化。

黨外運動的國家走向與國民黨當局的政策

民國六十七年（1978 年）十月三十一日，「臺灣黨外人士助選團」向各候選人提出「十二大政治建設」作為黨外候選人的共同政見。其內

容以中華民國的憲政體制作為訴求的依據，並未牽涉國家走向。但是，在美國轉向承認中華人民共和國作為中國的代表後，面對國家的國際生存危機，黨外人士開始將民主改革與國家走向問題結合起來，並以住民自決論思考國家的走向。

十二月發表的〈黨外人士國是聲明〉除了表示「堅決擁護民主憲政，反對暴力、熱愛和平」，並延續黨外共同政見外，更進一步揭櫫「我們的目標」，首次以集體的方式，主張臺灣的命運應由一千七百萬人民（當時臺灣住民總數）來決定。

美麗島事件發生後，黨外人士的訴求一度趨於保守，以「制衡」作為重點。民國七十一年（1982年）九月二十八日，由臺北市議會黨外市議員促成的「市政研討聯誼會」，再度標舉臺灣的前途應由臺灣一千八百萬人民共同來決定後，住民自決成了黨外人士的政治訴求主軸之一，也是直到民進黨成立，黨外人士對國家走向的核心主張。

而蔣經國總統主導的國民黨當局，則基本上延續原有的「革新保臺」路線，繼續拔擢部分臺灣本土菁英進入中央黨政機構任職，增加增額中央民意代表的名額，補強其統治的正當性基礎。在國際情勢惡化，中共政權強化統戰的狀況下，蔣經國則採取「三不政策」，反對與中共政權官方的接觸、談判，並拒絕與中共政權妥協。同時，則改採「三民主義統一中國」的文宣論述，成立「三民主義統一中國大同盟」，宣示由中華民國主導的統一立場。相對地，對於同情中共政權統戰的論述及臺灣獨立的主張，則繼續採取限制的政策。

自由民主的改革

民國七十五年（1986年）民主進步黨成立，突破黨禁。而在國際情勢的發展與國內改革的要求下，蔣經國總統於民國七十六年（1987年）下令解嚴，開啟了自由化的改革。解嚴的七十六年年底，政府已決定解除報禁，自民國七十七年（1988年）一月一日起開始實施。民營的大報在此時開始採取增張及改版，而有意辦報的社會人士也展開辦報的行動，

臺灣的平面媒體此刻走向自由化而多元的時代。然而解嚴固然是臺灣自由化改革的重要里程碑，但是不僅動員戡亂體制並未結束，非常時期的法律、行政命令未能全面檢討修正，而且解嚴代之以《國家安全法》，憲法保障的自由權仍然受到許多限制，「白色恐怖」對言論的箝制也尚未完全結束。更重要的是，原本《戒嚴法》下受軍法審判的人民，擁有「解嚴之翌日起，依法上訴」之權，但解嚴後施行的《國家安全法》卻凍結了此項權利。換句話說，固然宣布解嚴，但戒嚴體制下受軍法審判的人民，解嚴後卻連戒嚴法體制內原本保障的救濟途徑，都遭剝奪。

早在決定推動解嚴之時，民國七十五年十月，蔣經國總統藉著接見美國《華盛頓郵報》(*The Washington Post*) 董事長葛蘭姆 (Katharine Graham) 女士的機會，表示中華民國政府即將進行政治改革，並針對反對黨的組成，提出了三個條件，這也是以後所謂《國家安全法》的三原則「人民集會、結社，不得違背憲法或主張共產主義，或主張分裂國土」的雛形。而這三個條件，正宣示了他晚年最後展開的自由化改革的限制。

在國民黨黨政運作下，民國七十六年六月，立法院通過的《國家安全法》，將蔣經國總統最早有關組織政黨的三項限制原則納入，並擴大其適用範圍，以限制解除戒嚴後臺灣人民的政治自由。其後在〈動員戡亂時期人民團體組織法〉、〈動員戡亂時期集會遊行法〉的立法或是修法過程中，也加入《國家安全法》三原則的文字。由於當時《懲治叛亂條例》尚未廢除，《刑法》第一百條也未修正，對言論自由的箝制更為嚴厲。三原則主要是宣示的意義。

民主進步黨成立以後，繼續推動黨外時期所主張的中央民意代表全面改選，而中國國民黨則在蔣經國的主導下，一開始想以充實中央民意代表機關的方式來解決國會的問題，希望透過採取增加中央民意代表的席次，與資深中央民代的退職方式，來解決國會的根本問題。不過，縱使民國七十八年（1989 年）一月通過《第一屆資深中央民意代表自願退職條例》之後，退職的中央民意代表人數相當有限，國會仍由第一屆中央民意代表主導。面對要求國會改革的壓力，最後透過司法院大法官會

議，在民國七十九年（1990 年）六月通過的釋憲案，決定民國八十年（1991 年）底為第一屆的中央民意代表退職的最後期限，透過退職方式完成中央民意代表的改革工程。

國會全面改選的方向雖已確立，動員戡亂的體制則依然持續，國家的法令秩序仍然無法回歸憲政的常軌。民國八十年四月國民大會通過憲法增修條文，五月一日李登輝總統宣布廢除《動員戡亂時期臨時條款》，同時公布憲法增修條文，終止了動員戡亂時期。此後，隨著同年底第二屆國民大會代表選舉，次年底第二屆立法委員的選舉，臺灣自由化、民主化有了初步的成績。在另一方面，隨著動員戡亂體制的結束，對中華民國政府而言，也是在法律上結束與中華人民共和國之間內戰的關係。

此後在李登輝總統主政期間，陸續完成多次修憲，主要內容如下：⑴民國八十一年（1992 年）將考試委員、大法官及監察委員同意權歸國民大會，監察院成為準司法機關，同時在省長、直轄市市長民選，及地方自治法制化，賦予新的憲法依據；⑵民國八十三年（1994 年）確立總統直選，縮減行政院院長的副署權；⑶民國八十六年（1997 年）凍結省級地方自治的選舉，精簡組織，使省政府成為中央的派出機關。同時採取所謂「雙首長制」，賦予總統任命行政院院長的權力；⑷民國八十九年（2000 年）國民大會「虛位化」，成為任務型國大，立法院取得同意權與修憲提案權。

「白色恐怖」的終結

民國八十年（1991 年）五月九日法務部宣布偵破獨臺案，此一案例中，官方係認定「言論」即構成叛亂要件，因而使得自民國三十八年（1949 年）以來以《懲治叛亂條例》配合《刑法》第一百條，箝制言論自由的問題受到普遍的重視。而民國三十八年以來即長期存在的「白色恐怖」，也得到改革的時機。

當時除了在野的民進黨要求改革外，學者、學生亦發動靜坐、遊行，要求廢止《懲治叛亂條例》，面對群眾龐大的壓力，立法院旋即於民國八

十年五月十七日廢止《懲治叛亂條例》。但是由於《刑法》第一百條仍有言論叛亂的問題，不僅抗爭不止，連臺灣省議會也在五月二十一日決議要求立法院廢除《刑法》第一百條。其後歷經朝野一年的折衝以及「一百行動聯盟」等社會團體的持續施壓，民國八十一年（1992年）的五月十五日立法院通過《刑法》第一百條修正案，使得所謂的言論、結社、叛國的問題，得到最後的解決。因為在「白色恐怖」時期，所謂的叛亂案多屬於言論及結社層次，因此《懲治叛亂條例》的廢除及《刑法》第一百條的修正，在某種意義上，也象徵著「白色恐怖」時代的結束。

總統直選時代的來臨

在臺灣邁向自由化的過程中，總統直選的呼聲日漸高昂，不僅反對黨如此主張，國民黨內部也出現相當大的支持力量。而透過國是會議的決議，總統直選已經逐漸成為臺灣政治改革的重要方向。民國八十五年（1996年）第一次由公民直接投票的總統選舉正式展開。國民黨的候選人李登輝、連戰以超過百分之五十的得票率，領先了民進黨的彭明敏、謝長廷及自行參選的林洋港、郝柏村，陳履安、王清峰，臺灣正式走向人民直接選舉決定執政者的歷史時代。而由於總統直選的展開，臺灣自由化、民主化的程度，也日漸受到國際的重視。民國八十六年（1997年），世界人權組織「自由之家」（Freedom House）將臺灣列入完全自由國家，臺灣第一次名列「自由國家」之林。加以臺灣人權表現迭受肯定，成為亞洲民主國家的重要代表。民國八十九年（2000年）代表民進黨參選的陳水扁、呂秀蓮，擊敗了脫離國民黨獨立參選的宋楚瑜、張昭雄，及國民黨推派的連戰、蕭萬長，使中國國民黨失去長期緊握的執政權，而有政黨輪替之局。民國九十三年（2004年）陳水扁、呂秀蓮再以些微的差距擊敗連戰、宋楚瑜，連任總統、副總統。民國九十七年（2008年）國民黨提名的馬英九、蕭萬長擊敗民進黨的謝長廷、蘇貞昌，國民黨再度執政，臺灣二度政黨輪替。由於之前在立法委員選舉的對決中擊敗民進黨，國民黨在立法院掌握過半的席次，同時主導了行政及立法部門，結

束了民進黨執政期間「朝小野大」的立法院與行政部門之間的嚴重對立。

政黨競逐的時代

政府遷臺後，臺灣在形式上有三個政黨：執政的中國國民黨及在野的民社黨、青年黨。民、青兩黨由於在中央民意機關的席次有限，加上遷臺以後政黨內部派系分立，幾乎完全不具制衡的能力。

民國七十五年（1986 年）民進黨成立後，由於具足選舉所賦予的民意基礎，加上黨外運動長期資源的累積，臺灣才開始有有力的在野黨。但是，由於黨內對於勞工問題及臺獨主張見解的歧異，先後有王義雄另組工黨，及朱高正組織社民黨，不過，聲勢有限，成為個人魅力的政黨。以後因為選舉失利，或與其他政黨結合，而陸續退出政治舞臺。

民國八十四年（1995 年），民進黨中央倡言大聯合，進而主張大和解，使其原有堅持臺灣獨立的支持者發生動搖。而民國八十六年（1997 年）香港回歸問題，更加深其危機感，因而有堅持臺灣共和國主張的建國黨成立。

而在中國國民黨內部，因主流、非主流的分裂，先有趙少康、郁慕明另組新黨。民國八十九年（2000 年）大選，宋楚瑜落選後，則結合其支持者組成親民黨。而李登輝卸下中國國民黨主席後，黨內路線亦發生變化，李登輝的支持者則組織臺灣團結聯盟。民國九十三年（2004 年）在立法院擁有席次的政黨，主要有泛綠的民進黨與臺灣團結聯盟，以及泛藍的中國國民黨、親民黨及新黨兩大陣營，彼此之間互相競爭、抗衡，又在某些議題擁有共同點，政黨關係越趨複雜。大體上，經過黨禁突破後的發展，臺灣已從「一黨獨大」體制演變成多黨競爭的態勢。

民國九十四年（2005 年）的修憲，不僅廢除了國民大會，確立立法院成為單一國會，而且也實施立法委員席次減半，以及單一選區兩票制的選舉制度，我國政黨制度的發展，已出現制度性的變動。

在單一選舉中，大黨本較小黨居於優勢，在國民黨與民進黨兩大陣營的競爭態勢下，小黨的生存空間乃遭擠壓。如親民黨以及臺灣團結聯

盟在民國九十七年（2008 年）立委選舉中，幾乎完全喪失舞臺。再者，根據憲法規定劃分的單一選區，每一縣市至少有一席立法委員，但不同選區的人口數卻有相當大的落差，與民主票票等值的理想出現矛盾❼。

民國一〇一年（2012 年），臺聯及親民黨在不分區代表選舉中，皆超過百分之五的得票門檻，分別在立法院取得三個席次（親民黨含區域一席），各自在立法院成立黨團。雖然仍維持朝野兩大黨的政治版圖，但是立法院進行政黨協商，也必須尊重兩個小黨的意見才能達成。

重返國際舞臺的努力

韓戰爆發後，中華民國政府在臺灣逐漸安定下來，而中共政權統治中國大陸廣大的土地、人民，漸為國際社會所接受。「漢賊不兩立」的「一個中國」政策，逐漸無法維持。民國六十年（1971 年），中華人民共和國繼承中華民國在聯合國的中國代表權。雖然中華民國政府長期以來宣稱：是在國際情勢不利的狀況下「退出」聯合國，但是聯合國的立場則是以〈二七五八號決議案〉處理中國代表權問題。換言之，對聯合國及國際社會而言，〈二七五八號決議案〉是解決中華民國政府與中華人民共和國政府有關聯合國的中華民國（中國）代表權問題之正式決議。此議案「決定：恢復中華人民共和國的一切權利，承認他的政府的代表為中國在聯合國組織的唯一合法代表，並立即把蔣中正的代表從他在聯合國組織及其所屬一切機構中所非法佔據的席位上驅逐出去」。民國六十八年（1979 年）一月，美國與中華人民共和國建立外交關係，並與我國斷交，對我國的國際地位，造成重大傷害。此後，中共政權企圖使我國淪為其地方政府，在國際社會大力打壓，我國不僅難以參加重要的國際組織，邦交國數目亦日益減少。

民國七十七年（1988 年），李登輝總統擺脫中華民國為中國唯一代表的思考，改採「務實外交」政策，以臺灣的經濟實力，爭取臺灣的國

❼ 以 2009 年底為例，馬祖公民數有 7,697 人，宜蘭公民數有 351,858 人，應選之立委皆為 1 人。

際生存空間。除積極努力建立正式外交關係，確保一定數目的邦交國外，又於民國八十年（1991 年）正式參加「亞太經合會」（APEC），並爭取總統、副總統、行政院院長等政府高層首長，多次出訪無邦交國，提升我國與其他國家的實質關係。而民國九十一年（2002 年）加入「世界貿易組織」尤為重大的突破。

土地改革

相對於政治發展，臺灣戰後的經濟發展及早年的社會建設，則更早即受到普遍的注意。其中土地改革兼具社會及經濟意義，則往往被視為戰後臺灣發展的重要關鍵。繼實施三七五減租以後，民國四十二年（1953 年）《實施耕者有其田條例》完成立法程序，公告實施。兩年後，《臺灣省實施耕者有其田保護自耕農辦法》亦正式實施。

原本的地主在耕者有其田政策以後，取得七成分十年攤還的實物土地債券及三成的四大公司（臺泥、臺紙、農林、工礦）股票❽。其中有部分地主固然有轉型成功成為工商業主者，也有許多在此一政策之後逐漸沒落。這使本來以土地作為基礎的地方士紳，逐漸喪失其影響力。

另一方面，農民取得土地以後，則分十年繳交地價。由於取得土地，加深農民對主政者的向心力，鞏固了中國國民黨主政的正當性基礎。而政府則透過偏低的穀物公告價格，向農民購買稻穀，又以同樣的價格要求農民以稻穀和公告價格較高的肥料，進行「肥料換穀」。由於農民使用肥料後耕種田地的單位面積產量增加，又取得土地所有權，因此當時此一政策並未引起強烈的不滿。

而政府取得這些作物之後，除了供作戰備準備、外銷之外，大多則以實物配給的方式配給軍、公、教人員。使軍、公、教人員名目薪水固然不高，但是透過實物配給，其實質的薪水則較為提升，同時也容易維持其基本的生活水準。這是政府透過肥料換穀及其他方式，使農民間接

---

❽ 當時政府先將四大公司的股本，透過資產重估，增加 7 到 11 倍，使四大公司的股票總值足以支付付給地主的補償金額。

協助政府提供維持軍、公、教生活所需。而政府則可以將所節省支出，投入獎助工業的發展及其他建設。

不過，由於土地改革以後農家的土地日趨零細化，又必須負擔前述隱藏的稅捐，因此，農民在經濟上逐漸傾向弱勢。等到土地價款還清，又有其他行業的就業機會，農村人口外流也逐漸明顯。

美援與臺灣經濟

中華民國政府遷臺初期，臺灣經濟情勢不穩，外匯短缺，無力進口商品及生產原料。當時有效促進臺灣經濟安定最重要的外在因素，便是來自美國的經濟援助。

民國三十九年（1950 年）韓戰爆發，美國恢復對我國的經濟援助，直到民國五十四年（1965 年）方才中止。當時美援經由剩餘農產品援助或進口物資及貸款的援助，協助臺灣解決民生物資供應不足的問題，減輕需求大於供給所產生的物價上漲壓力。同時將出售剩餘農產品所得，存入臺灣銀行，減低貨幣膨脹的壓力。

在政府財源短缺，無力重建臺灣戰爭期間受損的基本設施之際，美援也提供適時的支援，協助臺灣的電力、交通運輸、水利灌溉等基本設施的修復、興建與運作。整體而言，美援直接增加了當時臺灣嚴重不足的物資供給，一方面可以平抑物價上漲的壓力，另一方面也提供工業發展所需要的動力與原料。

進口替代到出口擴張

由於外匯準備短缺，在民國四十年代（1950 年代）初期，臺灣便在工業上採取進口替代的策略。等到產能增加，滿足國內市場的需求後，便有能力轉而出口。其中紡織業是從進口替代到出口擴張成功的例子。不過，其中政策也有相當的轉變。就早期完成進口替代政策目標的紡織業而言，原本政府希望透過減產的方式，解決生產過剩的問題。不過，以臺南紡織為代表的業者，在產能啟動不久，便認為減產不合經濟效益，

說服政府改以內銷補貼外銷等方式，推動出口擴張政策，賺取外匯。

不過進口替代期間，原料及生產所需設備往往也必須進口。在外匯短缺時代，美援的恢復，及時提供大量的美援物資及資金，相當程度化解了欠缺外匯所產生的經濟困境。民國五十年代（1960 年代）初期由於美國認為臺灣經濟已見成就，遂通知準備停止經濟援助。而為因應此一變局，官方則積極引進外資，獎勵投資，並開設加工出口區。

結果，種種的制度設計配合由農村外流的龐大勞動力，以高勞力附加產業為主的出口導向經濟，遂成為臺灣經濟發展的特徵之一。

十大建設

從民國五十年代（1960 年代）末期，行政院的施政開始注意到臺灣的基礎建設及產業結構問題。民國六十二年（1973 年）行政院長蔣經國宣布將全力推動核電廠、中正國際機場、南北高速公路、北迴鐵路、鐵路電氣化、臺中港、蘇澳港、石化工業、大煉鋼廠、大造船廠等十大建設❾。

其中除了交通及發電等基礎建設外，石化工業、大煉鋼廠及大造船廠，是屬於扭轉臺灣產業結構的重大投資。三者之中則以石化工業的影響最大，結果使石化工業佔我國國民生產毛額最高時超過百分之五十以上。而以中鋼為代表的煉鋼廠則影響較小，但是其產能亦不斷擴充。不過，由於受到國內產業規模的限制，以及產品的特色，在質與量方面未來仍有待進一步發展。至於以中船為代表的造船業，則在石油危機衝擊下，發展並不順利，又面對國外的有力競爭，不僅成效較為有限，並造成嚴重的虧損。

為了追求產業升級，民國六十九年（1980 年）政府設立以電子工業

---

❾ 實際上包括南北高速公路、大造船廠等重大建設，早在蔣經國擔任行政院長前便已定案，甚至簽訂國際貸款協定。如 1968 年先和亞洲銀行簽約協助規劃高速公路，1970 年再簽約貸款興建高速公路楊梅段。這些政策在石油危機發生前即已制定，故十大建設並非石油危機始推動的計畫。

為重心的新竹科學園區。除了透過租稅優惠獎勵相關投資，引進外資及技術之外，政府亦投入大量經費進行技術研發及人才養成，並透過國科會、工研院，將發展的技術轉移民間。電子工業迅速發展，在我國整體工業所佔比重與日俱增，目前已經成為臺灣最重要的產業之一。

中小企業的貢獻

民間企業的發展，亦對臺灣產業結構與社會產生重大的影響。就臺灣本土的產業而言，民國五十、六十年代（1960、1970 年代）出口擴張，中小企業乃是重要推手，公營事業與大企業則將重心放在國內市場。在勞動力的聘僱方面亦是如此，勞力密集、輸出加工導向的民間中小企業的聘僱吸收力較大，在民國六十年代（1970 年代）中葉，員工未滿一百人的中小企業，吸收約六成的勞動力，超過公營企業與大企業的總和。

臺灣的南北高速公路

此外，民間中小企業的發展亦影響臺灣外匯的取得與累積。具體而言，民國五十年代（1960 年代）臺灣的出口市場從日本轉到美國，而進口市場則由美國逆轉為日本。臺灣從日本進口原料、半成品與機械，以相對廉價的勞力組裝加工，再輸出到美國市場，形成臺灣對日貿易逆差與對美順差，從而每年累積大量的貿易順差。而在民國七十年代（1980 年

代）的高度經濟成長期，民間中小企業的出口額佔臺灣出口額的三分之二，由此可見民間中小企業對於臺灣經濟成長的影響力。

經濟自由化的展開

民國七十年代（1980 年代）臺灣經濟的特色，是龐大的對外貿易出超。但鉅額出超引起以美國為首等國的反彈，出超帶來外匯存底的增加，也造成通貨膨脹的壓力。政府乃以經濟自由化為主軸，進行制度的改革。

從民國七十二年（1983 年）起，政府逐步放寬進口管制，三年後，大量開放國產品已足以與其競爭的商品進口。另一方面，則逐步降低進口關稅，民國七十六年（1987 年）更大幅調降稅率，使進口商品成本亦隨之下降。原本掌控市場的國內廠商，紛紛改變經營策略，一方面降價，一方面改善品質，以應付新的市場競爭。

民國七十五年（1986 年）以後，出超及外匯存底增加造成的壓力大增，次年，中央銀行實施新的管理外匯條例，使人民可以自由持有並應用外匯，完全取消管制經常帳的交易，資本帳交易則是有限的管制。在經濟自由化的浪潮中，開放金融事業的呼聲亦獲得政府回應。民國七十八年（1989 年）《銀行法》修正，開放新的商業銀行設立，開啟金融自由化的新紀元。

臺灣經濟自由化也與政府積極重返國際舞臺有密切的關係。民國八十一年（1992 年）世界貿易組織（WTO）的前身關稅貿易總協定（GATT）受理「臺澎金馬關稅領域」的入會申請。中華人民共和國則反對此一申請案，要求我國必須比照港澳的方式入會，但不被世界貿易組織接受。民國九十一年（2002 年）我國正式成為世界貿易組織的一員。此後，臺灣經濟更趨自由化、國際化。然而，在中華人民共和國政府的打壓下，雖然世界貿易組織各會員國彼此之間藉由簽訂「自由貿易協定」(FTA) 強化經貿關係，但臺灣和各國簽訂「自由貿易協定」(FTA) 的進展卻相當有限。

資本外移

　　民國八十年代（1990 年代）以前，臺灣的對外投資區域，以美國最為重要，其次則是東南亞地區。前者以取得技術、確保市場及擴充銷售網路為重心，後者以競爭力日漸衰退的產業為主；對歐洲及中南美洲的投資則有日漸提升的趨勢。隨著解嚴及政治日益自由化，臺灣投資的觸角，也伸向中國大陸。雖然李登輝總統曾經推動「戒急用忍」、「南進政策」，希望減少在中國大陸投資的比重，及降低對中國的經貿依賴。不過雙方經貿關係仍持續成長，目前相較於其他國家對中國大陸的投資，臺灣對中國大陸的投資金額總數、比重和經貿依賴度皆名列前茅。由於中華人民共和國並未放棄以武力處理臺海兩岸問題，如何分攤經貿風險，已經成為臺灣重要的經貿課題。

　　產業對外投資伴隨著在臺灣生產比重的下降，甚至是生產線的縮減。此產業結構下，「臺灣接單、海外（中國大陸）生產」的比重大增，民國一〇一年（2012 年）臺灣接單出口商品的海外生產比重超過 50%，導致外銷訂單創新高，臺灣實質出口卻衰退，無法有效改善國內勞工就業機會與薪資停滯。

產業轉型與結構性失業的產生

　　臺灣勞工主要服務於傳統製造業，隨著傳統產業大量外移，服務業所佔比重日漸增加，產業空洞化問題日漸明顯。無論是服務業或是電子業，無法吸納原本製造業釋放出的大量勞動力，加上傳統產業為降低成本，引進外勞，產業結構的改變，造成中年失業問題。結構性失業與大批電子新貴的產生，使所得分配出現惡化的現象。面對經濟自由化與國際經濟的挑戰，如何使臺灣經濟順利轉型，提升競爭力，成為政府施政的重要工作，也攸關未來臺灣的經濟發展。

第二節　中共政權的獨裁與「改革開放」

中共共產政權的建立

民國三十八年（1949 年）四月，在戰場上中國共產黨已經取得相當的優勢，並積極展開渡過長江的作戰，而國軍在中國大陸上已失去有效的對抗能力。同年七月，毛澤東在建黨二十八週年，公開表示對蘇聯一面倒，原本對中共存在幻想的美國等反共國家，大失所望。而中共政權的屬性，乃至於其國際戰略中成為蘇聯外圍的狀態，亦告確立。

十月一日，經歷所謂的「全國人民政治協商會議」後，中共政權在北京宣告中華人民共和國成立。次日，蘇聯率先予以外交承認。不久，中共軍隊席捲整個中國大陸。

中共政權的鞏固

由於在建立政權，領有整個中國大陸的過程中，有許多對中國國民黨不滿的知識分子及政治人物，採取親中共的政治選擇，也有上百萬的國軍向中共投降或戰敗被俘。這些力量對中共政權的領導者而言，都是不穩定的變數。因此，他們採取了一連串的措施來鞏固其政權。

在對外方面，中共政權繼續對蘇聯一面倒的政策，毛澤東率領周恩來等人於 1949 年底，在莫斯科與史達林會議。次年二月，達成包括《友好同盟互助條約》在內的三項條約、協定。透過這些外交的協議，蘇聯在中國大陸取得了特殊的利益，而中共政權則取得蘇聯對其堅定的支持。

而在對內方面，中共政權則於農村地區進行全面的土地改革，於城市地區則針對所謂的舊有資本主義，進行社會主義的改造。這些固然是中共政權站在所謂社會主義陣營，很正常的抉擇，但是，不容諱言的，透過這些行動所造成的財產權轉移，為中共政權取得了相當穩固的支持（特別是在農村），同時也擠壓出以農村為主的剩餘，以進行經濟建設。

至於具有反對中共政權潛在傾向的地主及資本家，則遭到鬥爭，失去其過去的權力基礎。

1951 年 9 月，針對讀書人，中共政權更有意識地推動「二百萬知識分子學習運動」，企圖使領導傳統中國社會價值的菁英能揚棄舊有的價值體系，轉而支持中共的政治路線。

如此，透過國家機器的強力運作，中共政權企圖一方面建立並擴大其統治的正當性基礎；另一方面則以高壓、恫嚇的方式，進行思想改造，並壓制潛在的動亂因素。這一連串的政策及行動，固然對中共政權的鞏固有相當正面的功能，卻未能化解其內在的矛盾及危機感。

抗美援朝

1950 年 10 月，在麥克阿瑟 (D. MacArthur) 將軍率領下的聯軍，於朝鮮半島擊退北韓的入侵後，展開武力反攻，並逼近中國東北與韓國的邊界。中共政權乃組織所謂的「抗美援朝志願軍」，強迫大量被俘虜或投降的國軍，以戴罪立功的心情「自願」投入韓戰，並且在中共軍方人海戰術下造成大量陣亡。

結果，中共政權透過韓戰，借聯軍的武力，消滅了其內在的可能反共力量。不過，對中共政權而言，這仍有所不足。因此，從中共政權成立以後，「鎮反」、「肅反」、「反右」的鬥爭始終不斷。

大鳴大放的鬥爭

其中由於社會主義意識型態遭到社會相當的抗拒，使中共政權推動的「農業改造」、「私營工商業改造」、「手工業改造」之「大私有」目標遭到阻力。對此，中共政權則展開肅清反革命的鎮壓行動，以強求貫徹。

1956 年發生著名的匈牙利自由運動，受到國際的普遍注意，鐵幕內對中共政權有不滿傾向的政治人物及知識分子，受到一定程度的鼓舞。中共政權則乘機推動大鳴大放，以掌握潛在的不滿分子。結果原本親共的各黨派民主人士在知無不言，言無不盡的誘導下，進行鳴放，表達對

中共政權的不滿。此舉使中共政權達成「引蛇出洞」的「陽謀」，而能遂行反右的鬥爭，進一步肅清原本即潛在對其不滿的知識分子及政治人物。

經濟的發展與困境

歷經五年的籌備，1954 年 9 月，第一屆全國人民代表大會在北京召開，會中並通過《中華人民共和國憲法》，理論上國家體制之形式已然確立。不過，由於中共政權對憲法體制並不尊重，因此其後隨政治權力鬥爭而不斷更動，致使其憲法完全喪失做為根本大法應有的穩定性及最高性。

相對而言，以農村土地改革擠壓出的剩餘為基礎，在 1957 年以前，中共政權統治下的中國大陸出現了高度的經濟成長。其中，陳雲主持擬訂的「第一個五年計畫」於 1955 年獲得中共中央的支持，而在此之前中共中央也宣布了「過渡時期總路線」的提綱，要求在大約十到十五年的時間左右，基本上完成到社會主義體制的過渡。在此一特殊的歷史時空條件下，加上戰爭結束與中共政權致力於經濟發展，結果從 1952 年到 1957 年之間，中國大陸的國民所得，以平均近百分之九的速度增加。而在工業部門，工業生產總值總共增加了百分之一百二十八左右，平均每年成長率超過百分之十八。至於農業生產總值，也達到平均每年百分之三點八的成長率。

這種高速的成長，是特殊環境下的產物，耕地面積沒有大幅的增加，工業生產也不足支持可能從農村釋放出來的大量勞力，使其經濟發展陷於困境。但是，中共政權的領導人卻對中國大陸的經濟條件錯誤的樂觀，結果造成嚴重的後果。

三面紅旗的困境與政治鬥爭

1958 年是中國大陸經濟與政治發展形式上的重要轉振點，中共政權先後標舉了通稱三面紅旗的「總路線」、「大躍進」及「人民公社」❿。由於其領導階層對國內經濟條件的錯誤樂觀，該年八月中共中央政治局

擴大會議通過號召「大煉鋼」與普及人民公社的決議，該項政策的實施結果一方面造成總體經濟的混亂與癱瘓，同時由於農村集體化的盲目加速，固有農業生態也嚴重失衡。估計 1959 年至 1960 年兩年之間共有二至三千萬農民餓死。

　　1960 年起中共領導階層改採較和緩的經濟成長指標，農村地區人民公社的建制依然存在，然而集體化的程度被大幅降低。1963 年起通貨膨脹趨於和緩，政府財政收支亦漸趨平衡。總體經濟形勢的好轉至 1965 年大致完成，該年國民總收入比 1957 年增長百分之二十九，比處於低谷的 1962 年高百分之五十一。

　　問題是，就在中共政權謀求解決「三面紅旗」冒進政策所帶來的惡果時，權力鬥爭的陰影卻隨之籠罩在中國大陸。本來，當「三面紅旗」出現問題時，中共的元老將領國防部長彭德懷即對毛澤東提出建議，卻遭到鬥爭下臺。結果，由於情勢繼續惡化，中共政權的第二號人物副主席劉少奇，結合黨總書記鄧小平等人，強力迫使毛澤東退居第二線，僅保有中國共產黨主席之位，而國家主席之位則讓給劉少奇。劉少奇及其盟友則在掌控國家機器及黨機器的情況下，扭轉毛澤東的政策，改行較溫和的路線。此舉引起毛澤東強烈的不滿，而尋求反撲的機會。

文化大革命

　　自長征途中的遵義會議開始，即逐步建立其個人威權的毛澤東，在中共政權建立與鞏固的過程中，完全佔居上風。至此失去權勢，他並不甘心，而積極尋求重掌黨、政、軍大權的機會。因此，毛澤東及其同志選擇了體制外的文化大革命，以砲打黨中央，瓦解既有體制的方式，進行奪權。

　　1966 年開始的無產階級文化大革命，是中華人民共和國體制下政治與社會秩序的一次全面性顛覆運動。毛澤東號召這一場革命的心理狀態

---

❿　參見李宇銘（主編），《中華人民共和國史辭典》，頁 23。

群眾遊行擁護毛澤東，展開文化大革命

至今仍令人費解，然大體而言，他的企圖無疑在推翻日趨工具理性化並與他對立的整個官僚系統與黨機器。就此而言，他的目的幾乎完全成功，中共政權第一代黨政軍領導人除總理周恩來外，幾乎全數在這一波大整肅中遭到波及。即使一開始與毛結成聯盟的國防部長林彪，亦在幾年後的政爭中死亡。

經濟改革的成果與危機

毛澤東死後，「四人幫」被打倒，華國鋒的接班人地位不久也面臨挑戰。而政治鬥爭的結果，鄧小平成為中共政權實質的領導人。

鄧小平所主導的中共政權在經濟上獲致相當的成功，1992 年之後十餘年來均維持著百分之十上下的經濟成長，使中國大陸成為全球生機最

蓬勃的經濟體，然而舊體制轉換為新體制的過程仍連帶爆發難以解決的
併發症。北京中央所無力壟斷的新滋生的社會經濟利益，由地方次團體
所瓜分，導致中央對於權力掌控感到危機；地方各層級在吸收了或多或
少的利益分紅後，結成大大小小的利益團體，在社會治安、政治發言權、
財政分配上對北京形成挑戰；新的遊戲規則令舊制度下成長的一代無所
適從，導致類似 1989 年天安門事件的群眾不安。最具震撼力的變動可能
來自農村，由於引進資本主義生產方式，舊的農村控制系統瓦解，農村
隱藏性失業人口大量流出，估計至 1990 年代中期中國大陸的「民工潮（盲
流）」流動人口已超過一億。如何化解因經濟發展所併發的這些失控問題，
將是中國大陸未來發展的重要關鍵。

　　另一方面，鄧小平過去挑選的繼承人——胡耀邦、趙紫陽——的先
後失勢，以及在此經濟、社會背景下，於 1989 年爆發的「六四天安門事
件」，則凸顯出經濟蓬勃發展下之隱憂。最後接替鄧小平成為中國共產黨
的實際權力掌握者是江澤民，他曾同時擔任中共總書記、中共中央軍委
主席，以及中華人民共和國國家主席等三個最重要的職務。

　　1997 年 9 月 12 日中國共產黨第十五次全國代表大會（簡稱「中共
十五大」）在北京召開。由於這是鄧小平病逝後中共黨章規定的最高權力
機關所召開的第一次會議，也因此被視作是觀察中共高層政治動向的指
標。原中共政治局排名第三的常務委員喬石不在新當選的中央委員會名
單內。喬石此舉一方面在於以身作則，樹立年滿七十歲即退休的規範；
然而，當時也已高齡七十一歲的江澤民依舊繼續當選總書記，可以解讀
為在鄧小平死後，江澤民確實已穩坐中共黨內最高權力寶座。為了保障
國內政局穩定，江澤民可以不受屆齡退休規定的約束。

　　中共十五大閉幕隔日——1997 年 9 月 19 日，中共第十五屆中央委
員召開第一次全體會議（簡稱「十五屆一中全會」），選出二十二名中共
中央政治局委員，代表著整個中國共產黨最高領導階層，而其中的七名
政治局常委——江澤民、李鵬、朱鎔基、李瑞環、胡錦濤、尉健行、李
嵐清，更是中共權力核心的象徵。

2002 年 11 月 8 日，中共召開第十六次全國代表大會，高齡七十六歲的江澤民雖然不再續任中央委員，亦即勢必不再連任政治局常委以及總書記兩個職務，然而 11 月 15 日舉行的十六屆一中全會，仍然選舉江澤民為中共中央軍事委員會主席。如此一來江澤民遂得以解放軍最高統帥身分，扮演 1989 年以前鄧小平「垂簾聽政」的角色。中共十六屆一中全會所選出的政治局常委共有九名，他們是胡錦濤、吳邦國、溫家寶、賈慶林、曾慶紅、黃菊、吳官正、李長春、羅幹。十五屆政治局常委除江澤民之外全部退休，象徵著中共第四代領導隊伍的上臺。2004 年 9 月 19 日，中共十六屆四中全會江澤民辭去中央軍事委員會主席一職，由胡錦濤接任，完成全面接班的態勢，以胡錦濤、溫家寶為首的領導體制進一步鞏固。

2007 年 10 月 15 日，中共召開第十七次全國代表大會，會後於 10 月 22 日舉行十七屆一中全會，除了強化胡錦濤、溫家寶的領導核心外，也為下一梯次的接班做了準備工作。會中選出胡錦濤、吳邦國、溫家寶、賈慶林、李長春、習近平、李克強、賀國強、周永康為中央政治局常委，胡錦濤為中央委員會總書記，並再次以胡錦濤為中央軍事委員會主席。2012 年 11 月 8 日中共再召開第十八次全國代表大會，並進行權力接班。11 月 15 日舉行十八屆一中全會，選舉習近平、李克強、張德江、俞正聲、劉雲山、王岐山、張高麗為中央政治局常委。與之前江澤民留任中央軍事委員會主席不同，胡錦濤在交出黨領導權之時，同時交出軍權，習近平擔任中央委員會總書記兼中央軍事委員會主席。2013 年 3 月習近平接任國家主席，李克強擔任國務總理，完成國家機器的接班。

而在習近平接班前，同為中共第二代要角、政治局委員、重慶市委書記的薄熙來不僅試圖擠進政治局常委不成，而且 2012 年 3、4 月間因為違法、違紀遭到解除職務，9 月被移送法辦。而與薄熙來關係密切的原政治局常委、中央政法委員會書記周永康，因為權力體制調整，十八大後退出政治局常委會，一中全會後被免去中央政法委員會書記一職，2013 年被捕，與其關係密切的黨政人士也遭到調查或是被捕。這是近年

來，中共權力核心領導團成員違法遭到法辦的少數案例。

一國兩制的經驗

1997 年，香港在經過大英帝國一百五十六年的統治（1841 年 1 月 26 日至 1997 年 6 月 30 日）之後，交還給中國。兩年後，1999 年 12 月 20 日葡萄牙亦結束對澳門長達四個半世紀的統治，由中國收回主權。

由於香港、澳門長期交由英國、葡萄牙治理，在政、經制度甚至文化上，都與實行社會主義的中共政權格格不入，為此鄧小平早在 1980 年代初起就高倡「一國兩制」主張，宣示接收港、澳之後不更改其原有體制。然而「一國兩制」畢竟只是口號，1997 年之後由於香港人民時有爭取政治權利、要求實現行政首長普選的呼聲，此與中共不願真正開放香港基層民主的意圖相牴觸，縱使 2004 年香港人以大規模遊行表達要求，仍遭拒絕，而北京中央政府也不時干預香港內部的行政、司法事務。至於經濟方面，香港在 1997 年之後迭經東南亞金融風暴、國際經濟不景氣的影響，以金融、服務業為強項的香港經濟一蹶不振，2003 年春季復受到由華南地區傳布開來的「嚴重急性呼吸道症候群」（SARS）疫情的沉重打擊，國際觀光業亦急遽衰退。如今的香港必須更多地依賴廣東地區的發展，才能維持本身的經濟活動。相對的，整體經濟規模日漸龐大的中國，則是帶動了另一個中國沿海大都市──上海的發展。新世紀的上海，越來越明顯地展現取代香港成為國際資金進入中國門戶的態勢。

快速經濟成長與經濟降溫政策

自 1992 年鄧小平「南巡」之後，中國曾經長達四年以每年超過百分之十的經濟增長速度快速成長，後雖經總理朱鎔基適度「降溫」，從 1996 年至 2003 年仍舊維持著百分之七至百分之九的年增長率。整體而言，中國的平均國民所得雖然離已開發國家尚有一段距離，但其經濟規模仍持續增長。2000 年中國全年國內生產總值 (GDP) 已突破一兆美元，成為世界第六大經濟體，僅次於美、日、德、法、英。2008 年國際發生金融危

機，全球經濟重創，相較之下，中國仍是經濟復甦甚至持續成長最明顯的經濟體。2009 年，中國已成為僅次於美、日兩國的世界第三大經濟體，2010 年第二季，中國經濟規模乃首度超越日本，位居世界第二。不過，從 2009 年下半年開始，中國人民銀行對於經濟過熱，特別是股價、房價的高漲，也採取了一定的貨幣緊縮政策。

這種狂飆式的經濟成長，固然藉由國際分工與進出口貿易，帶動了周邊國家某些產業的興榮，然而卻也普遍地造成資金排擠效應，包括臺灣在內的所有東亞國家，均因為資金大量外流至中國，而出現國內投資不足、失業率上升的現象，其中尤以遭中國替代的低階工業生產最為嚴重。同時，還由於中國高污染工業快速增長，造成東北亞地區空氣品質快速惡化，酸雨問題日益嚴重。2004 年，中共政權為避免經濟過速發展可能帶來的危機，總理溫家寶宣布要再採取「降溫」政策。

整體而言，中國的平均國民所得雖然離已開發國家尚有一段差距，但其經濟規模仍持續增長。2008 年國際發生金融危機，全球經濟重創，相較之下，中國經濟仍明顯持續成長。2010 年第二季，中國更超越日本，成為僅次於美國的世界第二大經濟體。不過，從 2009 年下半年開始，中國人民銀行對於經濟過熱，特別是股價、房價的高漲，也採取了一定的貨幣緊縮政策。2015 年由於經濟成長趨緩，人民銀行啟動降息，希望刺激景氣，6 月底由於股價下滑，更展開救市的措施。

金融風暴後的經濟發展

2008 年的世界金融風暴，是由美國雷曼兄弟控股公司 (Lehman Brothers Holdings Inc.) 倒閉所引發的。由美國、歐洲的經濟受挫開始，形成全球性的經濟危機。當時中國大陸經濟相對未受影響，中華人民共和國政府則採取了財政擴張政策，以增加投資、刺激內需，維持經濟成長，也增加了中國對世界經濟的影響力。2010 年，中國國內生產總值 (GDP) 超過日本，成為世界第二大經濟體。

但是，中國以財政手段維持經濟高度發展，除了使貧富差距問題更

為嚴重外，資產泡沫的問題也浮上檯面。特別是財政擴張政策下，2008 年以來，私人（企業）貸款增加的幅度比經濟成長高許多，尤其是私人信貸成為重大金融問題。而地方政府及國企的龐大銀行借款，也成為影響中國經濟的一大問題。2013 年李克強接任國務總理以後，在政策上做了重大調整，不再強調以擴張政策刺激經濟，採取金融市場的整頓工作，避免以過度信用擴張來推升經濟成長。至於成效如何，則有待後續的觀察。

第三節　臺海兩岸的對比與交流

從敵對到交流

1950 年代以來，由於世界冷戰格局的形成，以及中國戰爭狀態的延伸，中國大陸與臺灣在將近四十年的時間裡出現互不往來的局面。雙方雖然在國際政治舞臺上展開激烈較勁，一方高唱「解放臺灣」，一方矢言「反攻大陸」，並在爭取邦交國上出現外交戰；然而雙方的官方、民間的接觸幾乎完全沒有。而兩岸直接的接觸，便是民國四十七年（1958 年）八二三砲戰及其他規模較小的武力衝突。

兩岸關係「解凍」的關鍵在 1980 年代。由於毛澤東死亡以及文化大革命的結束，1980 年代起中國大陸嘗試「改革開放」的發展策略。同時期臺灣由於政治反對運動的逐漸成熟，加上三十年間所累積的經濟成就，政治與社會環境開始走上多元化。雙方內部條件的質變，加上同時期國際大和解情勢的逐漸明朗，創造了兩岸交流的環境。

民國七十六年（1987 年）十一月二日，蔣經國總統在臨去世前幾個月，開放了臺灣民眾前往中國大陸探親的門禁，至此結束了臺海兩岸近四十年的隔絕狀態。

臺海兩岸的對比

相互隔絕的三十多年間，發展出迥然不同的政治、經濟與社會型態。中國大陸自農業合作化與工商業社會主義改造開始，走上一條以蘇聯為範本的「計畫經濟」模式。目前在經濟上的開放，雖然使沿海地區尤其是大都市呈現出新的活力，但是極權統治的本質並未改變。臺灣則在發達國家資本與自由經濟體制之間發展，大體上自由經濟已成為臺灣的主流。而強人威權體制及高壓的政治氣候，則隨著時間有所轉變。特別自從解嚴、終止動員戡亂時期等體制的改變，以及中央民意代表全面改選、省、市長民選與民國八十五年（1996 年）進行的總統直選，不僅民主化有豐碩的成果，統治者的正當性也得到相當的強化。臺灣海峽兩岸就體制而言，仍有本質上的差異。

經貿成為主要關係

據我國內政部警政署的統計資料，開放探親之後的頭一年（民國七十七年，1988 年），國人以「探親」名義赴中國大陸人數已達四十三萬多，到民國八十一年（1992 年）赴中國大陸人數則突破一百萬人次❶。這麼多穿梭於兩岸的過客，目的當然不止在探親或旅遊。如同上文所述，中國大陸自 1980 年代開始所謂的「改革開放」運動，而隨著臺灣探親大軍登陸的，事實上是大筆的資金。據學者研究指出，民國七十三年（1984年）至民國八十年（1991 年）之間，臺灣流入中國大陸的資金介於一百零六億至二百零五億美元之間❷。其間誤差值之大，正顯示了臺海兩岸

---

❶ 關於民國七十七年到八十二年五月臺灣民眾赴大陸「探親」人數，參考行政院大陸委員會編，《大陸事務手冊》，頁 101。而開放之初，只允許返鄉探親，民國八十一年五月五日交通局才以觀業(81)字第 08172 號函發布〈旅行業辦理臺灣地區人民赴大陸地區旅行作業要點〉。

❷ 臺灣流入中國資金估算，引自林鐘雄受陸委會委託所作報告，《臺灣、大陸及港澳三地金融關係發展之研究》。轉引自《中國時報》，民國八十二年五月十六

日益密切的關係裡所涵蓋的複雜性。

　　如果單純就臺商赴大陸實際投資金額來看，據中國大陸方面的統計，截至民國八十二年（1993 年）底，臺資已累計達五十億美元❸，其中光是當年度，臺商實際投資金額便超過了三十億美元。至此，臺資已位居中國大陸吸收外來投資的第二位，僅次於香港❹。

　　民國八十三年（1994 年）臺商對中國大陸投資金額再創新高，據中華人民共和國國務院外經貿部相關官員表示，已達三十三億九千萬美元，協議投資項目則有六千二百多個❺。

　　資金的流動當然不只是單向的，在臺商紛赴中國大陸投資之際，臺灣事實上與中國大陸之間存在大量的貿易順差。臺灣對中國大陸貿易順差從民國七十九年（1990 年）的十九億美元，增加到民國八十二年的一百二十八億美元。在這四年之間，臺灣累計出口到中國大陸二百四十七億美元的商品，而中國大陸對臺出口只有十八億美元❻。雖然戰後長期以來，臺灣第一大貿易往來國家是美國，但是近年來與中國大陸的貿易迅速成長，民國九十二年（2003 年）已超過臺灣對外貿易總值的百分之三十，躍居我國最大對外貿易國，而臺灣所賴以維持龐大的貿易順差，也主要來自中國大陸。

　　在中華人民共和國取回香港後，臺灣對中國大陸的投資金額及其佔 GDP 的比率，都高居全球首位，加上貿易依存度持續提高，純就正常經濟政策考量，即有分散風險必要性。這也是政府長期以來，主張導引臺商全球布局的重要經濟考量點之一。

日。

❸　李曉西（中國國務院研究室），〈在互惠互利基礎上發展兩岸經貿關係〉，《中國時報》，民國八十四年三月二日，9 版。

❹　民國八十二年臺商赴大陸投資金額，係依據行政院經濟部投審會公布之數字。見《聯合報》，民國八十三年五月二十三日，19 版。

❺　此數字由中國外經貿部臺港澳司司長安民透露。見《明報》（香港），1995 年4 月 3 日。

❻　同❸。

以商圍政的問題

臺海兩岸關係轉趨熱絡，尤其是經貿往來在短短三、五年間呈現數倍增長，在在引起臺灣朝野的疑懼。由於 1950 年代以來，海峽兩岸的冷熱戰持續超過三十個年頭，儘管雙方政府都主張中國統一，然而內涵上實有著天壤差別。在中國大陸方面，自 1981 年全國人大委員長葉劍英提出「臺灣可作為特別行政區，享有高度自治權，……現行社會、經濟制度不變」開始，關於統一的方案一貫維持在以北京為中央、臺灣為地方的「一國兩制」模式。我國政府不甘被貶抑為地方政府，而以「國統綱領」回應。於是類似東、西德與南、北韓的「分裂分治」說遂成為臺灣表現維持現狀，進而追求未來統一傾向的一種代表性主張。

然而大量資金流入中國大陸、眾多企業與大陸官方產生共同利益，卻可能與臺灣維持現狀的目標相衝突。臺灣方面擔心北京當局企圖藉緊密的經濟紐帶以吞併臺灣，造成任其擺布的局面。據行政院陸委會所公布的一項估算，民國八十二年（1993 年）臺灣對中國大陸貿易依存度（佔對外貿易比重）為百分之九點三二，創下自 1980 年代以來的最高點。其中出口依存度更高達百分之十六點四七，此即上文提及民國八十二年臺灣享有對大陸一百二十八億美元貿易順差所必須承受的代價。

中共「以商圍政」策略當前最主要的突破口，即「三通」問題。所謂三通，係通郵、通航、通商的簡稱。一旦實現三通，臺灣與中國大陸的經貿關係勢必越趨緊密，更加違背臺灣不欲為中共政權吞併的本意。

因此，雖然承受內外要求經濟上進一步開放的壓力，中華民國在三通問題上，固然開放間接的接觸，以使臺灣海峽兩岸的接觸有一定的管道可循，另一方面則對直接的三通，特別是通航問題，則根據後述的〈國家統一綱領〉進行政策性的規範。

權責機構與相關立法

面對日益關鍵的中國大陸問題，中華民國政府亦逐步進行組織動員，

建立有關的權責機構與促進相應立法工作。民國七十七年（1988 年）八月，行政院成立「大陸工作會報」，作為協調處理有關中國大陸事務的臨時性編組。然而情勢的發展，一個專責機構的成立，實為必要。民國七十九年（1990 年）十月七日，總統府召開「國家統一委員會」第一次會議，作為總統的諮詢機構。同時，行政院大陸委員會（簡稱陸委會）亦依暫行組織規程成為行政院內的特種委員會，開始運作，成為我國行政部門負責中國大陸事務權責機構。

民國八十年（1991 年）二月二十三日，國家統一委員會第三次會議通過〈國家統一綱領〉，作為中華民國政府處理大陸事務以及面對未來統一問題時的最高指導文件。

〈國家統一綱領〉分前言、目標、原則、進程四部分。前言中指出，海峽兩岸應在理性、和平、對等、互惠的前提下，經過適當時期的交流、協商，建立民主、自由、均富的共識，然後才共建統一的中國。目標中更提出，統一的時機與方式，首應尊重臺灣地區人民的權益並維護其安全與福祉，然後才分階段逐步達成。至於階段，則分近、中、遠三程。近程要求兩岸交流互惠，不否定對方為政治實體；同時大陸地區應積極推動經濟改革，逐步開放輿論，實行民主法治；國際上雙方則要相互尊重、互不排斥，以建立互信合作。到了中程，雙方開始進行對等的官方溝通，開放三通。至於遠程，則是協商統一的階段。

依〈國家統一綱領〉近程階段的規劃，以及憲法增修條文第十條的規定，陸委會草擬了《臺灣地區與大陸地區人民關係條例》，作為規範兩岸交流的法律。經立法院通過後，民國八十一年（1992 年）九月十八日公布實施。

民間授權機構與辜汪會談

依〈國家統一綱領〉的規定，在近程階段可設立中介機構，以維護臺海兩岸人民的權益，更重要的是官方可以透過民間性的中介機構，與中國大陸當局協商處理臺海兩岸相關事務。在此需求下，於行政院陸委

會成立的同時，以官股為主，成立了「財團法人海峽交流基金會」（簡稱海基會），作為辦理臺海兩岸交流及涉及公權力的中國大陸事務的委託民間機構，並由臺灣政商界名人辜振甫出任董事長。

基於同樣的需要，以及作為海基會的對口單位，中國大陸方面於1991年（民國八十年）底成立了「海峽兩岸關係協會」（簡稱海協會），由前上海市市長汪道涵出任會長。至於相對於陸委會的官方機構，中國大陸當局則是在國務院成立部級的「國務院臺灣事務辦公室」（簡稱國臺辦）。

海協會與海基會成立後的第一次高層會議，是民國八十二年（1993年）四月於新加坡舉行的「辜汪會談」，雙方於會後簽署了四項協議：〈兩岸公證書使用查證協議〉、〈兩岸掛號函件查詢補償事宜協議〉、〈兩會連繫與會談制度協議〉、〈辜汪會談共同協議〉。此外海基、海協兩會會務的實際負責人還曾就偷渡客遣返、劫機犯遣返及臺海兩岸漁事糾紛等三項議題分別舉行過多次會談。

臺海兩岸交流中臺灣所面對的問題

對臺灣來說，如何與中華人民共和國嘗試建立一個平等共存的關係，是個相當令人困擾的問題。即使進入 1990 年代（民國八十年代），雙方在文化、社會、經濟制度、意識型態等多方面，仍存在著強烈的差異。就算無視這些異質性，臺灣民眾在認同上對中共政權仍存在背離感。此所以〈國家統一綱領〉中除了贊同「統一」此一長遠目標外，還附加了民主、自由、尊重臺灣人民權益等但書文字。

〈國家統一綱領〉的中程階段何時能達到，目前還無從預料，更不用談遠程的內容了。臺海兩岸目前仍在近程階段的條件方面互動。唯中共政權常常在有意無意之間，打壓我國的國際生存空間，拒絕承認臺灣海峽兩岸是彼此對等的地位，這也是縱使宣示主張統一的中國國民黨執政期間，中華民國政府仍無法依據〈國家統一綱領〉順利進入中程階段的最主要原因。

臺灣的善意表現

如前所述，民國七十九年（1990年）「動員戡亂時期」結束後，臺海兩岸的關係，對中華民國而言，已經進入一個嶄新的階段。而「國家統一委員會」的成立，〈國家統一綱領〉的通過，則宣示了當時中華民國政府期待在民主、自由、均富制度下，以和平的方案來解決統一問題。

但是此一統一問題的推動與解決，必須能以維護臺灣地區的安全，以及臺灣住民的權益為前提。因此視現實臺灣海峽兩岸政治互動狀況，來設計臺海兩岸交流範圍與速度，自比沒有經過評估而一意開放來得穩健。

同時，中華民國政府既不再視中共政權為叛亂團體，又提出臺灣海峽兩岸現實上處於分裂、分治狀態的主張，認為中華民國政府與「中華人民共和國政府」是兩個對等政治實體，「中華人民共和國」主權從來就未曾及於臺灣。而在臺灣的中華民國政府，自然有權利在國際上開創主權國家所應有的空間。同時，基於對中華民國國民負責，維護國民權益，我國政府也必須努力打開國際空間。但是，中華人民共和國則堅持「一國兩制」，不但不願意放棄武力犯臺，還大力打壓臺灣的國際生存空間。

中共政權惡意打壓

中共政權對於我方的政策欠缺善意的回應，不但不願意放棄武力犯臺，以民國八十四年（1995 年）高雄市爭取亞運主辦權一事為例，不僅違背亞奧會的傳統，與南韓聯手，推翻祕密投票的方式，同時還迫使各個會員國必須明白表態，以打壓高雄市的主辦案。

事實上，中共政權連在亞奧會這種民間的體育組織內，都試圖貶抑我國作為一個普通會員國的權利與地位。因此，李登輝總統以私人身分訪問美國，中共政權自也設法杯葛、干擾。而且，不僅中共政權官方態度如此，連有機會到美國求學的部分中國大陸留學生，甚至還包括部分所謂的民運人士，也與中共政權採取相類的立場，向美國方面表示抗議之意。

　　從亞奧會到李登輝總統訪美事件，可以看出中共政權連民間性質的國際舞臺，都對我國採取打壓的態度，更遑論官方的活動空間了。過去中共政權曾經表示，如屬非官方場合，允許我國在國際經貿舞臺有一定的活動空間、加入國際組織。這種論調已經引起我國官方、民間的不滿，如今連民間的體育活動，亦不欲我國有平等爭取主辦權的空間，更暴露出其蠻橫的本色。

　　不僅如此，中共政權也運用其影響力，阻撓我國購買防衛所需的軍備。由於我國政府已經採取一連串友善的措施，防衛性的武器乃是為了保護臺、澎、金、馬安全及人民利益所必備，對中共政權並沒有武力的威脅。因此，中共政權的干擾，只是說明其必欲削弱我國政府的防衛力量，必要時便利其以武力併吞臺灣而已。

　　而這些干擾、打壓，不過是中共政權為了遂行其目的，所採取的行動。這些行動對於臺海兩岸的良性互動，固然沒有助益，但是，更根本的是，中共政權的基本主張，是否合乎時宜，是否為我方所能接受。

一廂情願的中共政權主張

　　相對於中華民國一連串有關於中國大陸政策的調整與友善的措施，「中華人民共和國」則以前述的「一國兩制」為基調。以「中華人民共和國」作為「中國唯一合法政府」，完全抹殺我國政府在國際舞臺上的生存、活動空間，必欲使我國政府淪為其地方政府。

　　縱使臺灣兩千三百萬住民享受其所安排的所謂「一國兩制」式的「高度自治」，而中共政權亦能信守諾言，在「一國兩制」體制下臺灣住民的生活方式或基本人權，事實上都不可能比得上原有的一切。根據港、澳的經驗，實施「一國兩制」後，人民原有的自由權利皆已遭到限縮。而中共政權的構想中，「一國兩制」也只是過渡的安排，最後臺灣終究必須接受社會主義的體制。

　　就此而言，中共政權的基本要求，根本不符合臺灣住民的利益與意願，中華民國政府及臺灣住民對此並沒有接受的可能。

從「江八點」到「兩國論」

　　因我方的態度未符中共期待，民國八十四年（1995年）一月，中共政權領導人江澤民提出「江八點」，作為處理臺海兩岸問題的基本架構，以「一個中國」為前提，意圖造成臺灣與中國問題乃是中國內政問題的假象。李登輝總統則以「李六條」回應，強調必須在臺灣與中國大陸現實上屬於兩個互不隸屬的政治實體前提下，才有討論兩岸未來統一方式的可能。

　　然而就在民國八十五年（1996年）上半年「江八點」與「李六條」相繼發布之後不久，李登輝總統於同年六月以私人身分前往美國康乃爾大學參加校友會，卻引起中共政權的強烈反應，不僅動員官方媒體大加抨擊，同時並於該年七月十八日宣布對臺灣北部海域進行導彈試射。臺灣與中國的軍事緊張關係持續超過八個月，直到次年三月二十三日李登輝以超過百分之五十的得票率當選中華民國第一屆民選總統，中共的軍事恫嚇才暫時緩和下來。這八個多月的臺海軍事危機，被稱作是1950年代臺海危機之後的「第二次臺海危機」。

　　民國八十五年之後的臺海兩岸關係繼續沉寂近兩年，直至民國八十七年（1998年）北京方面態度始逐漸軟化，同意海基會董事長辜振甫於該年十月十四日訪問上海，與海協會會長汪道涵進行「辜汪會晤」，隨後辜振甫並前往北京，與當時的中共總書記江澤民舉行會談。雖然臺、中官方至此似乎恢復對話，然而氣氛仍極度詭譎，中共當局試圖強迫臺灣接受其「一個中國」、「臺灣是中國一部分」、「一個中國就是中華人民共和國」的三段論述，臺灣有逐漸被矮化為中國之地方政府的危機。為此李登輝總統於民國八十八年（1999年）七月九日接受德國媒體採訪時，以《中華民國憲法增修條文》的架構，提出臺灣與中國關係為「特殊的國與國關係」，此一主張被輿論通稱為「兩國論」。至此雙方關係再次走向緊張，解放軍旋即於中國東南沿海展開大規模軍事演習，並透過中、港媒體發言恫嚇。同年十月一日為中華人民共和國建國五十週年，北京

天安門廣場舉行盛大閱兵典禮，展示多項武器裝備，包括短、中、長程各式地對地戰術、戰略飛彈。

民進黨執政時期的臺海兩岸關係

民國八十九年（2000年）年三月十八日，臺灣舉行第十屆總統大選，民進黨候選人陳水扁當選，大出中共當局意料之外，當天晚間中共中央臺灣工作辦公室（簡稱中臺辦）、國務院臺灣事務辦公室發表聲明，表示：「對臺灣新領導人我們將聽其言觀其行，對他將把兩岸關係引向何方，拭目以待。」而陳水扁總統則在就職演說時，雖提出「四不一沒有」，不推動「兩國論」入憲，希望緩和與中華人民共和國的關係，卻成效有限。

而民國九十一年（2002年）陳水扁總統在對「世界臺灣同鄉會聯合會」發表視訊演說時，提出「一邊一國」的主張，則遭到中共當局強力的抨擊。此後直至民國九十三年（2004年）三月陳水扁連任第十一屆中華民國總統，雙方官方互動均無進一步之發展。

相對地，中共政權對民間則更積極地以「政經合一」的思惟，大力對臺灣施壓，從民國八十九年參加陳水扁總統就職典禮唱中華民國國歌的張惠妹遭到抵制，到民國九十三年對支持陳水扁或臺灣主權獨立的「綠色臺商」放話威脅、打壓，乃至雅典奧運連「中華臺北」的廣告都因中共政權施壓而被迫撤下。凡此皆說明臺灣在與中國大陸接觸的過程中，無法維持純粹的民間交流，中共不時企圖以政治力介入。而且，在國際舞臺縱使我方已一再退讓，連民間性質的活動，都時而受到中共政權的打壓，無法正常參與。

2005年（民國九十四年）中華人民共和國通過《反分裂國家法》，試圖以不惜破壞和平的態勢，阻止國際社會對臺灣的支持，藉此將其與臺灣關係國內問題化，迫使臺灣接受其解決臺灣問題的框架。然而，中華人民共和國以「一個中國」架構將臺灣視為地方政府，與臺灣主流民意的發展方向，差距甚大。次年，陳水扁總統原本傾向以廢除〈國統綱領〉、「國統會」的方式回應，而引起美國政府的關心。最後陳水扁總統

決定國家統一委員會「終止運作」(cease to function)，行政院院會亦正式決議〈國統綱領〉「終止適用」(cease to apply)，並藉此表明反對《反分裂國家法》，國內亦出現反對、批評《反分裂國家法》的意見。而在國際上，主要支持中華人民共和國立場的是俄羅斯，美國、日本及國際社會則大多反對《反分裂國家法》以非和平方式解決臺灣問題的主張，受此法的影響，歐盟也決議擱置開放軍售予中華人民共和國。

民進黨執政期間的兩岸經貿關係

從民國七十六年（1987 年）開放赴中國探親以來，臺灣廠商赴中國大陸投資，以及臺灣與中國的經貿關係日漸成長，目前已經成為臺灣對外經貿關係相當重要的一環 **⓱**。

至李登輝總統執政晚期的民國八十八年（1999 年）為止，臺商投資中國佔我國國內生產毛額 (GDP) 比重維持在千分之五上下。陳水扁就任總統後，先召開經發會，將對中經貿政策定調為「積極開放、有效管理」，行政部門大幅放寬廠商投資中國的限制，其中工業產品開放投資比率高達百分之九十八點五。根據政府統計，臺商投資中國金額佔 GDP 比重由民國八十九年（2000 年）的百分之零點九快速增加到民國九十三年（2004 年）的百分之二點二。民國九十五年（2006 年），雖然政府提出「積極管理、有效開放」政策，次年臺商投資中國比重仍高達百分之二點六，創下歷史新高。由 2005 年 4 月美國國會「美、中經濟與安全委員會」發布的報告可知，臺商對中國的投資，約佔中國接受海外直接投資金額的一半，逼近三千億美元。官方統計指出，民國八十九年至民國九十七年（2008 年），平均每年核准赴中國投資的金額，為民國八十五年（1996 年）至民國八十九年的四倍。

就貿易而言，臺灣對中國的進出口依賴度亦迅速增加。民國八十九年，臺灣對中國的出口依賴度為百分之二十四，民國九十六年（2007 年）

⓱　本節相關資料，係參考林向愷、王塗發等人的研究所得。

已突破百分之四十。而臺灣對中國的進口依賴度亦由民國八十九年的百分之六增為民國九十七年的百分之十三點七。

　　整體而言，至民國八十九年為止，臺灣對中國的投資呈現增加的態勢，當年佔臺灣對外投資比例約三成左右。民進黨執政後，投資比重迅速擴大，民國九十三年廠商對外投資中超過六成投資中國，遠較同年度南韓的百分之三十八以及日本的百分之十二為高。次年美國國會「美、中經濟與安全委員會」發布的報告，臺商對中國投資約佔中國接受海外直接投資 (FDI) 金額的一半。此後，投資比重雖然一時較為冷卻，但是民國九十七年國民黨再度執政後，正式突破七成。隨著中國大陸經濟成長力道出現疑慮，以及投資條件的改變，部分臺灣廠商也有轉移投資、設廠國家的情形，赴中國大陸投資的比重也再告下降。

國民黨再執政後的臺海兩岸關係演變

　　民國九十七年（2008 年）第二次政黨輪替後，馬英九就任總統，傾向「一個中國，各自表述」的立場，宣示「外交休兵」，一時之間臺海兩岸關係稍見和緩。然而，中華人民共和國政府仍未放棄打壓臺灣的外交空間。

　　在經貿及投資方面，馬英九總統對中國採取更開放的政策。包括開放空運直航完成三通、開放觀光客來臺、開放人民幣兌換、放寬廠商投資中國上限、開放十二時晶圓廠赴中國生產、開放中資來臺、放寬中國配偶的配額、簽訂備忘錄 (MOU)、開放銀行赴中投資，以及與中國簽訂〈海峽兩岸經濟合作架構協議〉(ECFA) 等等。

　　民國九十九年（2010 年）〈海峽兩岸經濟合作架構協議〉(ECFA) 簽訂後，投資中國佔臺灣對外投資的八成以上。根據經濟部核准赴中國投資金額，民國一○○年（2011 年）比前一年增加百分之七，超過一百三十億美元，達到歷史高峰。此後隨著中國生產成本提高，臺商赴中國投資金額也出現降低的現象。不過，根據民國一○二年（2013 年）前七個月核准投資金額，投資中國仍佔臺灣對外投資的六成五以上。此種投資

高度集中的現象，如何進行風險分擔，是值得重視的經濟課題。政府原本希望簽訂 ECFA 後，藉著臺灣與中國的密切經貿關係，可以吸引更多外資來臺，但事與願違，外資來臺投資意願不增反減，創下近年來的新低。

而在對外貿易方面，民進黨執政的最後一年，臺灣對中國的出口依賴超過四成，此後比重大致相當。進口方面，民國九十七年以後中國的進口比率則增加較為明顯，特別是 ECFA 簽訂後，一年的增長率達百分之八。

由於外銷產業對外投資增加，臺灣接單、中國生產的狀況十分明顯，目前約有五成外銷接單在國外生產，使得外銷出口數雖然成長，卻無法有效反應在臺灣國內經濟上。由於 ECFA 對臺灣經濟的助益有限，民國一〇二年六月〈海峽兩岸服務貿易協議〉簽署，國人對其成效看法不一，特別是服務業中的中小企業及從業者反對最力。而 ECFA 早收清單產業中，不僅出現對中國大陸輸出衰退，而且自中國大陸輸入臺灣反而出現成長的現象，也引發疑慮。

民國一〇三年（2014 年）三月，簽訂前保密的〈海峽兩岸服務貿易協議〉在立法院內政委員會審查過程中，行政院強調必須維持原狀通過（不可修正），又在程序有爭議的狀況下被主席裁示通過委員會審查，引爆臺灣有史以來規模最大，佔領立法院議場的「太陽花學運」，最多時有數十萬人（一說五十萬人）參與。由於國內爭議甚大，〈海峽兩岸服務貿易協議〉審查暫告中止。除〈海峽兩岸服務貿易協議〉外，包括「自由經貿示範區」也因為被認為與中國經貿關係密切，爭議不斷。此一運動後，臺灣與中國大陸進一步的經貿依賴關係的建立，暫時趨緩。

雖然如此，2015 年七月中華人民共和國通過《國家安全法》，不顧臺灣人民的意願，在第十一條規定「維護國家主權、統一和領土完整是包括港澳同胞和臺灣同胞在內的全體中國人民的共同義務」。由於中華人民共和國片面強將臺灣視為其主權的一部分，納入其國內法的規範，未來臺海兩岸的關係更趨嚴峻。

臺灣未來國家走向的爭議

　　長期以來，臺灣內部國家定位爭議的問題，在臺灣自由化、民主化改革之後，成為重要的政治問題。終止動員戡亂以及制定《中華民國憲法增修條文》，固然是臺灣民主化改革的重要里程碑。不過，就憲政體制而言，中華民國也放棄了自己代表中國的「一個中國」正統思想，甚至在某種意義上係承認中共叛亂成功，中華人民共和國也不再是正統觀念下的匪偽政權。如此一來，如何定位在臺灣的中華民國，或是臺灣與中華人民共和國的關係，就逐漸成為必須面對的問題。在國際政治舞臺上，所謂的「一個中國」雖是中華人民共和國，但是許多國人對中國的認識卻包含文化、歷史等複雜的概念。因此，國家定位問題，或是臺灣與中國未來的關係定位問題，在臺灣仍然沒有共識。

　　民國九十五年（2006 年），陳水扁總統原本傾向採取廢除「國統綱領」、「國統會」的方式回應，在美國表達關心後，決定「國統會」終止運作，而行政院院會則正式決議終止「國統綱領」的適用，表明反對中華人民共和國制定的《反國家分裂法》，在國內也出現反對、批評的意見。在自由民主體制之下，人民的意志是決定未來國家發展的正當性基礎。未來臺灣如何透過自由民主機制的運作，以溝通互動形成人民的共識，將是解決爭議的合理方法與途徑。

習　題

一、毛澤東奪權與文化大革命的關係為何？試申論之。

二、〈國統綱領〉與臺海兩岸交流的關係為何？試申論之。

三、務實外交對我國在國際舞臺的發展有何意義？試說明之。

徵引書目

《中國現代化論文集》，臺北：中央研究院近代史研究所，1991。

《中華民國初期歷史研討會論文集》，臺北：中央研究院近代史研究所，1984。

《五四時期的社團》，北京：三聯書店，1979。

《五四時期期刊介紹》，北京：三聯書店，1979。

《近世中國經世思想研討會論文集》，臺北：中央研究院近代史研究所，1984。

《國父全集》，臺北：中國國民黨中央黨史委員會，1973。

《清季自強運動研討會論文集》，臺北：中央研究院近代史研究所，1988。

小野川秀美，林明德（等譯），《晚清政治思想研究》，臺北：時報文化出版企業股份有限公司，1984。

王爾敏，《中國近代思想史論》，臺北：臺灣商務印書館，1994。

王爾敏，《晚清政治思想史論》，臺北：臺灣商務印書館，1994。

王爾敏，《淮軍志》，臺北：中央研究院近代史研究所，1967。

王健民，《中國共產黨史》，臺北：漢京文化事業有限公司，1988。

王樹槐，《中國現代化的區域研究：江蘇省 (1860–1916)》，臺北：中央研究院近代史研究所，1984。

王樹槐，《外人與戊戌變法》，臺北：中央研究院近代史研究所，1965。

王樹槐，《庚子賠款》，臺北：中央研究院近代史研究所，1974。

亓冰峰，《清末革命與君憲的論爭》，臺北：中央研究院近代史研究所，1966。

石田浩，《臺灣經濟的結構與開展：臺灣適用「開發獨裁」理論嗎?》，臺北：稻鄉出版社，2007。

丘宏達、任孝琦（主編），《中共談判策略研究》，臺北：聯合報社，1987。

史扶鄰 (H. Z. Schiffrin)，邱權政（等譯），《孫中山與中國革命的起源》，臺北：谷風出版社翻印本，1986。

左舜生，《中國近代史四講》，香港：友聯出版社，1962。

吳相湘，《晚清宮庭實紀》，臺北：正中書局，1961。

吳密察（編撰），《中國歷代經典文庫──臺灣通史》，臺北：時報文化出版企
　　業股份有限公司，1987。

吳密察（編撰），《唐山過海的故事──「臺灣通史」》，臺北：時報文化出版
　　企業股份有限公司，1987。

呂實強，《清代官紳反教的原因》，臺北：中央研究院近代史研究所，1966。

李定一，《中國近代史》，臺北：臺灣中華書局，1978。

李定一（等編），《太平軍》，《中國近代史論叢》第一輯第四冊，臺北：正中
　　書局，1956。

李定一（等編），《自強運動》，《中國近代史論叢》第一輯第五冊，臺北：正
　　中書局，1956。

李定一（等編），《維新與保守》，《中國近代史論叢》第一輯第七冊，臺北：
　　正中書局，1956。

李守孔（編），《民初之國會》，臺北：正中書局，1977。

李守孔，《中國近代史》，臺北：幼獅文化事業公司，1988。

李守孔，《中國近代史》，臺北：三民書局，1990。

李宇銘(主編),《中華人民共和國史辭典》,北京:中國國際廣播出版社,1989。

李孝悌，《清末的下層社會啟蒙運動》，臺北：中央研究院近代史研究所，1992。

李恩涵，《晚清的收回礦權運動》，臺北：中央研究院近代史研究所，1964。

李國祁，《中國現代化的區域研究：閩浙臺地區 (1860-1916)》，臺北：中央研
　　究院近代史研究所，1982。

李雲漢，《中國近代史》，臺北：三民書局，1996。

李雲漢，《從容共到清黨》，臺北：中國學術著作獎助委員會，1966。

李達嘉，《民國初年的聯省自治運動》，臺北：弘文館出版社，1986。

李劍農，《中國近百年政治史》，臺北：臺灣商務印書館，1954（臺一版）。

李銳，《三十歲以前的毛澤東》，臺北：時報文化出版企業股份有限公司，1992。

李澤厚，《中國現代思想史論》，北京：東方出版社，1987；臺北：風雲時代

出版社，1990（臺灣版）。

李澤厚、林毓生（等著），《五四：多元的反思》，臺北：風雲時代出版社，1989。

余英時，《中國近代思想史上的胡適》，臺北：聯經出版事業公司，1984。

沈松僑，《學衡派與五四時期的反新文化運動》，臺北：國立臺灣大學文史叢刊，1984。

汪榮祖（編），《五四運動研究論文集》，臺北：聯經出版事業公司，1979。

汪榮祖，《晚清變法思想論叢》，臺北：聯經出版事業公司，1983。

金沖及、胡繩武，《辛亥革命史稿》，上海：人民出版社，1980。

周玉山（編），《五四論集》，臺北：成文出版公司，1979。

周昌龍，《新思潮與傳統》，臺北：時報文化出版企業股份有限公司，1995。

周策縱（等著），周陽山（編），《五四與中國》，臺北：時報文化出版企業股份有限公司，1978。

周策縱，《五四運動史》（上冊），臺北：桂冠圖書公司，1989。

周陽山（編），《從五四到新五四》，臺北：時報文化出版企業股份有限公司，1989。

周陽山、楊肅獻（編），《中國近代思想人物論——晚清思想》，臺北：時報文化出版企業股份有限公司，1980。

周陽山、楊肅獻（編），《近代中國思想人物論——民族主義》，臺北：時報文化出版企業股份有限公司，1980。

周陽山、楊肅獻（編），《近代中國思想人物論——自由主義》，臺北：時報文化出版企業股份有限公司，1980。

周陽山、楊肅獻（編），《近代中國思想人物論——社會主義》，臺北：時報文化出版企業股份有限公司，1980。

周陽山、楊肅獻（編），《近代中國思想人物論——保守主義》，臺北：時報文化出版企業股份有限公司，1980。

林明德（譯著），《中國近代軍閥之研究》，臺北：金禾出版社，1994。

林能士，《清季湖南的新政運動》，臺北：臺灣大學文史叢刊，1972。

姜新立，《瞿秋白的悲劇》，臺北：幼獅文化事業公司，1982。

胡春惠（編），《民國憲政運動》，臺北：正中書局，1978。

胡春惠、林能士，《中國現代史》，臺北：華視文化公司，1992。

若林正丈，《臺灣》，東京：東京大學出版會，1992。

荊知仁，《中國立憲史》，臺北：聯經出版事業公司，1984。

秦孝儀（主編），《中國國民黨九十年大事年表》，臺北：國民黨黨史會，1984。

夏東元，《洋務運動史》，上海：華東師範大學出版社，1992。

崔書琴，《孫中山與共產主義》，臺北：傳記文學出版社，1984（新版）。

國立編譯館，《中國近代現代史》，臺北：幼獅文化事業公司，1979。

曹從坡、楊桐（主編），《張謇全集》，江蘇古籍出版社，1994。

張玉法，《中國現代史》，臺北：東華書局，1978。

張玉法，《中國現代政治史論》，臺北：東華書局，1988。

張玉法（主編），《中國現代史論集》，十冊，臺北：聯經出版事業公司，1982。

張玉法，《中國現代化的區域研究：山東省 (1860–1916)》，臺北：中央研究院
　　近代史研究所，1982。

張玉法，《清季的立憲團體》，臺北：中央研究院近代史研究所，1971。

張玉法，《清季的革命團體》，臺北：中央研究院近代史研究所，1975。

張忠棟，《胡適五論》，臺北：允晨文化實業股份有限公司，1987。

張朋園，《中國現代化的區域研究：湖南省 (1860–1916)》，臺北：中央研究院
　　近代史研究所，1983。

張朋園，《立憲派與辛亥革命》，臺北：中央研究院近代史研究所，1969。

張朋園，《梁啟超與民國政治》，臺北：食貨出版社，1978。

張朋園，《梁啟超與清季革命》，臺北：中央研究院近代史研究所，1964。

張勝彥（等著），《臺灣開發史》，臺北：空中大學，1997。

張緒心、高理寧，卜大中（譯），《孫中山——未完成的革命》，臺北：時報文
　　化出版企業股份有限公司，1993。

郭成棠，《陳獨秀與中國共產主義運動》，臺北：聯經出版事業公司，1991。

郭廷以，《近代中國史綱》，香港：香港中文大學出版社，1979。

郭廷以，《臺灣史事概說》，臺北：正中書局，1954。

郭恒鈺，《共產國際與中國革命》，臺北：東大圖書股份有限公司，1989。

郭華倫，《中共史論》，臺北：國立政治大學國際關係研究所，1961。

陳曾燾，陳勤（譯），《五四運動在上海》，臺北：經世書局，1981。

陳儀深，《獨立評論的民主思想》，臺北：聯經出版事業公司，1989。

陳錫祺（主編），《孫中山年譜長編》，北京：中華書局，1991。

隅谷三喜男（等），《臺灣の經濟》，東京：東京大學出版會，1991。

黃昭堂，《臺灣民主國之研究》，臺北：財團法人現代學術研究基金會，1993。

黃昭堂，《臺灣總督府》，東京：教育社，1989。

費正清、費惟愷（主編），《劍橋中華民國史》，北京：中國社會科學出版社，1994。

費正清、劉廣京（主編），張玉法（主譯），《劍橋中國史‧晚清篇》，臺北：南天書局，1987。

楊彥杰，《荷據時代臺灣史》，南昌：江西人民出版社，1992。

楊碧川，《日據時代臺灣人反抗史》，臺北：稻鄉出版社，1988。

楊碧川，《簡明臺灣史》，第一出版社，1993。

楊遵道、葉鳳美（編著），《清政權半殖民地化研究》，北京：高等教育出版社，1993。

鄒魯，《中國國民黨史稿》，上海：商務印書館，1947。

葉仁昌，《五四以後的反對基督教運動》，臺北：久大文化股份有限公司，1992。

劉廣京，《經世思想與新興企業》，臺北：聯經出版事業公司，1990。

蔣永敬，《鮑羅廷與武漢政權》，臺北：傳記文學出版社，1972。

鄭學稼，《中共興亡史》，臺北：著者自印本，1984。

鄭學稼，《魯迅正傳》，臺北：時報文化出版企業股份有限公司，1978。

蕭公權，汪榮祖（譯），《康有為思想研究》，臺北：聯經出版事業公司，1988。

薛化元，《民主憲政與民族主義的辯證發展》，臺北：稻禾出版社，1993。

薛化元，《晚清「中體西用」思想論 (1861–1900)：官定意識型態的西化理論》，臺北：稻鄉出版社，1991。

薛化元，《戰後臺灣歷史閱覽》，臺北：五南出版社，2010。

薛君度，楊慎之（譯），《黃興與中國革命》，香港：三聯書店香港分店，1980（香港一版）。

戴玄之，《中國祕密宗教與祕密會社》，臺北：臺灣商務印書館，1980。

謝國興，《中國現代化的區域研究：安徽省 (1860–1937)》，臺北：中央研究院近代史研究所，1991。

簡又文，《太平天國全史》，香港：簡氏猛進書屋，1962。

羅爾綱，《太平天國史》，北京：中華書局，1991。

羅爾綱，《太平天國史綱》，上海：商務印書館，1937。

羅爾綱，《湘軍新志》，上海：商務印書館，1939；易名為《湘軍兵志》，北京：中華書局，1984。

蘇雲峰，《中國現代化的區域研究：湖北省 (1860–1816)》，臺北：中央研究院近代史研究所，1981。

顧昕，《中國啟蒙的歷史圖景》，香港：牛津大學出版社，1992。

全新 歷史 巨獻

中國斷代史叢書

穿梭古今　遨遊歷史

集合當前頂尖陣容，給您最精采、最詳實的中國歷史

秦漢史──帝國的成立　　　　　　　王子今／著

　　秦漢時代「大一統」政治體制基本形成，「皇帝」從此成為中國的主人，秦始皇、楚漢相爭、漢武帝、王莽代漢的史事，在此輪番上演。在作者精心的串聯下，拼湊出秦漢時代的嶄新面貌。您知道為什麼認真的秦始皇底下會出現暴政？為什麼東漢神童特別多？本書將與您一同體驗歷史。

隋唐五代史——世界帝國‧開明開放　　王小甫／著

　　隋唐王朝，是中國歷史上最璀璨的時代。文治武功鼎盛，「天可汗」的威儀傲視天下。經濟繁榮發達，社會活潑開放，繁華熱鬧的長安展現世界帝國首都的氣勢。這是唐太宗的帝國、李白的世界，出現中國歷史上空前絕後的女皇帝，氣勢恢弘的時代精神、富麗堂皇的藝術風格，為這「世界帝國」下了最佳註腳！

明史——一個多重性格的時代　　王天有、高壽仙／著

　　明代在政治上專制皇權進入前所未有的高峰，經濟上工商業的繁榮也帶動了社會、文化的活躍，但也使新的問題油然而生，成為明朝不得不面對的新挑戰。想知道朱元璋如何一統天下、鄭和為什麼七下西洋，瞧一瞧皇帝身邊最勾心鬥角的宮廷世界、群臣士大夫的力挽狂瀾，見識明代富庶、奢靡的生活情趣，那你千萬不可錯過！

中國近代史——告別帝制　　李喜所、李來容／著

　　鴉片戰爭以來，中國面臨了三千年未有的大變局。一方面是內外交逼，國將不國；另一方面是一代代的中國人投身救國救民的行列。清政府在變局中被動地回應外來的刺激，終於導致了自身的滅亡，宣告持續了兩千多年的皇帝制度從此在中國壽終正寢。儘管新的共和國風雨飄搖，但告別帝制，走向共和，已然是世界潮流，無法逆轉。

臺灣史（修訂五版）

陳鴻圖／編著

臺灣，歷史的多變，造就豐富的文化特質。原住民首先登上歷史舞臺，荷蘭人東來臺灣進入了大航海時代。鄭氏王朝和滿清政府的經營，則奠下傳統文化的基礎。日本的殖民統治，對於臺灣步入現代化亦有所影響，而回歸國民政府的臺灣，在各方面皆展現出不撓的生命力。請一同貼近臺灣，讓我們為您介紹屬於臺灣的故事！

中國近代史（增訂七版）

薛化元／編著

本書根據時序，論述中國近代歷史發展的脈絡，並評析其歷史意義，希望能使讀者不僅知悉歷史事件，更能對事件的歷史意義，也有概念式的理解。透過最新研究成果的參酌，以及借重科際整合對歷史事實的重新詮釋，不但史事力求確實，亦盼望讀者立基於歷史事實之上，能有超越傳統歷史論述的認知。

中國近代史（增訂五版）

李雲漢／著

本書為提供讀者完整的知識基礎，使之清楚了解近代中國劇變的始末，以明末中外歷史情事展演為起點，同時著眼當前情勢，乃是1949年後兩岸不斷磨合下的產物，跳脫「中國」的框架與迷思，將敘事長度延伸至定稿的前一刻。是一部層次分明的中國近三百五十年史。

明清史（增訂二版）

陳捷先／著

當過和尚的朱元璋如何擊敗群雄、一統天下？明朝士大夫們各立門戶、互相攻訐，他們在爭論什麼？順治帝有沒有出家五台山？乾隆皇究竟是不是漢人？本書作者爬梳大量的中外文及滿文史料，澄清不少野史及戲曲中的謬誤傳說，以深入淺出的筆法，清晰地介紹明清兩朝的建國歷程和典章制度，並以獨到的見解，析論兩朝盛衰之因，值得關心明清史事的人一讀。

新臺灣史讀本　　　　　　　　　江燦騰、陳正茂／著

《新臺灣史讀本》之所以「新」，在於其與時俱進，內容涵蓋史前史乃至當前臺灣最新的政治動向。跳脫政治更迭與經濟變遷之窠臼，文學、美術、戲劇、音樂、電影、舞蹈也都走進臺灣史，刻劃各時期的政治氛圍及經濟糾葛。為何現代文學與鄉土文學針鋒相對？臺灣電影的載浮載沉從何說起？雲門舞集如何躍上國際舞臺，成為臺灣人的驕傲？本書將給您耳目一新的臺灣史！

臺灣開發史（修訂五版）　　　　　　　　　薛化元／編著

臺灣有文字記載的歷史時代大約從十七世紀開始，距今不過四百年左右。但是若以臺灣島作為歷史研究的對象，單單原住民諸族群社會文化的傳承，臺灣歷史就非短短四百年所能涵蓋。本書以考古與原住民社會作為開端，迄於戰後臺灣的歷史發展，除討論臺灣政治歷史發展之外，對於人民生活及社經文化的演變亦多著墨。透過本書，對於臺灣整體的歷史圖像當有較全面性的認識。